피르케이 아보트

지혜자의 삶의 원리—조상들의 지혜를 삶에 적용하는 방법

VOLUME 6

피르케이 아보트
지혜자의 삶의 원리 - 조상들의 지혜를 삶에 적용하는 방법
RAV LAU ON PIRKEI AVOS

초판 1쇄 인쇄 2019년 6월 20일
초판 1쇄 발행 2019년 6월 28일

지은이   MEIR LAU
감　수   변순복
펴낸이   김정희

펴낸곳   하임(the 하임)
등록일   2017년 9월 14일
등록번호 816-91-00330
주소   서울시 마포구 성암로5길 12 101동 1301호
전화   02-307-1007
팩스   02-307-1009
이메일   chaim1007@hanmail.net

디자인   하연디자인
옮긴이   하임 편집부

ISBN 979-11-964614-5-4 94230
ISBN 979-11-962203-3-4 94230(세트 전 6권)

* 책 값은 뒤표지에 있습니다.
* 잘못된 책은 교환하여 드립니다.

이 책의 한국어판 저작권은 역자를 통하여 MESORAH와 독점 계약한 하임(THE 하임) 출판사에 있습니다. 신 저작권법에 의해 국내에서 보호를 받는 저작물이므로 무단 전재와 무단복제를 금합니다.

이 책은 뿌리와 가지교회 정관창 목사님과 모든 성도님들의 기도와 물질과 헌신으로 열매를 맺게되었습니다.

RABBI YISRAEL MEIR LAU

피르케이

지혜자의 삶의 원리 - 조상들의 지혜를 삶에 적용하는 방법

아보트
VOLUME 6

A COMPREHENSIVE COMMENTARY ON
ETHICS OF THE FATHERS

목차

원전 출판사 서문 • 7
저자 서문 • 10
한글 출판사 서문 • 17
한글 감사의 글 • 20
영문 감사의 글 • 23

서문 왜 『아보트』로 불리는가? • 25

프롤로그 ………………………………………………… 37
미쉬나 1절 ……………………………………………… 39
미쉬나 2절 ……………………………………………… 73
미쉬나 3절 ……………………………………………… 97
미쉬나 4절 ……………………………………………… 119
미쉬나 5절 ……………………………………………… 133
미쉬나 6절 ……………………………………………… 145
미쉬나 7절 ……………………………………………… 219
미쉬나 8절 ……………………………………………… 247

미쉬나 9절 ··· 277

미쉬나 10절 ·· 301

미쉬나 11절 ·· 317

에필로그 ·· 327

아보트 주석 작업을 맡은 우리의 친구이며 랍비인 메이어 라우의 헌신에 찬사를 보냅니다. 그는 현대 유대인들의 삶을 주도하는 이상주의자인 지도자이며 교육자이며 랍비의 회장을 맡고 있습니다.

버나드 랜더 박사,
그는 꿈꾸었으나 잠이 들지는 않았습니다.
랜더 박사가 1971년, 35명의 학생들과 투로대학교를 처음 시작할 때, 2007년에 세 개의 대륙에 30개의 캠퍼스 안에 23,000명의 학생을 가질 것이라고 어느 누가 상상이나 했을까요? 그 이후에도 그는 더 많은 도시에 새로운 학교를 세우기 위해 쉬지 않고 일하지 않았나요?

전 세계를 모두 통틀어, 풍요로운 마음을 지닌 유일한 사람이 있었으니 그는 바로 버나드 랜더이다. 그는 모든 장애물을 극복하기 위하여 수년을 견뎌내고, 모든 장애물을 넘으며, 꿈을 꾸고, 또 새로운 꿈을 꾸고, 그 꿈을 현실로 만들어낸 것은 바로 그의 풍요로운 마음이었습니다.
그 누구와도 비교할 수 없는 특별한 영웅과 손에 손을 맞잡고

전 세계에 메코모트 토라와 파르나사를 세우도록 돕기 위하여 위원회 회를 결립한 것 또한 우리의 영광입니다.

Zvi and Betty Ryzman and family
Los Angeles

원전 출판사 서문

우리는 지금 랍비 이스라엘 마이어 라우의 역작인 피르케이 아보트 주석 마지막 권인 6권의 출판을 하는 영광을 가지게 되었다. 무슨 주석이든 새로운 주석이 고전으로 인정받는 것은 매우 드문 일이지만 라우의 이 주석, 피르케이 아보트 히브리 주석은 새로운 것이지만 고전으로 인정받는 주석이다. 영문 판 또한 히브리어 주석과 같이 높은 평가를 받으리라 확신한다.

랍비 라우는 느타니아의 랍비 의장, 텔아비브의 랍비 의장, 더 나아가 이스라엘의 랍비 의장이라는 명망 있는 자리를 모두 경험한 위대한 랍비이다. 랍비 의장으로서 그는 수많은 유대인들뿐만 아니라 토라를 따르는 삶이 무엇인지 모르는 비유대인들에게도 유대교를 대표하는 인물이었으며 그들로부터도 존경받는 인물이었다.

본 저서는 그가 랍비로서의 활동을 시작하던 사역초기에 피르케이 아보트를 장별로 가르칠 때부터 시작되었다. 그의 가르침은 놀라울 정도로 인기가 있었으며, 그는 수년간 가르침의 범위를 계속 확장시켰다. 많은 사람들이 그의 교훈을 책으로 출판할 것을 권유하였으나, 영적 지도자,

즉 율법사(posek)로서, 더 나아가 한 나라의 대변인이자 전 세계의 대변인으로서의 의무를 수행해야 했기에 이를 출판할 여력이 없었다. 그럼에도 그는 오랜 시간과 많은 노력을 투자하여 야헬 이스라엘(yachel Yisrael)이라는 이름으로 히브리어 판 피르케이 아보트 주석을 출판하였다.

논리적으로 저술된 그의 저서가 누구에게나 매우 쉽게 받아들여질 수 있음은 당연한 일이다. 이러한 그의 놀라운 재능에 덧붙여, 이 시대의 위대한 선생으로써 탈무드와 미드라쉬, 고전 주석, 하시디즘 문학과 무사르 문학, 더 나아가 랍비의 길을 걸으며 그가 겪어온 인생까지도 저술을 위한 자료로 활용하는 그의 특별한 능력 또한 주목하여야 할 것이다. 이렇게 태어난 그의 저서는 단순히 '위대하다'라는 말로는 다 표현할 수 없는 것으로, 이 저서의 영문판 역시도 히브리어판과 마찬가지로 뛰어난 저서로서 찬사를 받을 것이며 계속되는 아보트 연구에 귀한 참고도서가 될 것이며 아보트를 연구하는 미래학자들로부터도 높이 평가 받을 것이다.

친애하는 LA의 랍비 쯔비 라이즈만 리즈만(Rabbi Zvi Ryzman)에게 특별히 감사를 표한다. 그는 랍비 라우를 우리에게 소개하였고, 그에게 히브리어 주석의 출판을 권하였을 뿐만 아니라 우리를 통해 그 저작의 영문판을 출판할 것을 제안하였다. 그와 랍비 라우는 수십 년간 오랜 친구로 우정을 쌓아온 사이이다. ArtScroll 시리즈 출판을 여러 차례 맡아온 레브 쯔비카(Reb Zvika)와 그의 아내 리즈만(Mrs. Ryzman)은 이 책을 헌정하였다. 레브 쯔비카는 '뛰어난 학자'(탈미드 하함[Talmid Chacham])라고까지 불리는 뛰어난 토라 학자로서 그 능력을 인정받았으며, 동시에 수많은 할라카, 아가다 시리즈의 저자이며 자기 자신의 저서 또한 여러 권 출판한 훌륭한 한 학자이다. 리즈만 부부는 LA에서 다양한 분야에서 다양한 사람들로부터 존경받았으며 실제로 존경받을 만한 인물이다.

랍비 라우의 6권으로 된 히브리어 도서를 세 권의 영어판으로 축약하는 작업은 매우 어려운 일이었다. 그럼에도 성공적인 결과물을 낼 수 있었던 것은 '야아코브 도비드 슐만(Yaacov Dovid Shulman)의 공로 때문이다. 그는 이 책을 세련되고 성공적인 책으로 완성하였다. 이 작업은 그가 ArtScroll 작가로서 처음 모습을 드러낸 것이다(물론 이것이 마지막은 아닐 것이다).

이토록 아름다운 주석 시리즈를 출판하는 데에 노력을 아끼지 아니한 모든 직원들에게 감사를 전한다. 저자가 감사의 글에 그들의 이름을 남기었다.

피르케이 아보트는 유대인의 인격을 형성하는 중요한 교과서이다. 이 새로운 작업을 맡게 된 것에 감사하며, 수많은 사람들이 새롭게, 더 넓게, 더 깊이 아보트를 배우게 될 것이며 동시에 그 가르침을 실천하도록 자극을 받을 것이다.

크라카우에서 뉴욕으로 이주한 그들의 자녀 랍비 모세 다비드와 골다 페렐 쿠퍼만, 그리고 보로브의 하시딤의 이름으로, 세 번째 판은 홀로코스트의 생존자들인 랍비 하임 즈비와 메이라브 비나, 그리고 그의 아들 므나헴 맨델 쿠퍼만에게 바친다.

다섯 번째 판과 여섯 번째 판은 익명을 요청한 두 사람에게 바치고자 한다. 마음을 아시는 하나님께서 그들의 인자함과 헌신에 보상하실 것이다.

랍비 마이어 츨로토비츠 / 랍비 노손 셔먼

2007년 3월

Rabbi Meir Zlotowitz / Rabbi Nosson Scherman

Iyar 5767 / May 2007

저자 서문

הַאי מַאן דְּבָעֵי לְמֶהֱוֵי חֲסִידָא – 사람이 참으로 신실하고 경건한 사람이 되기 위하여 무엇을 해야만 하는가? 탈무드는 "불법행위에 대한 율법과 축복에 대한 율법, 그리고 피르케이 아보트의 가르침들에 주의해야 한다"는 세 가지 방법을 제시한다(바바 카마[Bava Kamma] 30a). 주석가들은 현인들이 말하는 이 세 가지 접근 방법이 가르치는 것은 사람이 전인적 인간으로서 온전해질 수 있는 방법에 관한 것이라고 설명한다. 불법 행위에 관한 법은 사람과 사람 사이의 관계를 가르치고, 축복에 관한 법은 사람이 하나님과 함께하는 조화를 이룰 수 있도록 돕는다. 아보트의 가르침은 사람의 인격과 성격을 바르게 형성하여 날마다 자기 자신을 돌아보게 함으로 마음의 평화를 찾을 수 있게 만들어준다.

먼저 축복의 하나님이신 그분께 감사하고자 한다. 그분의 선하심으로 인해 지난 5년간 피르케이 아보트를 연구하고 가르치고 설명할 수 있었다. 15년 전, 미국에 거주하는 친애하는 선생님 '모세 골드슈미트'(Moshe Goldschmidt)의 권면으로 필자의 강의를 녹음하게 되었으며, 더 나아가 그는 강의를 녹음하고 그것을 필사하는 데에 필요한 금전적 지원을 아끼지 않았다. 이 강의 녹음테이프들은 이 책들의 기초 자료가 되었다.

토라에는 수많은 보물과 같은 내용들이 있지만, 나로 하여금 그 어떤 것들보다 피르케이 아보트에 관심을 갖게 한 계기는 무엇이었을까? 본 주석의 히브리어판인 야헬 이스라엘(Yachel Yisrael)을 공부한 사람이라면, 이 책이 '슐한 아루크'의 네 부분의 가르침과 연관이 있음을 알 수 있을 것이다. 실제로 필자는 40년을 랍비로 살아왔으며, 탈무드와 할라카 문학 전체의 깊이와 너비를 끝없이 파헤쳐야 하는 의무를 가지고 있었음에도 아보트의 가르침에 특별히 마음이 끌렸다. 그 이유는 무엇인가?

아보트를 향한 필자의 이러한 끌림이 예시바에서의 경험으로부터 나온 것임은 두말할 나위가 없다. 무사르 운동의 아버지인 랍비 이스라엘 살란테르(Yisrael Salater)의 시대 이래로, 예시바의 학생들은 하루에 30분, 엘룰월 초부터 대 속죄일 전까지는 매일 45분씩 무사르(경건의 실천, 윤리, 토라 세계관을 다루는 고전들)를 배웠다. 뿐만 아니라 학생들은 자신의 감독관인 마쉬기아흐(Mashgiach, 학생이 음식 등 율법을 지키는 지 감독하는 감독관 – 역자 주)와 함께 무사르 강의를 수강하여야 하며, 그와 함께 그룹 토론에 참여하여야 한다. 청년 시절부터 나는 무사르 고전들과 하시드(18세기 우크라이나 서부에서 일어난 유대교 영적 회복운동 – 역자 주)의 사상을 자연스럽게 배우게 되었다. 이 둘은 나로 하여금 그분을 향한, 토라를 향한, 그리고 이스라엘을 향한 사랑에 거룩한 불을 지펴주었다. 이 모든 것들의 고향으로 가고자 하는 갈망을 가지게 되었고, 끊임없는 아보트 연구와 사색은 이러한 열망에 끊임없이 불을 지펴주었다.

아보트의 가르침들 중 하나는 바로 "לֹא הַמִּדְרָשׁ הָעִקָּר אֶלָּא הַמַּעֲשֶׂה" 즉 "연구

보다 실행이 중요하다"(1:17)는 것이다. 이 글에 계속 등장하는 구절이다. 수천 권의 책과 수천 마디의 말보다 한 사람이 친히 모범이 되어 실천하는 모습을 보여주는 것이 그것을 지켜보는 사람들에게 지대한 영향력을 준다.

"הוּא הָיָה אוֹמֵר"라는 표현은 아보트 안에 반복적으로 나타나고 있는데, '그가 이르기를'이라는 뜻으로 해석하는 것이 정확할 것이다. 그러나 주석가들은 이 짧은 말에서 더욱 깊은 의미를 찾아내었다. 화자, 즉 본질적인 것이라고 할 수 있는 현자의 인격은 자기 가르침을 나타낸다는 것이다 (hyh, 즉 히브리어 '하야'는 특별히 화자의 행위가 화자의 인격을 규정하는 행동을 한다는 뜻으로 사용된다 – 역자 주). 그의 가르침은 곧 그가 실천하고 있는 것으로, 그의 가르침은 자신의 내면의 반사이다. 다른 사람들의 행동을 지적하고 고치기 전에, 먼저 자기 자신이 온전한 사람이 되어야 한다. 마찬가지로, 내가 아보트를 연구하고 가르칠 때, 연구하고 있었던 무사르와 하시드 작품들뿐만 아니라, 내가 귀한 기회를 통해 알고 또 배웠던 위대한 사람들, 내 삶에 있어서 그들의 발걸음을 따라 걷고자 하게 했던 위대한 사람들에 대해서도 집중했다.

내가 연구할 기회를 가졌던 세 곳의 예시바 학교의 위대한 지도자들에게 먼저 특별히 감사의 마음을 전하고 싶다. 첫 번째로 예시바 콜 토라 지도자였던 랍비 '게달리야 에이즈먼 슐리타'는 50년간 학생들을 가르치신 분으로, 내가 성인식을 치를 나이가 되었을 때, 그와의 첫 만남 이후 그의 가르침뿐만 아니라 인격은 아직까지도 내 안에 남아있다. 그에게 배운 사람이라면 그의 가르침을 평생 잊을 수 없을 것이다. 전문적인 교사이자 심리학자로서, 선생님은 모든 학생들 한 명 한 명에게 필요한 것이 무엇인지, 그들의 잠재력이 무엇인지를 파악하는 특별한 능력을 가지고 계셨다. 현자들의 숭고한 사상을 분석하고 또 설명하는 자신의 능력과 토라의 위대함과 함께, 선생님은 아보트의 가르침을 실천하는 것이 무엇인지를 직접 보여주셨다.

나는 콜 토라에서 '크네세트 히즈키야후'로 가게 되었으며, 그 곳에서 당대 무사르 연구의 거장이신 랍비 '엘리야후 로피안 즈트쯜' 아래에서 배우게 되었다. 신학교 설립자인 랍비 '노아흐 쉬마노비쯔'가 '하존 이쉬'(Chazon Ish)에게 찾아가 혼자서는 예시바의 의무를 짊어질 수 없다고 슬픈 기색으로 말했을 때, 하존 이쉬는 그에게 랍비 엘리야를 찾아가라고 조언했다. 당시 랍비 엘리야는 은퇴 후 배움에 전념하기 위해 예루살렘에 거주하고 있었다.

"랍비 엘리야를 데려오면 모든 문제가 해결될 것이네. 랍비 엘리야를 찾아가 학당의 마시기아흐를 맡아달라고 부탁하게. 하존 이쉬가 제안했다고 하면 될 걸세." 랍비 엘리야는 하존 이쉬가 직접 그에게 개인적으로 부탁한 후에야 그 자리를 받아들였고, 그 후 예시바는 크게 발전하였다.

하존 이쉬는 당대에 위대한 무사르 세 분을 손으로 꼽았는데, 사상으로는 포니베흐의 지도자인 랍비 '엘리야후 엘리에제르 데슬러'(Rabbi Eliyahu Eliezer Dessler)의 신앙을, 마음으로는 랍비 엘리야의 신앙을 꼽았다. 마지막으로 랍비 '에헤즈켈 레벤슈타인'의 신념은 너무나도 분명하여 신앙이 그의 행동 하나하나에 면면히 나타났다고 하였다.

랍비 '슐로모 잘만 아우르바흐'(Rabbi Shlomo Zalman Auerbach)는 말하기

를 우리 모두는 "하존 이쉬에 비하면 그의 발바닥 아래 먼지와 같으며, 그는 누군가의 증언이 필요치 않은 사람이다"라고 하였다. 그럼에도 불구하고 나는 세 명의 무사르 거장들에 대한 평가가 얼마나 정확한 판단이었는지 감히 증언할 수 있다.

랍비 데슬러(Rabbi Dessler)는 개인적으로 알지는 못하지만, 그의 '미흐타브 메엘리야후'(Michtau MeEllyahu)를 연구한 사람이나, 그의 제자들이었던 랍비 '하임 프리에드랜더'(Rabbi Chaim friedlander)와 같은 사람들을 연구해본 사람이라면, 그가 제시한 날카로운 분석과 그의 신앙의 기초에 대한 깊은 통찰을 보고 놀라지 않을 수 없었다.

레브 '엘리야 로피안'은 조금 달랐다. 그는 특별히 뛰어난 수사학적 능력을 가지고 있었으므로 그의 나이가 90살을 넘었을 때에도 그는 그의 연설을 듣는 사람들의 마음을 움직일 수 있었다.

육체와 영혼이 하나가 된 것을 사람이라고 보았던 랍비 데슬러에 반해, 랍비 엘리야는 우리의 육체적인 특성(physicality)이 하나님이 내려주신 아름다운 영혼을 짓밟도록 놔두어서는 안 된다고 열변을 토했다. 우리 학생들은 불같이 뜨거운 그 선생님의 강의에서 큰 영감을 받았고, 그의 말은 아직까지도 내 귀에 울리고 있다. 랍비 엘리야 로피안은 보네베즈 예시바를 하존 이쉬와 랍비 이쎄르 잘만 멜쩨르(Rabbi Isser Zalman Meltzer)를 향해 찬사를 마지않게 만든 사람이었고, 그 찬사는 50년이 지난 아직까지도 내 마음 속에 자리 잡고 있다. 그가 하이파에서 했던 강의는 너무나 깊은 인상을 남겼으므로, 네 명의 키부쯔 공동체 구성원이 매주 안식일 마지막 때마다 방문하여 그의 강의를 들었다. 아보트의 모든 미쉬나를 볼 때, 나는 아직도 이 계명들을 자기 삶으로 실천하였던 그 사람을 마음속에 그린다. 그 사람은 따뜻한 마음으로, 카리스마 넘치는 인격으로, 하나님과의 관계와 사람들과의 관계로 계명을 실제로 실천한 사람이었다.

내가 아직 콜 토라를 배우고 있을 때, 랍비 에헤즈켈 레벤스타인(Rabbi Yechezkel Levenstein)은 예루살렘의 미레르 예시바에서 지도자로 섬기고 있었다. 그는 매주 금요일, 저녁 예배 전 무사르에 대한 강의를 하였으며, 우리의 지도자 레브 게달리야(Reb Gedaliah)도 참석하곤 하였다. 게달리야를 따라 나도 그 자리에 가곤 했는데, 당시 나는 히브리어를 잘 하지 못했으므로 모든 내용을 이해하지는 못했다. 그러나 강의에 집중하는 랍비 게달리야의 모습을 보며 듣는 방법을 배웠다. 나는 그에게서 "현인들의 발밑에 앉아 그들의 말을 목마른 듯 마셔라"(1:4)를 이해했다.

그의 강의에 참석하면서 레브 하스켈의 믿음에 대한 하존 이쉬의 평가가 얼마나 정확한지를 배우게 된 순간이 있었다. 그는 단어 선택에 매우 신중한 사람이었다. 그 날, 유난히 어두운 방을 잔잔히 밝혀주던 등잔이 기억에 선명하다. 그때 랍비 하스켈은 '영혼은… 영혼은… ' 이러고는 말을 멈추었는데, 이는 그가 언제나 단어 선택에 신중했기 때문이었다. 그러던 중 그가 갑자기 눈을 뜨고는 등불을 바라보았다. 그가 마침내 적절한 단어를 생각해냈다! 그렇게 갑자기 그는 말을 이어나갔다. "영혼은 우리 몸의 어둠을 밝히는 램프이다"라고 말했다. 빛과 어둠의 대비를 보고 그는 육체와 영혼의 차이를 표현할 말을 생각해낸 것이다. 이 말을 할 때 그의 믿음은 그가 뻗었던 손으로 잡을 수 있을 만큼 너무나 선명하였고, 또 뚜렷하였다.

가돌 하도르(gadol hador), 즉 그 세대의 위대한 거장들에 대해 위에서 말한 대로, 랍비 데슬러는 '영혼', 랍비 로피안은 '마음'으로, 랍비 레벤스타인은 '신앙'을 실천함으로서 위대한 사람으로 평가를 받게 되었다. 레브 게달리야의 영향은 이 무사르의 세 장르를 이해하는데 아주 적절한 통로를 만들어주었다.

텔아비브의 남 북부, 네타니아, 텔아비브 야포를 거치면 마침내 랍비장(Chief Rabbinate)이 되기까지 매번 내 인생의 계단을 오를 때마다 하나님께 "여호와 내 하나님이여 내가 주께 부르짖으매 나를 고치셨나이다(시 30:2). 창조주시여, 내가 당신의 유산을 이해하여 전할 수 있도록 도와주소서"라고 기도했다. 한 걸음 한 걸음, 계단을 오를 때마다 필자는 하나님께 드렸던 이 기도를, 내 평생의 목적을 이룰 최고의 길은 곧 피르케이 아보트의 길이라고 믿었다. 지금까지 믿어왔고 또 지금도 믿고 있는 바, 이 책이 지렛대가 되어 하나님을 향한 사람들의 믿음을 키워주고 하나님과의 관계, 더 나아가 사람과의 관계를 발전시켜줄 것이다. 토라의 빛이 사람들로 회개하도록 한다고 전하였던 현자들의 말을 기억한다. 그 빛의 스펙트럼에는 피르케이 아보트가 함께 들어있다고, 더 나아가 피르케이 아보트가 그 빛줄기의 중심이라고 믿어 의심치 않는다. 교사들과 학생들이 나의 저서를 읽고 그 속에서 지혜를 발견한다면, 그것이 곧 나의 보상이 되리라. 특별히 '하나님을 경외하는 것이 지혜의 근본'이라는 것을 깨닫게 된다면, 그것은 나에게는 가장 귀한 보상이 될 것이다.

한글 출판사 서문

독자들에게

하나님의 한량없는 은혜로 우리나라 독자들에게 귀한 책을 소개할 수 있는 기회를 주신 하나님께 감사드립니다. 우리 출판사가 독자들에게 소개하려는 책은 구전 토라 63권의 책 가운데 한 권으로, 유대인 선조가 후손들에게 들려주는 삶의 지혜서인 피르케이 아보트입니다.

전 세계에 디아스포라로 흩어져 살고 있는 유대인들은 그들이 어느 나라에 살고 있든지 모든 가정에서 자녀들에게 이 책을 가르치고 있습니다. 책 제목은 '피르케이 아보트'이며 5장의 본문과 1장의 부록으로 구성되어 모두 6장으로 이루어진 책입니다.

이 도서에 관심을 가지게 된 것은 CBS TV 덕분입니다. CBS TV에서 '변순복의 탈무드 여행'이라는 이름으로 2005년부터 3년여 동안 주 2회의 본방송과 주 2회의 재방송을 방영하는 것을 통하여 귀한 도서를 알게 되었습니다. 212회에 걸쳐 방송된 '변순복의 탈무드여행' 프로그램을 매주 시청하고 함께 나누는 시간을 가졌습니다. 또한 그때 방송 교재로 도서출판 정금에서 최초로 출판한 '피르케이 아보트' 히브리어 한글 대역본을 만나게 되었습니다.

그 이후 우리 출판사 편집위원들은 탈무드에듀아카데미가 주최하는 토라연구반을 알게 되어 매주 '성문토라'와 '구전토라' 가운데 한 권인 '피르케이 아보트'를 공부하는 즐거움을 누리고 있습니다. 매주 공부 시간에 만나는 선생님은 한국인으로서는 유일하게 랍비대학원에서 '토라'를 연구한 백석대학교 변순복 교수입니다. 또한 변순복 교수는 탈무드에듀아카데미의 성경 앤 탈무드 연구소 소장으로 봉사하고 있습니다.

변순복 교수가 CBS TV '변순복의 탈무드여행' 방송교재로 편집하여 출판한 피르케이 아보트는 미쉬나 본문과 미쉬나 한글번역을 대역으로 편집하고 약간의 해설을 첨가하였습니다. 이처럼 CBS TV 방송교재로 출판된 도서 '피르케이 아보트'는 2006년 2월 13일 초판을 발행한 이후 도서출판 탈무드에듀아카데미로 출판사를 옮겨 탈무드 공부의 가장 기초적인 교재로 지금까지 계속하여 출판되고 있습니다. 백석대학교를 비롯한 몇 대학교에서 '탈무드의 교훈'이라는 과목의 교과서로 이 책을 사용하였습니다.

우리는 이런 과정 속에서 미쉬나에 대한 충분한 해설과 설명이 있는 피르케이 아보트를 출판할 수 있기를 간절히 소망하였습니다. 하나님께서는 마침내 우리의 기도를 들으시고 우리의 소망을 이룰 수 있도록 길을 열어 주셨습니다.

하나님께서 우리 출판사의 기도에 응답하셔서 피르케이 아보트를 자세하게 해설한 귀한 주석서를 발견하게 되었습니다. 이 책은 히브리어 6권으로 출판된 도서인데 마소라 출판사에서 영어로 번역하여 3권으로 출판하였습니다. 우리 출판사는 영어로 번역 출판한 마소라 출판사에 연락하여 한글로 번역하여 출판 할 수 있도록 허락해 줄 것을 요구하였습니다. 마소라 출판사는 우리의 번역 출판 요구를 흔쾌히 받아들여 한글번역본 출판을 허락하였기에 이처럼 귀중한 결실을 맺게 되었습니다.

이 귀한 책을 우리 출판사에서 출판할 수 있도록 기도와 물질과 헌신으로 온전히 후원해 주신 뿌리와 가지교회 정관창 목사님과 모든 성도님 여러분께 이 지면을 빌어 감사드립니다. 특별히 히브리어를 입력하며 교정하신 송은영 전도사님과 또한 교정보느라 수고하신 유지영 전도사님께 감사드립니다.

그리고 이 귀한 책을 읽어가며 문화·역사적 배경에 관한 정보를 꼼꼼히 감수해주신 백석대학교 기독교학부 변순복교수님께 지면을 빌어 심심한 감사를 드립니다.

이 도서가 세상에 사는 모든 사람들에게 사람다운 삶을 사는 지혜와 방법을 찾는데 작은 도움이나마 되기 원하는 심정으로 이 책을 세상에 내어 놓습니다. 이 귀한 책이 한글로 번역되어 나올 수 있도록 도와주신 하나님께 다시 한 번 감사드립니다.

도서출판 하임 편집부

감사의 글

이 기회를 빌어 본 시리즈의 출판을 현실로 이루는 거룩한 작업에 도움을 준 이들에게 감사를 표하고자 한다. 예루살렘의 하예이 모세 학당 학장인 나의 사위이자 랍비인 베냐민 칸민츠는 지혜롭게, 또 열정적으로 처음부터 끝까지 히브리어판을 구성하고 또 이끌어주었다. 또 한 명의 조카인 랍비 애리얼 하코헨 슈바이처는 이 저서의 편집을 총괄하였으며, 기력을 다하여 나의 강의를 호흡 한 번 까지도 모두 녹음하고 또 필사하고 자료를 수집하는 데에 자기 능력을 발휘하기를 아끼지 아니하였다. 그의 노력은 이 저작의 근간이 되어주었다.

다양한 모습으로 나의 짐을 나눈 내 자녀들에게 특별히 감사의 말을 전한다. 네타니아 랍비회의 회원이자 콜렐 토라스 하임의 수장인 나의 장남 랍비 모세 하임에게 감사하며, 가온이자 차디크였던 나의 아버지 랍비 하임과 장인인 랍비 이츠코크 여디디야 프렌켈을 추모한다. 내 딸 레베친 미리암 소로츠킨, 테힐리야 네하마 칸민츠, 레베친 쉬라 슈바이처에게도 감사를 표한다. 또 하루도 빠짐없이 하나님께 감사함은 그분께서 내 아들들과 딸들, 사위와 며느리, 토라의 장막에 들어가 토라를 온 이스라엘에 전파한 이 의로운 세대를 내 곁에 두시는 크나큰 영광을 허락하셨기 때문이다. 내가 이러한 기쁨을 맛볼 수 있음은 나의 조상들이 남긴 기업이요, 자기 삶을 바쳐 이 아이들에게 올바른 정신을 가르치고 또 기른 나의 아내 레베친 하야 이타의 작품이라 믿어 의심치 아니한다.

프로젝트를 처음 시작할 때에 지원을 아끼지 아니한 유대문화기념회(the Memorial Conference for Jewish Culture)와 회장 야코브 호크바움 박사에게 감사를 표한다. 특별히 나의 친구 랍비 니산 모르겐슈테른에게 감사함은 그가 제일 처음으로 이 저작을 위한 "원자료"를 편집하고 또 추가하여준 사람이기 때문이다. 최종적으로는 랍비 아브라함 슈테른이 나의 히브리어판과 초기 세 권의 할라카 문답서(responsa)를 출판하여주었음에 감사한다. 그의 무한하고도 이타적인 헌신에 하나님께서 보상하시리라.

나의 친구, 랍비 즈비 리즈만에게 진심을 담아 감사를 전한다. 어릴 적부터 친구였던 랍비 리즈만은 수년간 공동체의 유익을 위해 이 저작을 쓰도록 나를 설득하였고, 또 헌신하였으며, 작업 전체를 편집할 수 있도록 해주었다.

나의 친구들이자 이웃들, 슐로모와 메이라브 맨델바움은 그들의 부모이자 보로프의 존경받는 하시드였던 랍비 느헤미야 맨델바움을 추모하며 두 번째와 네 번째 히브리어판의 저작에 헌신을 아끼지 아니하였다. 랍비 느헤미야 맨델바움은 아내 사비나와 함께 홀로코스트의 참상 속에서 생존하였으며 이토록 아름다운 가정을 이루고 자기 능력을 다하여 구호사업과 거룩한 상을 좇음에 자신의 가진 것을 헌신하였다. 그가 소천할 때, 우리는 전쟁 전 크라카우에서부터 이어진 우리 가족의 강한 유대를 새롭게 하였다. 네 번째 판은 메이라브의 아버지인 여호수아 비츠르에게 바친다. 그는 비엔나에서 태어났으나 평생을 예루살렘에서 살았으며, 그의 아내는 예루샬미 베르트하임 가문의 사람이었다.

크라카우에서 뉴욕으로 이주한 그들의 자녀 랍비 모세 다비드와 골다 페렐 쿠퍼만, 그리고 보르브의 하시딤의 이름으로, 세 번째 판은 홀로코스트의 생존자들인 랍비 하임 즈비와 메이라브 비나, 그리고 그의 아들 므나헴 맨델 쿠퍼만에게 바친다.

다섯 번째 판과 여섯 번째 판은 익명을 요청한 두 사람에게 바치고자 한다. 마음을 아시는 하나님께서 그들의 인자함과 헌신에 보상하실 것이다.

영문판 감사의 글

나의 가장 친애하는 친구이자 가장 오래된 친구인 랍비 즈비 리즈만은 오늘날 '한 사람에게서 토라와 위대함이 나온다'(תורה וגדלה במקום אחד)고 칭할 만한 사람이다. 랍비 즈비카는 내게 히브리어판의 저술과 동시에 영문 번역판의 출판을 허락하도록 권하였다. 그와 그의 아내 베티는 LA 유대인 공동체의 기둥이다. 그들의 집은 토라와 헤세드(사랑)의 중심지로, 그의 토라 강의는 뛰어나면서도 유명하였다. 그는 토라를 사랑하였으며, 사업을 번창시키면서도 동시에 토라를 마스터할 수 있던 몇 안 되는 사람들 중 하나였다. 그와 베티는 토라와 헤세드의 롤 모델이며, 이러한 사람들이 이 세 권의 책을 출판하는 데에 헌신해 줬다는 데에 크나큰 감사를 표하지 않을 수 없다.

야코브 다비드 슐만은 히브리어판의 핵심을 고급스럽고도 유창한, 그러면서도 깔끔한 영어로 번역해주었다. 이토록 위대한 작업을 이룬 그에게 깊은 감사를 표한다.

오래 전에 히브리어로 쓰인 이 저작의 영문판 출판을 요청하였던 랍비 마이어 쫄로토비츠와 랍비 노손 셔먼에게 감사를 표한다. 토라의 풍요로움을 셀 수 없이 많은 사람들에게 전해준 사람들로서, 그들을 통해 ArtScroll/Mesorah 시리즈를 쓴 많고 많은 위대한 저자들 중 한 명에 내가 참여하게 됨을 자랑으로 여긴다.

본 시리즈의 디자인을 맡은 디자인계의 전설적인 인물, 랍비 셰아 브랜더에게 감사한다.

훌륭하고도 아름다운 커버 디자인은 엘리 크로엔의 창의력에서 탄생한 작품으로, 그의 노력에 감사를 표하는 바이다. 더 나아가 이 책을 쓰는 데에 노력을 아끼지 아니한 패기 웨인바움, 민디 스턴, 슈미 리프시츠, 슈리 라인홀드, 그 외 멘디 헤르츠베르그와 함께한 모든 사람들에게 감사를 표한다.

랍비 이스라엘 마이어 라우
2007년 4월
Rabbi Yisrael Meir Lau
Iyar 5767/April 2007

| 서문 |

왜 『아보트』로 불리는가?

현인들은 민족의 아버지

일반적으로 탈무드 각 책의 명칭은 그 내용을 대변하지만, 때로는 첫 번째 단어나 주제가 명칭이 되기도 한다. 예를 들면, '베이짜'(Beitzah)는 절기를 다루는 책이지만, 첫 번째 단어가 그 책의 명칭이 되었다(beitzah=계란).

그러나 '아보트'의 문자적 의미는 '선조들'(fathers) 또는 '족장들'(patriarchs)이라는 뜻으로 쓰여져 앞에서 언급된 일반적인 원칙을 따르지 않는다. 그 이유를 추론하기로는, 이 책은 선조들인 '아보트'에 의해 전수된 토라를 위하여 헌정되었기 때문인 것으로 보인다.

물론 이 추론도 이해하기가 쉽지는 않다. 왜냐하면 '아보트'라는 단어는 유대교의 세 명의 창시자인 아브라함과 이삭과 야곱을 일컫는 말인데, 이 책에는 아브라함만이 언급되어 있으며, 그것도 오직 제 5장에만 간략하게 언급되어 있기 때문이다.

람밤은 '아보트'가 넓은 의미에서 유대인들의 영적인 아버지인 유대 민족의 지도자라고 주장함으로써 이 난제를 해명하였다. 이는 타나크(Tanach, 유대인의 성경)와 구전 토라(Oral Torah)의 수많은 사례에서도 그 당위성을 인정받는다.

예를 들면, 엘리야 선지자가 승천했을 때, 그의 제자 엘리사가 그를 "내 아버지여, 내 아버지여"(왕하 2:12)라고 불렀으며, 훗날 이스라엘의 왕 요아스는 엘리사를 "내 아버지여, 내 아버지여"(왕하 13:14)라고 불렀다.

탈무드에서는 힐렐과 샴마이가 '세상의 아버지들'(에듀요트[Eduyos] 1:4)이라고 불렸으며, 이전 세대의 현인들은 '첫 번째 아버지들'(토세프타[Tosefta], '테블 욤'[Tevul yom] 1:4)이라고 불렸다. 랍비 타르폰(Tarfon)은 '이스라엘의 아버지'('예루샬미 요마'[Yerushalmi Yoma] 1:1)로 불렸으며, 랍비 이쉬마엘과 아키바(Yishmael and Akiva) 또한 '세상의 아버지들'('예루샬미 셰칼림'[Yerushalmi Shekalim] 3:1)이라 불렸다고 한다.

마지막으로, 현인들은 모세를 가리켜 '모든 선지자들의 아버지'(드바림 라바[Devarim Rabbah] 3:9)라고 불렀으며, 대법관은 오늘날까지 '아브 베이트 딘'(Av Beis Din) 즉, 문자 그대로 '법정의 아버지'라 부르고 있다.

* * *

아보트 1-2장에서 현인들은 우리의 스승 모세로부터 미쉬나의 편집자 랍비 '예후다 하나시'(Yehuda Hanasi)에 이르기까지 스승에게서 제자로 이어지는 전통의 고리에 따라 연대순으로 나열되어 있다.

이는 토라의 스승들이 그 원천이 되는 말씀에서 끊어지지 않았다는 것을 보여준다. 더불어 이 책에 자신의 지혜를 기록했던 현인들은 시내 산에서 주어졌던 토라를 신실하게 전수하였다. 바로 그들이 우리가 지금 걷는 길의 기반을 닦은 것이다.

아버지와 아들

스승이 아버지라고 불린다면 학생은 아들이라고 불려야 한다. 현인들의 가르침에 의하면, 이웃의 자녀에게 토라를 가르치는 사람이 그 아이의 아버지가 된다고 한다. 후마쉬(Chumashe)에 있는 구절이 언급하길, '아론과 모세가 낳은 자는 이러하니라'(민 3:1) 구절 다음에는 '아론의 아들들의 이름은 이러하니'(민 3:2)라는 구절이 따라온다고 지적한다. 이는 모세의 제자들이 그의 아들로 인정되었다는 점을 암시한다는 것이다('얄쿠트 쉬모니'[Yalkut Shimoni], 바미드바르[Bamidbar] 688).

'시프레이'(Sifrei, 얄쿠트 시모니, 바에스하난[Va'eschanan] 841에서 인용)는 '네 자녀에게 부지런히 가르치며'(신 6:7)라는 구절에서 자녀가 제자들을 가리킨다고 말한다. 시프레이는 제자들이 아들로 불린다는 또 다른 증거를 제시한다. 열왕기하 2장 3절에 의하면 '선지자들의 아들들이 나아왔다'라는 구절이 있는데, 여기서 '아들들'은 선지자의 자녀가 아니라 그들의 제자였다는 것이 분명하다는 것이다.

그뿐 아니라, 유대인들에게 토라의 모든 것을 가르친 유다의 왕 히스기야는 제자들을 '아들들'이라고 불렀다(대하 29:11). 마지막으로, 솔로몬 왕은 '내 아들아 네 아비의 훈계를 들으며'(잠 1:8)라고 말한다.

'피르케이 아보트'는 민족의 영적인 아버지들의 이름과 가르침의 교훈을 담고 있다. 우리는 아버지들의 걸음을 비추던 빛을 따라 걸어가고, 그들로부터 흘러나오는 물을 마시며, 그들의 발에서 나오는 먼지 속에서 구르며 살고 있다. 그들이 우리의 아버지였듯이 우리는 그들의 아들이었다.

좋은 성품은 지혜의 아버지이다

주석가들은 '아보트'가 책의 제목이 된 것에 대한 추가적인 근거를 제시한다.

'아보트'가 제목으로 지정된 이유는, 이 책에서 논의되는 주제들이 멀리까지 영향을 미칠 '자손'(offspring)을 가지고 있기 때문이라는 것이다. 이 책에서 주제들을 분류할 때 '아보트'라는 용어가 사용된 곳(안식일에 금지된 일의 종류나 배상의 내용 등)을 보면, 그 주제들마다 '자손'(offspring)이라고 하는 하위 항목이 있다('바바 카마'[Bava Kamma] 2b).

그렇다면 이 책에서 논의되는 주제들의 '하위항목'(자손)은 무엇일까?

파르케이 아보트는 구전 토라의 방대한 문헌에 수록된 셀 수 없이 많은 윤리적 가르침의 원천 지식들로 구성되어 있다. 그들의 교훈의 원천이 모두 여기에 있다는 것이다. 메이리(Meiri)는 "이 책에 들어있지 않은 고상하고 훌륭한 성품은 찾지 못할 것이다"라고 하였다.

무엇보다도 중요한 것은 이 책이 토라 연구의 근거를 이룬다는 것이다. 우리의 현인들은 그 영혼이 온전하여 이를 받아들일 준비가 된 사람만이 토라를 얻을 수 있다고 반복적으로 가르쳐 왔다. 그들은 토라가 있기 전에 '데레크 에레쯔(Derech eretz, 땅의 길)가 먼저 생겼기 때문에 데레크 에레쯔가 없었다면 토라 또한 없었을 것'(3:21)이라고 가르친다. 이 가르침을 삶으로 구체화할 수 있는 사람만이 토라의 멍에와 그 계명(Mitzvos)을 받아들일 수 있다.

* * *

티페레트 이스라엘(Tiferes Yisrael)의 랍비 '이스라엘 리프쉬쯔'(Yisrael Lifschitz)는 미쉬나에 대한 그의 주석에서 '데레크 에레쯔가 생겨난 지 26세대가 지난 후에 토라가 생겼다'라는 미드라쉬의 구절('바이크라 라바'[Vayikra Rabbah] 9:3)을 인용하여 '아보트'를 소개하였다. 이 세상은 정확하고 논리적인 순서로 기초부터 창조되었다. 식물과 동물들이 세상이 창조되기 전에는 존재하지 못했던 것과 같은 이치로 데레크 에레쯔가 없이는 토라도 존재할 수 없었다는 것이다. 따라서 우리의 현인들은 모세가 오직 그의 뛰어난 인품으로 인해 토라를 받을 수 있었다고 가르쳤다는 것을 티페레트 이스라엘은 지적한다.

베르디체브의 랍비 '레비 이쯔하크'(Levi Yitzchak)는 사람의 성품이 토라를 배우는 태도에 영향을 미친다고 가르친다. 한 사람의 정신과 성품은 그가 토라를 배우는 태도 즉, 그가 어떻게 분석하고 배우는지, 그가 어떻게 추론하고 결론에 이르는 것까지 지대한 영향을 미치기 때문이다. 그러므로 토라 연구자는 악한 성품이 그의 생각을 흐리게 하고 토라의 빛을 그의 눈에서 가려버릴 수 있기 때문에 그러한 성품을 피해야 할 책임이 있다. 연구자는 토라가 인생의 독약이 아니라 특효약이 될 수 있도록 반드시 주의를 기울여야 한다.

하지만 좋은 성품은 토라를 받아들이는 데 필요조건을 넘어서는 의미가 있다. 이는 좋은 성품 자체가 토라이기 때문이다. 고요한 정신으로 얻은 토라와 주의가 산만한 사람이 얻은 토라, 그리고 겸손한 사람이 배운 토라와 오만한 사람이 배운 토라는 비교조차 할 수 없다.

더불어 다른 좋은 자질들 또한 연구자에게 좋은 성품과 다른 영향을 끼칠 수 있다. 예를 들면, 천성적으로 선한 사람이 배우고 내린 결론은 타협을 모르는 강직한 사람이 배우고 내린 결론과 같을 수가 없다는 것이다. 이것이 시대를 거치면서 현인들 사이에 일어난 많은 논쟁의 이유이며, 탈무드는 이것을 '두 의견은 모두 살아계신 하나님의 말씀'(에이루빈[Eiruvin] 13b)이라고 한다.

마하랄(Maharal)은 하나님이 현인들의 가르침들을 먼저 인용하고 난 뒤에 이것들을 모두 동일시한 이유가 바로 여기에 있다고 한다. '그러므로 내 아들 에비아살이 이렇게 말하였다 … 내 아들 요나단이 이렇게 말하였다 …'(기틴[Gittin] 6b). 각 현인이 생각하는 토라는 그의 지능, 성품, 그리고 인격에 따라 서로 다를 수밖에 없다(아보트 6:7에 대한 '데레크 하하임'[Derech Hachaim]의 주석).

아보트의 위치

그렇다면 올바른 행위와 도덕을 주제로 한 이 책의 위치가 주로 금전에 관한 법을 다루는 '너지킨'(Nezikin)에 자리를 잡은 이유는 무엇인가?

메이리는 그의 '베이트 하베히라'(Beis Habehirah)의 서문에서, 원래 '아보트'는 할라하에 대해서는 논하지 않는 책으로써 탈무드의 제일 뒷부분인 '타하로트'(Taharos)에서도 결론부에 등장했다고 한다. 그러나 유대인의 추방과 함께 탈무드 연구는 사람의 일상에서 부딪치게 되는 세 개의 법(모에드, 나쉼, 너지킨)을 중심으로 진행되었기 때문에 피르케이 아보트가 너지킨의 끝자락으로 이동하게 되었다는 것이다.

그러나 람밤은 '아보트'의 위치에 대한 이유를 주제와의 관련성에서 찾았다. 그는 이 책의 많은 내용들이 현인들과 사사들을 염두에 두고 기록되었기 때문에 산헤드린과 관련된 법을 논의한 뒤에 배치되어야 하는 것이 적절하다고 주장한다. 그래서 '아보트'의 첫 번째 가르침인 "판단을 내릴 때에는 신중히 하라"는 당연하게도 법률사건을 판단할 사람들에게 하는 교훈인 것이다.

더욱이 판사가 자신의 윤리와 인품을 다스리는 책임(그의 데레크 에레쯔)은 일반 유대인보다 비교할 수 없을 정도로 막중하다. 뛰어난 인품을 가지지 못한 판사는 주로 자기 자신에게만 해를 끼치게 될 나쁜 성품을 가진 일반인보다 더 많은 사람들에게 해를 끼칠 수 있기 때문이다. 따라서 '아보트'는 산헤드린의 법률 뒤에 위치함으로써 판사들에게 일반인보다 더 높은 윤리성과 인품을 가져야 한다는 자신의 의무를 일깨워 주는 것이다. 판사의 인품은 공동체에서 매우 중요한 역할을 감당해야 하는 사람이 갖추어야 할 필수조건이기 때문이다(람밤은 미쉬나에 대한 그의 주석을 소개하면서 이에 대해 길게 이야기 한다.)

* * *

랍비 '쉬므온 바르 쩨마흐 두란'(Shimon bar Tzemach Duran[Rashbatz, 라쉬바쯔])은 그의 '마겐 아보트'(Magen Avos)에서 '아보트'의 위치에 대해 다른 이유를 제시한다.

바바 카마(30a)에서 현인들은 경건한 사람, 한 사람이 개인적이고 기본적인 한 사람으로써의 의무를 너머 스스로 온전한 개인으로 인정받기 위해서는 세 가지 자질을 겸비해야 한다고 가르쳤다.

첫째, 하나님이 베푸신 모든 선한 것에 감사하는 기도를 하는 것이고, 둘째, 이웃의 경제적 안정에 대하여 세심한 관심을 보이는 것이며, 마지막으로는 '아보트'에 기록된 윤리적 가르침에 따라 행동하는 것이다.

라쉬바쯔는 말하기를 마음을 담아 감사 기도문을 낭송하게 되면 하나님과의 관계에서 더욱 더 경건해지고 감성이 풍부해진다고 설명했다. 이웃의 경제적인 상황에 세심한 주의를 기울이는 사람은 대인관계에서 경건해진다. 하지만 '아보트'의 윤리적 교훈의 지시를 따르는 사람은 앞선 두 분야에서 뛰어난 사람이 된다. 동일한 역량을 가지고도 하나님과 사람에게 동일하게 헌신할 수 있는 진정한 인품을 갖춘 사람을 일컫는 것이다.

라쉬바쯔는 탈무드가 감사의 복과 금전에 관한 법에 대해 논의를 마친 뒤에 사람을 가장 완전한 형태의 경건함에 이르게 하는 '아보트'의 가르침을 제시했다는 것이다. 그러한 사람은 하나님뿐만 아니라 이웃들과의 관계에서도 좋은 관계를 맺을 수 있다.

왜 피르케이 아보트는 여름철 안식일에 배워야 하는가?
피르케이 아보트-토라를 받아들이기 위한 준비

유대인 학자인 '게오님'(geonim)¹이 언급한 바에 따르면, '피르케이 아보트'는 일반적으로 유월절과 오순절 사이에 배우게 되는데, 주된 이유는 오순절에 토라를 받기 위한 개인적인 준비 기간이 바로 이 여섯 주이기 때문이라는 것이다.

특별히 매우 소중한 선물을 받아들일 때, 우리는 그것을 받고 보존할 준비를 해야 한다. 특별하고 소중한 선물인 토라를 받아들이기 위해 우리에게 필요한 것은 무엇인가? '여호와를 경외함이 지혜의 근본이라'(시 111:10)가 암시하듯이 좋은 성품이다. '데레크 에레쯔'가 토라보다 먼저 생겨났기 때문이다.

토라를 받기 위해, 한 개인을 준비하고 교육시키는 데 '피르케이 아보트'에 비견할 수 있는 책은 없다. 따라서 '피르케이 아보트'를 읽는 것은 토라를 받아들이기 위한 영적인 준비 단계라고 할 수 있다.

* * *

본래 피르케이 아보트는 다섯 장(chapter)으로 이루어져 있었다. 얼마 후에 토라 연구에 관한 주제를 다룬 '바라이쇼트'(Baraishos) 편집본이 여섯

---

[1] 탈무드에 대한 지식과 지혜가 탁월한 유대인 학자를 일컫는다.

번째 장에 추가되었다(Baraisa[바라이사]는 랍비 예후다 하나시가 편집한 미쉬나와 비슷한 가르침이지만 오늘날의 미쉬나에는 포함되지 않았다). 이 여섯 번째 장이 토라 연구의 가치와 바른 길, 그리고 토라 연구자에 대한 중요성을 주로 다루기 때문에 '토라의 습득'이라는 뜻의 '킨얀 토라'(Kinyan Torah)라고도 불린다.

유월절과 오순절 사이에는 여섯 번의 안식일이 있기 때문에 매 주마다 한 장씩 읽게 되면, 우리는 현인들의 가르침을 통해 온전한 성품에 대해 배우고, 토라를 받기 직전인 마지막 안식일에는 '킨얀 토라'의 장으로 막을 내리게 된다.

역사를 되돌아보면, '세피라트 하오메르'(Sefiras Ha'omer)의 나날들은 랍비 아키바의 제자들이 죽임을 당한 우울한 날이었다(슐한 아루크. '오라크 하임'[Orach Chaim] 493). 탈무드에 의하면, 랍비 아키바는 12,000 쌍의 연구 동역자를 제자로 두었는데, 그들은 유월절과 오순절 사이에 전부 죽었다. 그 이유는 그러한 능력을 가진 사람들에게서 기대할 수 있는 예의로 서로를 대하지 않았기 때문이다(예바모트 62b). 그 결과 그들은 '데레크 에레쯔가 토라보다 먼저 생겼기 때문에'(바이크라 라바 9:3), 그리고 '데레크 에레쯔가 없으면 토라 또한 없다'(3:21)라는 이유로 토라의 습득까지 닿을 수 없었다.

그들이 겪은 끔찍한 형벌은 토라를 받는데 적절한 준비가 필요하다는 것을 강조한다. 현인들은 세피라(sefirah) 기간에 몇 가지 추모의 행위를 하도록 지시하여 무엇이 일어났는지를 회상하고, 토라를 받기 전에 '데레크 에레쯔'를 배우고 익히는데 열심을 다해야 한다는 점을 가르쳤다.

결혼과 여러 즐거움을 금지하는 엄숙한 분위기는 사람이 자기 자신을 돌아보게 한다. 이런 자기반성의 분위기는 윤리적인 가르침과 책망을 받아들이는 것을 수월하게 한다. 이런 때에 무엇보다 적절한 행동은 '피르케이 아보트'를 연구하는 것이다.

이 기간에 '피르케이 아보트'의 가르침들은 연구자에게 깊은 깨달음을 주게 된다. 예를 들면, '이 세상은 미래에 오게 될 세상에 들어가기 위한 대기실과 같다. 그러니 스스로를 준비하여 연회장에 들어갈 수 있도록 하라'(4:21), 그리고 '네가 어디서 와서 어디로 가는지를 알고, 너에게 판결과 심판을 내리게 될 존재가 누구인지를 알라'(3:1)라는 이 세 가지를 기억하고 있으면 죄의 손에 떨어지지 않을 것이다.

여름은 자기반성의 시간이다

몇몇 유대인 공동체들은 세피라 기간뿐만 아니라 신년절(Rosh Hashana)까지 여름 내내 피르케이 아보트를 배우기도 한다. 이 관습은 '투르'(Tur[오라크 하임 282])와 '레마'에도 언급되어 있다(Rema[슐한 아루크 ibid. 2]).

봄과 여름은 자유를 상징하는 계절이다. 자연과 인간이 겨울의 혹독한 제약에서 풀려나는 것이기 때문이다. 비가 그치고 추위는 지나갔으며, 만물이 싱그럽게 소생하고 꽃이 피어난다. 사람들은 제한되었던 일상에서 벗어나 밖으로 나아가 기지개를 켜며 오감으로 기쁨을 맛본다.

그렇기 때문에 이 풍족한 시기에 악한 성향이 사람들의 영적인 결단력을 약화시키려 하는 것은 당연한 것이다. 따라서 우리는 악한 영향력으로부터 자신을 지키기 위해서 피르케이 아보트를 연구해야 한다. 이 책은 '우리가 누구인지', '우리가 무엇을 하는지', '네 위에 어떤 존재가 있는지를 아는 것' 그리고 '계명과 죄를 통해 얻은 것과 잃은 것'이 무엇인지를 깨닫게 하는데 도움을 줄 것이다(2:1).

* * *

피르케이 아보트를 봄과 여름에 묵상해야 하는 또 다른 이유가 있다. 겨울은 땅을 갈고 씨를 뿌리는, 즉 투자하는 계절이다. 하지만 봄은 이 투자가 열매를 맺기 시작하는 계절이기 때문이라는 것이다("지면에는 꽃이 피고 … 무화과나무에는 푸른 열매가 익었고 포도나무는 꽃을 피워 향기를 토하는구나"[아 2:12-13]).

이른 봄, 유월절은 보리를 수확하고, 그 뒤 따라오는 오순절에는 밀을 수확한다. 그 이후에는 포도와 무화과, 그리고 올리브 등의 수확이 뒤따른다. 이런 수확에는(오늘날에는 돈을 모으는 것) 전적으로 사람이 참여해야만 한다.

* * *

그러나 사람이 이와 같은 육체적 노동에 전념하여 성공했을 때 '내 능력과 내 손의 힘으로 내가 이 재물을 얻었다'(신 8:17)라고 생각하게 되어 그 성공이 오히려 그를 타락하게 할 수 있다.

이런 때에 '네 위에 어떤 존재가 있는지를 알라'고 하는 현인들의 가르침을 되짚어 보아야 한다. 돈을 모으는 것만이 존재 혹은 인생의 전부가 아니고, 궁극적인 목적도 아니라는 것을 깨달아 알아야 한다. 이 세상은 일시적이며 덧없는 것이다. 우리는 대기실에 서 있고, 연회장인 영원한 생명의 땅에 입장하기 전에 회개와 선행으로 잘 준비해야 한다.

프롤로그   קודם הלימוד

다음은 피르케이 아보트의 각 장을 읽기 전에 낭독해야 한다.

(산헤드린 10:1)

כָּל יִשְׂרָאֵל יֵשׁ לָהֶם חֵלֶק לְעוֹלָם הַבָּא,
שֶׁנֶּאֱמַר:
וְעַמֵּךְ כֻּלָּם צַדִּיקִים,
לְעוֹלָם יִירְשׁוּ אָרֶץ,
נֵצֶר מַטָּעַי מַעֲשֵׂה יָדַי לְהִתְפָּאֵר.

모든 이스라엘 백성에게는 성경에 기록된 바와 같이 내세에 그들의 몫이 있다.

"네 백성이 다 의롭게 되어
영원히 땅을 차지하리니
그들은 내가 심은 가지요
내가 손으로 만든 것으로서
나의 영광을 나타낼 것인즉"
(사 60:21).

משנה א

שָׁנוּ חֲכָמִים בִּלְשׁוֹן הַמִּשְׁנָה,
בָּרוּךְ שֶׁבָּחַר בָּהֶם וּבְמִשְׁנָתָם:

רַבִּי מֵאִיר אוֹמֵר כָּל הָעוֹסֵק בַּתּוֹרָה לִשְׁמָהּ,
זוֹכֶה לִדְבָרִים הַרְבֵּה.
וְלֹא עוֹד אֶלָּא שֶׁכָּל הָעוֹלָם כֻּלּוֹ כְּדַאי הוּא לוֹ.
נִקְרָא רֵעַ, אָהוּב, אוֹהֵב אֶת הַמָּקוֹם,
אוֹהֵב אֶת הַבְּרִיּוֹת, מְשַׂמֵּחַ אֶת הַמָּקוֹם,
מְשַׂמֵּחַ אֶת הַבְּרִיּוֹת, וּמַלְבַּשְׁתּוֹ עֲנָוָה וְיִרְאָה,
וּמַכְשַׁרְתּוֹ לִהְיוֹת צַדִּיק חָסִיד יָשָׁר וְנֶאֱמָן,
וּמְרַחַקְתּוֹ מִן הַחֵטְא, וּמְקָרַבְתּוֹ לִידֵי זְכוּת,
וְנֶהֱנִין מִמֶּנּוּ עֵצָה וְתוּשִׁיָּה בִּינָה וּגְבוּרָה.
שֶׁנֶּאֱמַר (משלי ח:יד)
לִי עֵצָה וְתוּשִׁיָּה אֲנִי בִינָה לִי גְבוּרָה,
וְנוֹתֶנֶת לוֹ מַלְכוּת וּמֶמְשָׁלָה וְחִקּוּר דִּין,
וּמְגַלִּין לוֹ רָזֵי תוֹרָה,
וְנַעֲשֶׂה כְּמַעְיָן הַמִּתְגַּבֵּר וּכְנָהָר שֶׁאֵינוֹ פּוֹסֵק,
וֶהֱוֵי צָנוּעַ וְאֶרֶךְ רוּחַ, וּמוֹחֵל עַל עֶלְבּוֹנוֹ,
וּמְגַדַּלְתּוֹ וּמְרוֹמַמְתּוֹ עַל כָּל הַמַּעֲשִׂים:

그 현자들은 미쉬나의 언어로 [이 장을]가르쳤다.
그 현자들과 그들의 가르침을 선택하신 그 분은 복이 있으신 분이다.

랍비 메이르는 말한다.
토라 자체를 위하여 토라 연구에 몰두하는 자마다
많은 것들이 기업으로 주어진다.
뿐만 아니라 온 세상은 그를 위하여 존재할 만한 가치가 있다.
그는 '친구', '사랑하는 사람'으로 불릴 것이요,
그는 하나님을 사랑하고,
그는 [그의] 창조물을 사랑하고,
그는 하나님을 기쁘시게 하고.
그는 [그의] 창조물을 기쁘게 한다.
[토라는] [하나님에 대한] 겸손함과 경외함으로 그를 옷 입힌다.
그것은 그를 의롭고 경건하고, 공평하며, 신실함으로 준비시킨다.
죄로부터 그를 멀어지게 하며 기업으로 더욱 가까이 이끈다.
사람은 도략과 참 지식, 명철과 능력의 도움을 받는다.
기록된 바
"내게는 계략과 참 지식이 있으며 나는 명철이라 내게 능력이 있으므로"(잠 8:14)라고 한 것과 같다.

[토라는] 그에게 왕권과 통치와 분석력 있는 판단력을 준다.
이들은 토라의 비밀을 밝혀준다.
그는 계속해서 마르지 않는 샘과 같고 끊이지 않는 강과 같다.

그는 겸손하고 인내심이 있고, 그를 향한 모욕을 용서하게 된다.
[토라는] 그를 위대하게 만들고, 모든 것보다도 그를 칭찬한다.

미쉬나 1절

랍비 메이르는 말한다.
토라 자체를 위하여 토라 연구에 몰두하는 자마다
많은 것들이 기업으로 주어진다.

매일 아침 우리는 "주님의 계명으로 우리를 경건케 하시고, 토라의 말씀을 배우도록 명령하신" 하나님께 감사의 기도를 드린다.

자신의 소망과 열정에 투자하는 다른 모든 노력들과 같이, 토라를 연구하기 위해 전심으로 노력해야 한다. 토라의 내용을 공부하고 그 안에 숨겨진 지혜를 찾는다는 순전한 목표와 자신을 드러내고자 하는 의도 없이 오로지 토라의 지혜를 인생의 주춧돌로 삼으려는 순수한 동기를 가진 자만이 전심으로 토라를 배울 수 있을 것이다.

우리는 '토라 자체를 위하여' 하나님의 계명을 실천할 수 있다고 생각하고, 또 스스로 그렇게 하기를 원하지만, 일반적인 의미에서 계명을 실천하는 것과 토라를 배우는 것에는 차이가 있다. 불순한 동기로 계명을 실천하더라도 '잘못했다'고 할 수는 없다. 일단 계명을 실천했기 때문이다. 실제로 어느 견해에 따르면 특정 상황에서는 계명을 지키겠다는 의

식적인 의도가 없이 필요한 행동을 했다면 계명을 실천해야 하는 의무가 잠깐 폐기될 수 있다(슐한 아루흐[Shulchan Aruch], 오라흐 하임[Orach Chaim] 60:4).

그러나 개인의 유익을 위해 배우는 토라는 그 어떤 것도 얻을 수 없다(마할랄[Maharal]). 현자들은 자기 유익을 위해 토라를 배우는 것은 지독한 독약이라고 했으며(타니트[Taanis] 7a), "왕관을 [개인적으로]사용하는 자는 죽을 것이다"(1:13, 루아흐 하임[Ruach Chaim] ibid. 참고)라고까지 말했다.

첫 번째 성전이 파괴되던 때에 예레미야 선지자는 "이 땅이 어찌하여 멸망하여 광야 같이 불타서 지나가는 자가 없게 되었느냐"(렘 9:12)라고 물었다. 이처럼 끔찍한 재앙이 왜 찾아온 것인가? 현자들이 이 말씀에서 얻은 지혜란 바로 하나님께서 "그들이 내가 그들의 앞에 세운 나의 율법을 버리고 내 목소리를 순종하지 아니하며 그대로 행하지 아니하고"(렘 9:13)라고 답하시는 것 외에는, 그 누구도 이런 질문에 답할 수 없다는 것이었다(너다림[Nedarim] 81a, 바바 메찌아[Bava Metzia] 85a).

당시 현자들과 선지자들마저도 이스라엘이 토라를 버렸다는 것을 몰랐다는 것이 말이 되는가? 이 의문에 대한 게로나의 라베이누 니심[Rabbeinu Nissim of Gerona, Ran이라고도 함]의 설명은 다음과 같다. 즉 이스라엘이 "분명히 토라를 끊임없이 공부하였으나…(중략) 그럼에도 불구하고 오직 홀로 찬양받으실 거룩하신 주님께서 성전이 파괴된 그 이유를 말씀하실 수 있으실 텐데, 이는 오직 주님만이 각 사람의 마음의 깊이를 알고 계시기 때문이다. 그들이 토라의 축복을 읊지 않았고(즉 토라가 그들에게 그리 중요하지 않았고), 또 그들이 순전한 동기를 가지고 토라 그 자체를 위하여 토라를 배우지 않았기 때문에 성전이 파괴되고 만 것이다"(너다림[Nedarim] ibid., 디브레이 라베이누 요나[Divrei-Rabbeinu Yonah]의 주장에 근거함).

겉으로 보기에는 흠이 없어 보일 수도 있다. 그러나 본질이 빠져 있다면, 즉, 토라 그 자체를 위하여 토라를 배우지 않는다면, 결국 토라를 버리는 것과 다름 없는 것이다. 이런 사람에게 하나님께서는 주님의 목소리를 들려주시지 않는다.

토라가 다른 율법들과 다른 것은 무엇인가?

토라를 배우는 것이 다른 계명들을 지키는 것과 다른 점은 무엇인가? 자기중심적인 동기로 토라를 배우더라도 정당하지 못할 것은 무엇인가? 루아흐 하임에서 볼로친의 랍비 하임[R' Chaim of Volozhin]은 '그 자체를 위해'라는 개념의 일반적인 용례를 계명을 지키는 것과 토라를 배우는 것 모두에 적용시키고 있다.

전자, 즉 율법을 지키는 경우 '토라 자체를 위해'라는 개념은 장차 올 세상에서 보상이 오는 것을 알고 있다 하더라도 개인적인 이익을 생각하지 않고 계명을 실천하는 것을 뜻한다. 주님의 뜻을 실천함으로써 하나님을 기쁘시게 하는 것, 그리하여 주님께서 우리 중에 임재하시고 주님의 영광이 온 세상에 밝히 드러나는 것, 오직 그 하나의 동기만으로 계명을 실천하는 것을 뜻하는 것이다. 이런 동기는 토라를 배우는 데도 당연히 적용되어야 한다. 이런 점에서 이 구절의 다른 판본에는 '주님(하나님)을 위하여 토라를 배우는 자'라고 적혀 있다.

그러나 '토라 자체를 위해' 토라를 배우는 것에는 이런 개념 외에도 또 다른 의미가 있다. 바로 '토라를 배우라'는 계명을 실천하기 위하여 토라를 배우는 것만으로는 충분치 않다는 것이다. 토라의 지식을 얻고 하나님께서 우리에게 나누어주신 그 지혜의 깊이를 헤아리기 위해서는 배움

그 자체를 목적으로 두고 순수하게 토라를 배워야 한다.

네페쉬 하하임[Nefesh Hachaim]이 밝히고 있듯, 실용적인 목적만으로 할라카 등과 같은 것을 배운다면 토라의 일부 몇 가지만 배우고 (성전의 제사와 정결함과 관련된 세데르 코다쉼과 세데르 타하로스 등)나머지는 무시하는 경향을 보일 수밖에 없다. 뿐만 아니라 토라의 그 깊은 지식의 바닥을 채 보기도 전에 책을 덮어버리고 말 것이다. 그렇다면, '토라를 배우라'는 계명을 지키기 위해서라면 같은 내용을 여러 번 반복하면 될 것을, 굳이 새로운 내용을 배우려 애를 써야 하는 이유는 무엇인가?

토라 그 자체를 위하여 토라를 배울 때, 지혜를 얻기 위한 목적으로 토라를 배울 때에는 현재 통용되는 전통과 관련이 없는 부분들도 토라와 분리할 수 없는 토라의 일부로 볼 수밖에 없다. 따라서 누가 그 지혜를 온전히 익혔는지도 모르는 채 현재의 삶과 관련이 없는 것처럼 보이는 부분도 모두 배울 수밖에 없게 된다. 즉 드넓은 탈무드의 바다에서 지혜의 의미를 하나씩 벗겨내며 진리와 지혜를 찾고자 하는 것이다.

이와 같이 토라를 배우는 자에게만 진리가 허락될 것이다. 볼로진의 랍비 하임이 말한 대로, "배우면 배울수록 더 배우기를 원하게 된다. 그리하여 토라를 향한 사랑에 완전히 빠져서, '잠을 줄이고 먹는 것을 줄여서라도 밤낮을 수고하여 토라를 배우고 [토라의]말씀을 마시리라!' 외치게 될 것이다"(네페쉬 하하임[Nefesh Hachaim], 샤아르[Shaar] 4, 1-4장 참고)라고 하였다.

하나님의 뜻을 발견하기 위해, 창조주 하나님을 위해 토라를 배우는 것만으로는 부족하다. 토라 그 자체를 위하여 토라를 배워야 한다. 동기가 부족하면, 토라 전부를 배우겠다는 목표와 그 지혜의 깊이를 파헤치겠다는 목표를 잊는다면, 아무리 배우고 또 배워도 부족할 수밖에 없을 것이다.

순전한 동기로

토라 그 자체를 위하여 토라를 배운다는 것이 결코 쉬운 일인 것만은 아니다. 먼저 하나님을 깊이 사랑하고 오직 주님의 뜻을 실천하기를 원한다는 마음이 있어야 한다. 이 세상의 온갖 일들을 제쳐두고, 육체의 기쁨에 대한 관심을 끊어야 한다. 자기중심적인 생각이 아주 조금만 있더라도 동기의 순전함을 해치므로, '나'를 완전히 버려야 하는 것이다.

하지만 이런 수준에 아직 이르지 못했다고 실망하거나 낙심할 수만은 없는 일이다. 그보다는 현자들의 가르침을 따라 "그 자체가 목적이 아니더라도, 토라와 계명에 끊임없이 매달려 언젠가 그 수준에 이르도록"(페사힘[Pesachim] 50b)해야 한다.

이런 면에서 람밤은 이렇게 말했다. "우리가 가르칠 때에…(중략) 무지한 사람도, [처음에는]하나님을 경외하도록 가르쳐 그들이 보상을 얻도록 하는 것이다. 그 마음이 점점 자라서 지혜를 얻게 되면, 그 때부터 점점…(중략) 이해하고 알 때까지, 사랑으로 [하나님을]섬길 때까지, 차분히 [그 자체를 위해 배운다는 개념을]익숙하게 해야 한다"(힐코트 테슈바 [Hilchos Teshuvah] 10:5).

배울수록 달다

토라를 그 자체로 배운다는 목적을 가진 사람에게는 배우고자 하는 열망이 점점 더 크게 자랄 수밖에 없다. 볼로진의 랍비 하임은 루아흐 하임 [Ruach Chaim]에서 "진실로 생명의 원천이 주께 있사오니 주의 빛 안에서 우리가 빛을 보리이다"(시 36:9)라는 구절에 대해 해석하며, 토라의 빛을 통해 우리가 더욱 깊은 것들을 이해할 수 있다고 했다. 토라는 배우면 배울수록 달다. 곧 솔로몬 왕이 비유하였던 것과 같이, 토라는 "그는 사랑스러운 암사슴 같고 아름다운 암노루 같으니 너는 그의 품을 항상 족하게 여기며 그의 사랑을 항상 연모하라"(잠 5:19).

이것을 왕의 궁전에 들어간 한 사람에 비유할 수 있다. 그 사람은 왕이 가진 보물에 대해 전혀 알지 못했기 때문에, 보물 역시 무시하곤 했다. 그러나 왕의 궁전에 들어가 왕이 얼마나 부유한 사람인지를 보고 난 후, 궁전 내실로 들어가는 문을 보자마자 그 문 뒤에 숨겨져 있는 것이 무엇인지 궁금해 미칠 지경이었다. 마침내 내실에 들어가자 그가 본 것은 자신의 상상을 훨씬 뛰어넘는 부귀영화였다. 그 일이 있던 후에는 궁전의 다른 문을 보아도 그 뒤에 무엇이 있는지를 더욱 궁금해 했다고 한다.

많은 것들이 기업으로 주어진다

이 구절은 "토라 자체를 위하여 토라를 공부하는 자에게 많은 것들이 기업으로 주어진다"고 가르친다. 라쉬는 이에 대해 설명하기를 토라를 그 자체를 위하여 배우는 자에게는 이 구절에서 뒤에 나열하고 있는 하나님의 선물이 주어진다고 했다.

이 서두는 이 구절 전체에서 어떤 기능을 하는가?

하시드 야베쯔의 해석에 따르면 사람들은 이 영적인 온전함의 수준에 이르기 위하여 사다리를 끝없이 타고 올라가 자기 성품을 끝없이 발전시켜야만 하는 반면, 토라 그 자체를 위하여 배우는 사람은 아래 나열된 모든 것들을 즉시 얻는다는 의미이다. 하시드 야베쯔는 이런 개념을 두 왕의 이야기를 비유로 들어 설명하고 있다. 두 왕은 각자 큰 나라를 통치하고 있었는데, 각기 그 방식은 달랐다. 한 명은 전쟁을 통해 작은 나라들부터 차례로 정복하며 거대한 제국을 세운 반면, 다른 한 명은 다른 나라들이 그토록 원하는 뛰어난 성품을 가지고 있는 사람이어서 처음부터 크고 중요한 나라들을 얻었기 때문에 주변의 작은 나라들이 그 영토 안으로 들어오게 되었다. 첫 번째 왕은 처음부터 끝까지 넓은 영토를 얻기 위해 끊임없이 싸워온 반면, 두 번째 왕은 단번에 큰 나라를 얻게 된 것이었다.

이 세상의 것을 얻다

그러나 다수의 주석가들이 라쉬의 주장에 동의하고 있지 않다. 오히려 "토라 자체를 위하여 토라를 공부하는 자에게 많은 것들이 기업으로 주어진다"는 가르침은 아래 구절들의 서두가 아니라, 그 자체로 독립된 구절이라고 해석하고 있다. 이런 주장에 따르면 토라 그 자체를 위하여 배우는 사람은 이 세상에서 많은 것을 얻는다고 할 수 있다. 그러나 '토라 자체를 위하여 배우는' 수준에까지 이르는 '영적인 성취'에 비하면 그 뒤에 따라오는 이 세상의 것들은 보잘것없는 것들에 불과하기 때문에, 이 구절은 별다른 문제없이 무엇을 얻을 수 있는지 열거할 수 있다는 것이다.

하나님께서는 그 자체를 위하여 토라를 배우는 자를 굶주리게 하지 않으신다. 기록된 바 "내가 너희에게 철따라 비를 주리니 땅은 그 산물을 내고 밭의 나무는 열매를 맺으리라"(레 26:4)라 함과 같으며, "너희를 번성하게 하고 너희를 창대하게 할 것이며"(레 26:9)라고 하신 것과 같으며, 또 "이 일로 말미암아 너희가 요단을 건너가 차지할 그 땅에서 너희의 날이 장구하리라"(신 32:47)고 하신 것과 같다.

더 나아가 토라 그 자체를 위하여 수고하여 배우는 자는 오래 산다. 현자들은 "지혜는 그 얻은 자에게 생명나무라 지혜를 가진 자는 복 되도다"(잠 3:18, 타니트[Taanis] 7a)라는 구절에서 이런 가르침을 발견했다. 또 현자들은 가르치기를 그 자체를 위하여 토라를 배우는 자에게는 부와 명예가 주어진다고도 했다.

토라 그 자체를 위하여 배우는 사람은 "온 세상이 그로 인해 가치가 있을 것"이기 때문에, 이 세상에서 많은 유익을 얻을 것이다. 이 구절은 문자 그대로의 의미로 "온 세상이 완전히…"라고 해석할 수 있다. 미드라쉬 슈무엘은 이런 문자적 해석에 대해 설명하며, 이처럼 불필요한 것처럼 보이기까지 하는 표현은 "온 세상이 오직 토라를 위하여 창조되었으므로"(바이크라 라바[Vayikra Rabbah] 23:3) 그 자체를 목적으로 토라를 배우는 사람을 위하여 세상의 모든 실재가 창조되었다는 가르침을 전하기 위한 것이라고 하였다.

그는 "친구"로 불릴 것이요

토라 그 자체를 목적으로 배우는 자는 하나님의 '친구'라고 불릴 것이다. 하나님과 사람의 관계를 '친구'로 비유하는 구절을 성경에서 많이 찾을 수 있다. 예를 들어 "하나님이여 주의 생각이 내게 어찌 그리 보배로우신지요 그 수가 어찌 그리 많은지요"(시 139:17), "네 친구와(즉 '하나님', 슈모트 라바[Shemos Rabbah] 27:1) 네 아비의 친구를 버리지 말며"(잠 27:10), 또는 "이는 내사랑하는 자요 나의 친구로다"(아 5:16) 등이 있다.

'친구'란 생각이나 어떤 일을 함께 하는 사람이다. 이 세상은 토라를 그 자체로 배우는 사람을 위하여 창조되었기 때문에, 이런 사람은 말 그대로 하나님의 친구이며, 하나님의 동반자로 창조 사역에 함께 참여하는 것이다.

토라를 그 자체로 배우는 사람은 "하늘의 주님과 땅의 주인이 서로 화평케 하는 사람이다…(중략) 그는 위에나 아래나 왕궁을 짓는 것으로 여김을 받을 것이요…(중략) 그는 온 세상을 지키는 자이며…(중략) 구원의 때를 앞당기는 자이다"(산헤드린[Sanhedrin] 99b).

이런 사람은 하나님뿐만 아니라 사람에게도 친구로 불리며 생사고락을 함께 한다(랍비 모셰 알모니노[R' Moshe Almonino]).

사랑하는 사람으로 불릴 것이요

토라 그 자체를 목적으로 배우는 자는 '사랑하는 사람'으로 불릴 것이다. 하나님께서는 "나를 사랑하는 자들이 나의 사랑을 입으며 나를 간절히 찾는 자가 나를 만날 것이니라"(잠 8:17)고 말씀하셨다. 주님의 토라를 사랑하는 학생만큼 하나님을 사랑하는 사람도 없다.

영원하지 못한 사람의 친구 관계도 하나의 목표를 추구함으로써 맺어지고, 상호간의 유대로 묶인다. 그러나 이러한 친교는 영원하지는 않으므로, 아무리 오래 간다 하더라도 둘 중 한 명이 살아있을 때까지만 유효하다. 반면 사랑의 관계는 완전히 다르다. 한 쪽이 사라지더라도 사랑의 관계는 남으며, 따로 노력하지 않아도 사랑은 주어진다. 또한 사랑은 어느 특정 기준에 의존하는 것이 아니기 때문에, 영원히 남는다(마할랄[Maharal]과 하시드 야베쯔[Chasid Yaavetz]).

토라 그 자체를 목적으로 배우는 사람은 하나님의 친구이자 하나님의 사랑받는 자이다. 배움은 썩어 없어질 것에 매어 있지 않기 때문에 하나님과의 관계가 끊어질 일이 없으며, 또 토라를 사랑하므로 하나님 역시도 그를 사랑하신다.

그는 하나님을 사랑하고

사랑은 두 대상과의 관계이다. 그렇다면 우리가 어떻게 하나님을 사랑할 수 있는가? 하나님과 어떻게 연합할 수 있는가? 바로 하나님의 성품을 닮고, 토라를 배움으로써 주님의 지혜의 단편이나마 얻는 것이다(커투보트[Kesubos] 111b).

슈마의 첫 번째 문단에서는 우리에게 "너는 마음을 다하고 뜻을 다하고 힘을 다하여 네 하나님 여호와를 사랑하라 오늘 내가 네게 명하는 이 말씀을 너는 마음에 새기고"(신 6:5-6)라고 명령하고 있다. 라쉬는 말하기를, 이 명령은 "하나님이 누구이신지를 아는 길, 주님의 뜻을 따르는 길은 바로 사람의 사랑이다"라고 했다.

그러므로 랍비 메이어는 사람이 반드시 "마음을 다하고 뜻을 다하여 토라를 배워 [하나님의]길을 알고 부지런히 [주님의]토라로 가는 문 앞에 서야 한다"고 했다(버라호트[Berachos] 17a).

또 람밤은 이렇게 말했다. "계속, 올바른 방법으로 이 세상의 모든 다른 것을 제쳐두고 하나님을 향한 사랑만을 바라볼 때에 찬양받아 마땅하신 거룩하신 주님을 향한 사랑은 사람의 마음을 향하여 그 문을 연다. 하나님께서는 우리에게 '마음을 다하고 뜻을 다하여'[주님을 사랑하라]라고 명령한다. 찬양받아 마땅하신 거룩하신 주님, 그 주님을 아는 사람만이 주님을 사랑할 수 있으며, 많든지 적든지 [그]사랑이 오는 길인 지식을 통해서만 주님을 사랑할 수 있다. 그러므로 최대한 많은 지혜를 얻고 이해하는 데에 온 힘을 다 쏟아야 하며, 최대한 깊이 자기 자신을 창조하신 분이 누구이신지를 이해하기 위해 온 힘을 다 바쳐야 한다"(힐코트 테슈바[Hilchos Teshuvah] 10:6).

아바바넬[Abarbanel]은 더 나아가 "진실한 친구는 사랑하는 사람을 기쁘게 하기를 원하고 또 갈망한다"고 했다. 하나님과의 사랑에서 하나님을 기쁘시게 하는 길은 바로 토라를 지키는 것이다. 진실한 친구라면 언제나 자기 친구를 생각하는 것처럼, 우리도 언제나 하나님께 집중하여야 한다(미드라쉬 슈무엘[Midrash Shmuel]).

그는 [그의] 창조물을 사랑하고

토라 그 자체를 목적으로 배우는 사람은 자신의 이기적인 욕망을 버리고, 하나님의 뜻만을 인생의 목적으로 여기며, 주님의 길을 따르고, 주님의 지혜를 얻으므로 '사람을 사랑한다.'

이런 사람은 이 세상의 모든 잡다한 일들을 다 제쳐두고 토라를 배우는데, 그 잡다한 일에는 질투와 타락, 명예욕이 포함된다. 그러므로 이런 사람은 다른 사람과의 관계에서도 마음에 거리끼는 것이 없다. 따라서 친한 사람들과 평화롭게 삶을 영위할 수 있으며, 다른 사람들이 기꺼이 자신에게 다가오는 것을 기쁘게 여긴다.

현자들은 말하기를 "장인은 자기와 경쟁하는 자를 결코 사랑하는 법이 없으나, 지혜로운 자는 그렇지 않다"(버레이쉬트 라바[Bereishis Rabba] 32:2)라고 했다. 바그다드의 랍비 요셉 하임[R' Yosef Chaim of Baghdad, Ben Ish Chai]라고도 불림)은 경쟁관계에 있는 사람들은 서로가 서로의 고객을 가로채고, 생계를 위협하며, 명성을 더럽히기 때문에 서로에게 적대적인 태도를 취한다고 했다. 그러나 토라 그 자체를 목적으로 토라를 배우는 사람은 남이 토라를 더 많이, 더 열심히 배운다고 하여 분하게 여길 일이 없다. 토라 그 자체 외에는 토라를 공부하는 데에 다른 목적이 있는 것이 아니기 때문에, 다른 사람이 토라를 더 잘 배운다고 해서 억울해할 일이 없는 것이다. 반대로 토라를 배움으로써 얻는 마음의 고통이 있다면, 바로 다른 사람이 자기의 배움을 나누지 않는다는 사실을 알 때 뿐이다.

이런 사람은 다른 사람을 꾸짖을 때에도 화내거나 우월감으로 꾸짖지 않으며, 오직 사랑으로 훈계한다. "마음에서 나오는 말은 마음으로 들어가므로" 이런 사람의 훈계는 상대방의 마음에도 강한 인상으로 새겨진다.

'그는 [그의] 창조물을 사랑하고'라는 구절은 문자 그대로는 '피조물을 사랑하며'로 번역할 수도 있다. 즉 경건치도 않고 지혜롭지도 않은, 가장 낮은 사람마저도 사랑한다는 뜻이다. 토라 그 자체를 사랑하는 사람은 세상에서 가장 낮은 사람도 사랑한다. 겉으로 보기에 뛰어난 사람이나 토라의 지혜를 배우는 데에 도움을 준 사람들만 사귀기를 좋아한다면 '그에게 [그의] 창조물을 사랑하고'라는 구절은 별다른 의미가 없었을 것이다. 사람이 사람을 사랑하는 것은 당연하기 때문이다. 그러나 단순히 하나님께서 창조하신 피조물이라는 이유로 다른 사람을 사랑한다면, 이는 충분히 이야기하고 칭찬할 만하다.

세상의 평화를

다른 사람을 자기 몸과 같이 사랑하지 않는 사람은 아직 토라 그 자체를 위하여 배우는 경지에까지는 이르지 못한 것이다(체르노빌의 랍비 라훔[R' Nachum of Chernobyl], 메오르 에이나임[Meor Einaim]의 이름으로).

현자들은 말하기를, 토라의 현자들이 다른 사람들을 사랑할 때에 "이 세상에 평화가 찾아온다. 기록된 바 '네 모든 자녀는 여호와의 교훈을 받을 것이니 네 자녀에게는 큰 평안이 있을 것이며'(사 54:13)라고 한 것과 같다. '너의 모든 아이'(바나이흐)라 읽지 말고, '너의 모든 세우는 자들'(보나이흐)로 읽으라"고 했다(버라호트[Berachos] 66a 등).

실로 토라의 현자들은 이 세상에 유익을 가져다 주었는데, 그 이유는 다음과 같다. 첫째, 현자들은 하나님과 사람 사이의 평화를 이루었다. 곧 "그리하지 아니하면 내 힘을 의지하고 나와 화친하며 나와 화친할 것이니라"(사 27:5)고 한 것과 같다. 토라를 배울 때에 하나님께서는 사람과 화친을 맺으실 것이다. 둘째, 현자들은 다른 사람들에게도 토라의 빛을 나누어주었다. "주의 법을 사랑하는 자에게는 큰 평안이 있으니 그들에게 장애물이 없으리이다"(시 119:165) , "(토라 그 자체를 위하여 토라를 배우는). 내가 내 형제와 친구를 위하여 이제 말하리니 네 가운데에 평안이 있을지어다"(시 122:8). 하나님의 토라를 사랑하는 사람에게는 평화라는 축복이 선물로 주어진다.

그는 하나님을 기쁘시게 하고, 그는 [그의] 창조물을 기쁘게 한다

토라 그 자체를 위하여 토라를 배우는 사람은 하나님을 기쁘시게 한다. "토라 안에서 수고하고 자라며 그를 만드신 분을 기쁘게 하는 사람은 복되도다"(버라호트[Berachos] 17a). 이런 사람은 '주님의 영광은 영원한' 그때, 구원의 때를 더욱 앞당기는 사람으로, "여호와는 자신께서 행하시는 일들로 말미암아 즐거워하실" 것이다(시 104:31). 온 세상에 주님의 영광이 밝히 드러날 때에 기쁨을 누릴 것이다.

토라를 그 자체를 목적으로 배우는 사람은 그로 인해 온 세상이 풍요를 누리고 하나님과 사람이 화평을 이루기 때문에 다른 사람들도 기쁘게 하는 것이다(미드라쉬 슈무엘[Midrash Shmuel]).

뿐만 아니라 이런 사람은 이스라엘을 하나님께 더욱 가까이 인도한다. 다른 사람의 모범이 되거나, 다른 사람을 직접 하나님께 인도하거나, 토라의 빛을 밝히거나, 기쁨과 행복을 가져다주거나 하는 등의 방법으로 하나님과 이스라엘의 관계를 더욱 가까이 하게 한다. 이런 사람으로 인해 "전에 고통 받던 자들에게는 흑암이 없으리로다"(사 9:1).

이런 사람은 부모와 스승에게도 특히 큰 기쁨을 가져다준다. 야곱은 요셉을 축복할 때 그에게 '젖먹이는 복과 태의 복'을 남겨주었다(창 49:25). 이는 다른 지파들이 받은 것과 같은, 단순히 큰 자손을 이룬다는 것을 넘어서는 의미로, '젖먹이는 축복'은 '그와 같은 아들을 기르는 어머니여, 복되도다'라는 말로 칭송을 받을 것임을 의미하며, '태의 복'은 사람들이 '이와 같은 아이를 낳는 어머니여, 복되도다'라는 말로 칭송을 받을 것을 뜻한다(조하르[Zohar]).

더 나아가 토라는 스스로를 '어머니'라고 부르고 있다. 잠언에서는 '지혜의 어머니'(잠 14:1, 교훈적 해석)라고 했는데, 이는 토라가 모든 이스라엘 백성들의 영적 어머니로서 하나님의 집에 이르는 옳은 길로 인도하기 때문이다. 또 토라는 "그는 네 아버지시오 너를 지으신 이가 아니시냐"(신 32:6)와 같이 하나님을 아버지로 표현한다. 그러므로 토라 그 자체를 목적으로 배우는 사람은 그를 낳은 부모뿐만 아니라 비유적으로도 '아버지와 어머니를 즐겁게'(잠 23:25)하는 자인 것이다(라베이누 이쯔하크 바르 슐로모[Rabbeinu Yitzchak bar Shlomo]).

[토라는] [하나님에 대한] 겸손함과 경외함으로 그를 옷 입힌다

토라 그 자체를 목적으로 배우는 자는 큰 지혜를 얻게 될 것이다. 하나님의 위대하심을 깨닫게 될 것이며, 반대로 인간의 미약함도 함께 깨닫게 될 것이다. 즉 겸손이 뒤따라올 것이다.

모세는 "온유함이 지면의 모든 사람보다 더하더라"(민 12:3)와 같은 사람이었는데, 이는 그가 이 세상 그 누구보다도 하나님의 위대하심을 깊이 이해하고 있었기 때문이었다. 하나님께서는 모세와 "내가 대면하여 명백히 말하고 은밀한 말로 하지 아니하며 그는 또 여호와의 형상을 보거늘 너희가 어찌하여 내 종 모세 비방하기를 두려워하지 아니하느냐"(민 12:8)고까지 하셨다. 또 하나님께서는 "너희 중에 선지자가 있으면 나 여호와가 환상으로 나를 그에게 알리기도 하고 꿈으로 그와 말하기도 하거니와"(민 12:6)라고 이스라엘 백성들에게 말씀하셨는데, 그 예언자들과 모세의 차이가 바로 이 겸손이었다. 현자들은 이를 보고 기뻐하며 "모든 선지자들은 희미하게 하나님을 보았으나, 모세만은 하나님을 분명히 보았다"(예바모트[yevamos] 49b)라고 했다. 실로 모세는 하나님을 선명하게 바라보는, 우리가 감히 접할 수 없는 경지에까지 이른 것이다.

토라 그 자체를 목적으로 배우고, 하나님의 지혜에 감동하는 수준에 이르는 자는 자기 노력의 미약함을 더욱 절실히 깨닫게 된다(마할랄[Maharal]). 또 "겸손과 여호와를 경외함"(잠 22:4) 이러한 겸손으로 인해 하나님을 경외하게 된다.

그러나 이 두려움은 하나님의 징계를 두려워하는 것이 아니다. 오히려 하나님의 위대하심과 자신의 미약함을 인식함으로 나타나는 경외심이다. 또 자기 어깨에 짊어지는 책임의 무게를 느끼는 데서 오는 두려움이요, 그 책임을 다하는 데에 자신의 능력이 부족함을 통감함에서 오는 두려움인 것이다.

성품의 옷

이 구절은 겸손과 경외를 '옷'으로 비유하고 있는데, 이는 토라가 사람을 겸손과 경외함으로 '옷 입히기' 때문이다. 성경에서도 성품을 옷의 이미지로 비유하는 사례를 찾을 수 있다. 예를 들어 욥은 스스로 이르기를 "내가 의를 옷으로 삼아 입었으며 나의 정의는 겉옷과 모자 같았느니라"(욥 29:14)고 했는데, 이는 그가 언제나 의로운 사람이었음을 나타낸다. 토라는 하나님의 위대하심을 깨닫게 하므로, 토라 그 자체를 목적으로 배우는 사람의 보이지 않는 부분은 겸손과 경외로 채워진다고 할 수 있다.

옷은 다른 사람들에게 자신을 나타내는 수단이다. 이런 개념을 하나님께도 발견할 수 있다. "여호와께서 다스리시니 스스로 권위를 입으셨도다…"(시 93:1), "공의를 갑옷으로 입으시며 구원을 자기의 머리에 써서 투구로 삼으시며 보복을 속옷으로 삼으시며 열심을 입어 겉옷으로 삼으시고"(사 59:17), 또는 "여호와 나의 하나님이여 주는 심히 위대하시며 존귀와 권위로 옷 입으셨나이다"(시 104:1) 등의 예가 있다.

토라를 그 자체로 배우는 자에게는 겸손과 경외가 마치 옷처럼 주위를 감싼다. 이런 사람의 겸손은 다른 사람들이 자기 행동을 바꾸도록 이끌며, 하나님을 두려워하는 그의 얼굴은 다른 사람들도 죄를 짓지 않도록 한다. 그의 고결한 성품을 보고 다른 사람들도 그를 두려움으로 대하는 것이다. 곧 모세는 가장 겸손한 사람이었음에도 그 얼굴에 광채가 나 모든 사람들이 두려워했다고 한 것과 같다(출 34:30).

그것은 그를 의롭고 경건하고, 공평하며, 신실함으로 준비시킨다

토라를 배우면 수준이 더욱 높아지고 악한 것들이 멀리 달아난다. 토라는 사람을 정결케 하며, 악한 본성과 습관을 뿌리째 뽑는다. 곧 하나님께서 "나는 악을 창조하였으나 악을 해결하고자 토라를 창조하였다"(키두쉰[Kiddushin] 30b)고 말씀하심과 같다.

이물질을 다 태워 철을 정화시키는 불과 같이 토라는 사람의 속에 담긴 악한 것들을 없애고 사람을 정결케 한다. 곧 성경에서 "내 말이 불 같지 아니하냐 바위를 쳐서 부스러뜨리는 방망이 같지 아니하냐"(렘 23:29)고 한 것과 같다(동절 키두쉰[Kiddushin] 참고).

이 구절에서는 의, 경건, 공평, 신실함이라는 네 개의 단어를 나열하고 있다.

대다수의 주석가들은 '의'로운 사람이란 자신의 악한 본성을 극복하고 토라가 요구하는 대로 살아가는 사람을 뜻하는 반면, '경건'한 사람이란 토라가 요구하는 것보다 더 많은 것까지 실천하는 사람을 뜻한다는 주장에 동의한다.

그렇다면 '공평'과 '신실함'은 무엇을 의미하는가?

일부 주석가들에 의하면 '공평'과 '신실함'은 의와 경건을 적용하는 것을 뜻한다. 즉 의롭고 경건한 사람은 무너지지 않는 단단한 믿음을 가지고 좌로나 우로나 치우치지 않고 올곧은 길로 가야 한다는 것이다(히다[Chida]).

다른 주석가들은 '공평'과 '신실함'이란 사람과의 관계에 대한 성품인 반면 '의'와 '경건'은 하나님과의 관계에 대한 성품이라고 하였다(랍비 모세 알샤카르[R' Moshe Alshakar]).

세 번째 견해는 바로 하시드 야베쯔[Chasid Yaavetz]의 견해로, 의로운 사람은 자신의 악한 본성을 극복하기 위해 끊임없이 싸우고 씨름하는 사람이라는 주장이다. "의인을 위하여 빛을 뿌리고…"(시 97:11). 자신의 본성을 갈고 닦으며 씨를 뿌리는 의인에게는 빛이 비친다. 악한 본성과 싸우며 "눈물로 씨를 뿌리는 자"는 후일 "기쁨으로 거두리로다"(시 126:5).

반면 '공평'이란 자신의 본성을 완전히 정복하여 그 안에 잘못된 것을 행하고자 하는 욕망 자체가 없는 사람을 뜻한다. 그러므로 "마음이 정직한 자를 위하여 기쁨을 뿌리시는도다"(시 97:11). 이 구절에서 "공평"한 사람이란 자신의 내면과 싸울 필요가 없으므로 토라에 순종하고 그 마음이 기쁨으로 가득 찬 사람이다(타니트[Taanis] 15a를 참고하라).

그러므로 '공평한 사람'이 '의로운 사람'보다 더 낫고, '경건한' 사람보다 더 낫다. 현자들은 가르치기를 "일곱 개의 모임이 있으니, 그 중 가장 높아 하나님의 얼굴에 가까이 갈 수 있는 이들은 공평한 사람들의 모임이다"(얄쿠트 쉬모니[Yalkut Shimoni], Psalms 656)라고 하였다.

그러나 경건한 사람은 율법의 명문을 넘어서서 그 이상을 행하는 사람이므로, 공평한 사람보다 더 낫다고 볼 수도 있다는 점에서 위의 해석은 이해하기가 어렵다. 하시드 야베쯔는 이에 대해 설명하기를 경건한 사람은 스스로 지키기 어려운 기준을 만들어내고 그 기준을 목표로 정하여 노력하는 사람이라고 하였다. '공평'과 '신실함'을 마지막에 언급하면서 이 구절은 우리에게 의로운 사람과 경건한 사람 모두 하늘나라의 도움을 받아 자신들의 목표인 공평과 믿음의 수준에까지 이를 것임을 알려주고 있는 것이다.

미드라쉬 슈무엘의 견해에 의하면 이 네 가지 것들 중 우열은 따로 없다. 즉 의와 경건, 공평과 신실함 모두가 다 똑같이 필요한 것이다. 예를 들면, '경건'을 위해 단순히 율법의 명문 이상의 것만을 실천하려고 하는 태도는 잘못된 방향으로 이어질 수 있다. 영적으로 더 경건해지기 위해 율법의 말씀을 신경 쓰지 않는다면 결국 '경건한 바보'가 되고 말 것이다. 반면 율법의 명문에만 매어 이를 고집하는 것도 잘못된 방향으로 이어질 수 있다. 이런 경건은 '공평'한 길을 걸을 때에 분명히 유혹을 받게 될 것이며, 판단을 받게 될 것이다.

마찬가지로 마하랄의 견해에 따르면 '공평'은 '경건'과 대조되는 표현이다. 공평한 사람은 전통의 법에서 벗어나지 않는다. 반면 경건한 사람은 율법의 명문을 벗어나 그 이상을 나아가는 사람이다. 두 성품 사이의 균형을 유지할 방법은 무엇인가?

토라의 길, 즉 균형은 선함과 공의를 저울 위에 올려놓고 둘 사이의 균형을 맞추는 의인의 모습에서 발견할 수 있다. 예를 들어 공평한 논리를 가진 사람은 자기 것은 남에게 줄 의무가 없다는 결론으로 이어질 수가 있다. 반면 경건으로 인해 자신에게 요구하는 것이라면 무엇이든 들어주는 사람이 될 수도 있다. '의로움'은 상황에 따라서 얼마나 주어야 하는지, 얼마나 지켜야 하는지를 결정해주는 성품인 것이다.

'의'로 '공평'과 '경건'의 균형을 잡는 사람이 바로 '신실함'이 굳건하여 진리의 길에 굳게 서는 사람이다.

믿음의 마음으로

이런 해석을 통해 우리는 믿음으로 변치 않으며 왜곡되지 않는 진리의 길을 걸으며 좌로나 우로나 치우치지 않는 사람이 가장 이상적인 사람이라고 결론을 내릴 수 있다.

실제로 하나님께서는 믿음이 있는 사람과 함께 하신다. 기록된 바 "내 눈이 이 땅의 충성된 자를 살펴 나와 함께 살게 하리니 완전한 길에 행하는 자가 나를 따르리로다"(시 101:6)라고 함과 같다. 또한 느헤미야가 아브라함을 들어 특별히 "(하나님께서 아브라함의)그의 마음이 주 앞에서 충성됨을 보시고"(느 9:8)라고 말한 것을 보아 믿음이라는 성품이 얼마나 중요한 것인지를 알 수 있을 것이다. 더 나아가 하나님께서는 위대한 선지자 모세에게 "그는 내 온 집에 충성함이라"(민 12:7)고 말씀하기도 하셨다.

이스라엘 역사를 통틀어 수많은 사람들이 토라를 배웠으나, 그 믿음을 지키지는 못했다. 다윗 왕의 책사였다가 배신한 아히도벨, 80년이나 대제사장으로 섬겼으나 사두개인이 된 요하난과 같은 인물 등이 바로 그들이다.

이들이 이처럼 무너진 이유는 무엇이었는가? 바로 전통에 그 답이 있다. 이들은 토라를 그 자체를 위하여 배우지 않았다. 때문에 믿음을 지키지 못한 것이다. 성경이 "일의 끝이 시작보다 낫고"(전 7:8)라고 함과 같은데, 이 구절은 "시작부터 좋으면 끝날 때도 좋다"라고 번역할 수도 있다. 즉 믿음과 진리가 기초가 되어야 한다는 것이다(하기가[Chagigah] 15a).

죄로부터 그를 멀어지게 하며 기업으로 더욱 가까이 이끈다

토라를 그 자체를 위하여 배우는 자에 대해 말씀은 "의롭고, 경건하며, 공평하며, 신실하다"고 말하고 있다. 그렇다면 이런 사람은 당연히 "토라가 그를 죄에서 멀어지게 한다"는 사실은 말하지 않아도 알 수 있지 않은가? 랍비 메이어는 왜 굳이 이 구절을 기록한 것인가? 의인은 하나님의 계명을 실천하고, 경건한 사람은 율법의 명문보다 더 많은 것을 실천한다. 공평한 사람은 굳은 심지로 타의 모범이 되는 행동을 실천하며, 신실한 사람은 옳은 길에서 절대로 떠나지 않는다. 이런 사람들이 굳이 죄에서 멀어지기 위해 노력해야 한다는 것인가?

랍비 모세 알샤카르[R' Moshe Alshakar]는 이 구절이 토라가 '죄를 짓지 못하게 막아준다'는 의미라기보다는 죄에서 '멀어지게 한다'는 의미라고 설명하며 이런 의문에 접근하고 있다. 모든 인간은 시험을 받으며, 그 시험은 영적 기준에 따라 다양한 모습으로 찾아온다. 그러나 선을 선택할지, 악을 선택할지는 본인에게 달려 있다. 랍비 메이어는 토라 그 자체를 위해 배우는 사람은 능히 죄에서 악을 구별해낼 수 있으며 계명에서 선을 발견할 수 있다는 사실을 우리에게 가르쳐주고 있다. 곧 선과 악을 분별해내는 지식이 우리로 하여금 죄에서 자연스럽게 멀어지게 한다.

또한 토라를 그 자체로 배울 때에, 배움의 목표는 진리의 정수에 도달하는 것이 된다. 이런 마음으로 토라를 배우는 사람은 전통을 잘못 해석하거나 무지에 의한 죄를 짓는 등의 실수를 피할 수 있게 된다. "사람은 정결해지면 하늘나라로부터 도움을 받는다"(너다림[Nedarim] 10a)라고 한 것과 같다. 의로운 사람의 가축과 동물들조차도 뜻밖의 사고를 당하지 않는다(예바모트[Yevamos] 99b 등). 수많은 계명들은 사람이 고난을 당하지 않도록 보호해 주지만, 토라는 전적으로 사람을 죄에서 구원해 주는 것이다(쏘타[Sotah] 21a).

미드라쉬 슈무엘은 더 나아가 토라는 이미 죄를 지은 사람도 보호한다고 했다(실제로 '선을 행하고 전혀 죄를 범하지 아니하는 의인은 세상에 없기 때문이로다'(전7:20). 잘못된 행동을 할 때에는 적대적이고 거친 천사(4:13)가 와 앞에 서서 그를 벌하려 준비한다는 것이다. 아무리 많은 계명을 실천하여도 죄의 깊은 인상은 절대로 지울 수가 없다.

"홀로 찬양받아 마땅하신 거룩하신 주님께서 일을 미루신다고 말하는 사람은, 주님께서 그의 인생도 미루심을 깨닫게 될 것이다"(바바 카마[Bava Kamma] 50a). 그러나 그 자체를 목적으로 배울 때에 죄의 인상은 완전히 사라지게 된다.

뿐만 아니라 토라를 그 자체로 배우는 사람은 다른 사람들의 죄에 영향을 받지 않기 때문에 죄로부터 멀어지게 되며, 다른 사람들의 악행에 책임도 지지 않게 될 것이다. 회개하는 사람과 같이, 토라 그 자체를 목적으로 배우는 자는 하나님과 더욱 가까워지며 그 죄성은 점점 더 씻겨진다. 그러므로 토라는 이런 사람을 "기업으로 더욱 가까이 이끌어" "그의 죄마저도 기업과 같이 되도록"(요마[Yoma] 86a) 하는 것이다.

뿐만 아니라 하나님을 항상 가까이 하며 언제나 주님의 말씀을 실천하는 사람들은 토라 그 자체를 목적으로 배우는 사람에게서 영향을 받으므로, 토라는 토라 그 자체를 목적으로 배우는 사람을 이러한 자들의 기업으로 더욱 가까이 이끈다.

**사람은 도략과 참 지식, 명철과 능력의 도움을 받는다.
기록된 바 "내게는 계략과 참 지식이 있으며 나는 명철이라
내게 능력이 있으므로"(잠 8:14)라고 한 것과 같다**

이 구절은 그 자체를 위하여 배우는 자가 다른 이들에게 주는 유익을 네 가지 성품으로 말하고 있다. 곧 솔로몬 왕이 말한 바 "내게는 계략과 참 지식이 있으며 나는 명철이라 내게 능력이 있으므로"(잠 8:14)라고 한 것과 같다. 여기서 '도략'은 상황을 판단하는 능력을 말하며, '참 지식'이란 이러한 상황파악 능력으로부터 파생되는 결과로, 계획을 실현하는 방법에 대한 지식을 뜻한다. '명철' 역시 '도략'의 결과이지만 더 높은 수준의 능력으로, 자신에게 부족한 것이 무엇인지를 알아내는 능력이다. 또 '능력'은 도략과 명철, 참 지식으로부터 오는 것으로, 자신의 악한 본성을 넘어뜨리고 하나님의 뜻에 순종하는 능력을 말한다.

이 모든 성품을 가진 사람이 받을 가장 큰 유익은 바로 자신이다. 이런 사람은 토라의 지혜로 인해 상황을 분명하게 파악할 수 있을 뿐만 아니라 겉모습 속에 숨겨진 진실한 모습까지 밝히 볼 수 있기 때문이다. 더 나아가 이런 성품은 다른 사람들에게도 유익이 된다. 이런 사람은 자신의 지혜와 지략을 다른 사람과 나누기 때문이다.

토라 그 자체를 목적으로 배우는 자는 현상과 물질을 분명하게 보는 눈을 가졌으므로, 이런 사람의 지략은 많은 사람들이 능히 신뢰할 만한 것이다. 뿐만 아니라, 자기 자신의 문제를 신경 쓰기보다 자신이 조언을 주고 있는 상대방의 상황에 대해 신경 쓰고 그 상황에 대해 이야기한다는 것은, 이런 사람이 가진 이타심을 보여준다.

랍비 엘라자르 벤 아라크[R' Elazar ben Arach]는 크게 도움이 될 만한 조언을 함으로써 크게 유명해진 랍비이다. 누군가에게 선지자가 아니냐는 질문을 받았을 때, 그는 "나는 선지자가 아니지만, 스승들이 하늘나라를 위하여 전해준 전통이 제게 있습니다. 이 전통은 능히 성공할 것입니다"라고 대답했다. 곧 다윗 왕이 하나님의 말씀 토라를 배우기를 원하는 자에 대하여 "그가 하는 모든 일이 다 형통하리로다"(시 1:3)라고 말한 바와 같다. 더 나아가 말씀은 "오직 여호와의 뜻만이(오직 하나님의 뜻을 위하여 하는 조언) 완전히 서리라"(잠 19:21, 얄쿠트 쉬모니[Yalkut Shimoni], 테힐림[Tehillim], 레메즈[remez] 617)고 가르치고 있다.

[토라는] 그에게 왕권과 통치와 분석력 있는 판단력을 준다

고금을 통틀어 지도자들은 이스라엘의 현자들에게서 지혜를 구해왔다. 야나이 왕은 의인 쉬므온에게서 조언을 구했으며, 헤롯은 바바 벤 부타로부터 조언을 구했고(바바 바트라[Bava Basra] 3b), 로마의 황제 하드리아누스는 랍비 여호수아 벤 하나냐[R' Yehoshua ben Chananiah]의 도움을 받았다. 탈무드 시대 이후에는 랍비 슈무엘 하나지드[R' Shmuel Hanaggid]가 스페인의 왕에게 조언을 하였으며, 돈 이삭 아바바넬[Don Yitzchak Abarbanel]은 포르투갈의 왕 알폰소에게 조언을 주었고, 돈 요셉 나시[Don Yosef Nasi]는 터키 정부에 도움을 주었다. 고금을 통틀어, 수많은 지도자들이 드러나든 드러나지 않든 토라 학자들의 조언에 의지해 왔던 것이다.

지혜는 모든 종류의 '분석력 있는 판단력', 즉 증인을 심문하고 상황을 깊이 이해하며, 원인을 정확히 규명하고 정확한 결론에 닿는 능력에 반드시 필요한 것이다. 그러므로 하나님께서 어린 솔로몬에게 "내가 네게 무엇을 줄꼬 너는 구하라"고 하셨을 때, 솔로몬이 "누가 주의 이 많은 백성을 재판할 수 있사오리이까 듣는 마음을 종에게 주사 주의 백성을 재판하며 선악을 분별하게 하옵소서"(왕상 3:5, 9)라고 답한 것이다. 하나님께서 그에게 지혜를 주셨기 때문에, 솔로몬은 나라를 하나로 다스리고 백성들을 영광의 꼭대기까지 이끌고 올라갈 수 있었다. "지혜가 지혜자를 성읍 가운데에 있는 열 명의 권력자들보다 더 능력이 있게 하느니라"(전 7:19).

의인의 통치

자신의 힘을 선을 위해 사용하는 법을 깨닫고 오직 자신이 의롭고 경건하며, 공평하고 신실하다는 것을 증명한 후에야 다스리는 힘과 권한을 받을 수 있을 것이다(하시드 야베쯔[Chasid Yaavetz]). 그렇다면 토라 그 자체를 위하여 배우는 자는 힘과 권력을 추구한다는 뜻인가?

정답은, 각 사람은 곧 하나의 세계라는 말에서 찾을 수 있다. 토라 그 자체를 위하여 배울 때에 사람은 토라가 자신의 개인적인 욕망을 지배하는 데에 도움이 된다는 사실을 깨닫게 되므로, 영적 열망이 악한 욕망을 이겨내게 된다는 것이다. 그러므로 토라 현자들은 지도자들을 일컬어 "자신들의 악한 본성을 지배하는도다"라고 했다(바바 바스라[Bava Basra] 78b).

둘째, 의로운 사람에게는 하나님의 영광이 그 위에 내려오기 때문에 사람들은 의인에게 순종하게 된다. 곧 기록된 바 "땅의 모든 백성이 여호와의 이름이 너를 위하여 불리는 것을 보고 너를 두려워하리라"(신 28:10)고 한 것과 같다. 의인은 자신의 힘을 하늘나라의 영광과 하나님의 통치를 위하여 사용한다.

이들은 토라의 비밀을 밝혀준다

토라 그 자체를 위하여 배우는 사람은 토라를 더욱 깊이 알고자 하기 때문에, 이런 사람에게 하나님께서는 그 비밀을 열어주신다. 곧 기록된 바 "여호와의 친밀하심이 그를 경외하는 자들에게 있음이여 그의 언약을 그들에게 보이시리로다"(시 25:14)라고 한 것과 같다. 이는 토라가 인간이 자기 노력으로는 절대로 얻을 수 없는 거룩한 지식이기 때문에 성경에서 '선물'로 비유된다는 맥락으로 이해해야 한다.

바그다드의 랍비 요셉 하임은 저서 하스데이 아보트[Chasdei Avos]에서 한 일화를 소개하고 있다. 어느 안식일에 랍비 아브라함 하레비[R' Avraham Halevi]가 아리[Ari]에게 찾아갔다. 아리는 자고 있었으나 입술은 계속 움직이고 있었다. 아리가 일어나자, 랍비 아브라함은 그에게 무엇을 중얼거렸는지 물었다.

그러자 아리는 자신이 자고 있을 때에도 영혼이 일어나 하늘나라로 간다고 하였다. 그 곳에서 통치하는 천사들을 만나 랍비 메이어의 학당, 랍비 쉬므온 바르 요하이의 학당, 히스기야 왕의 학당 등 여러 학당들 중 어느 학당을 방문하면 좋을지 물어보았다는 것이었다. 결국 그의 영혼은 마음을 정하고 학당으로 찾아가 거룩한 토라의 비밀을 듣는 자리에까지 올라갔다고 했다. 이것이 바로 아리가 자고 있는 중에도 입술이 계속 무언가를 중얼거리는 이유였던 것이다.

그는 계속해서 마르지 않는 샘과 같고 끊이지 않는 강과 같다

토라는 물에 비유된다. "오호라 너희 모든 목마른 자들아 물로 나아오라"(사 55:1). 토라를 그 자체를 위하여 배우는 자는 마르지 않는 우물과 같이 토라를 끊임없이 전한다. "네 샘에서 흐르는 물을 마시라"(잠 5:15).

우물의 히브리어 단어는 마얀[mayaan]으로, 깊은 의미에서는 이윤[iyun]이라는 단어와 관련되어 있다. 먼저 진지한 학생들은 자신이 배우는 내용을 완벽히 이해하기 위해 끊임없이 노력한다. 이런 학생은 점점 그 통찰력과 지혜가 자라는데, 마치 마르지 않는 우물과 같아서 물이 끊임없이 흘러나온다. 그러므로 이런 학생은 당대에 교사가 되어 자신의 분야에서 학생들을 가르치는데, 곧 우물에서 나오는 물이 주위의 식물을 자라게 하는 것과 같다.

이윽고 이런 사람에게서 나오는 물은 끊임없이 흘러 마침내 그 물이 끊이지 않는 강과 같이 된다. "명철한 사람의 입의 말은 깊은 물과 같고 지혜의 샘은 솟구쳐 흐르는 내와 같으니라"(잠 18:4). 그 물은 멀리까지 흘러 넓은 지역의 식물을 자라게 한다. 먼 타국의 땅뿐만 아니라 현재 우리들에게까지 전해져서 우리의 영의 눈을 뜨게 하는 말씀을 전하는 현자들의 말이 이와 같다.

미드라쉬 슈무엘은(루아흐 하임[Ruach Chaim]과 같이) 이런 이중 서술(우물과 강)이 곧 다음의 구절과 대응한다고 했다. "의인이 악인 앞에 굴복하는 것은 우물이 흐려짐과 샘이 더러워짐과 같으니라"(잠 25:26). 악한 사람은 의인의 우물을 부수려 한다. "그러나 토라 그 자체를 위하여 배울 때, 그의 우물은 맑은 물로 차고 넘칠 것이며, 멈추지 않는 강과 같이 그 누구도 막지 못하리라"(버레이쉬트 라바[Bereishis Rabbah] 75:2 참고).

그는 겸손하고 인내심이 있고, 그를 향한 모욕을 용서하게 된다

토라는 물에 비유된다. "물이 높은 곳에서 낮은 곳으로 내려오는 것과 같이, 토라의 말씀도 낮은 곳에 있는 자에게 남는다"(타니트[Taanis] 7a). 그러므로 위의 구절에서 토라를 그 자체를 위하여 배우는 자를 물에 비유한 직후, 이 구절에서 바로 겸손에 대해 말하고 있는 것이다.

겸손은 인내로 이루어져 있으며, 인내는 곧 모욕을 참고 상대를 용서하며, 저주를 당하더라도 응하지 않는 능력이다(샤보트[Shabbos] 88b). 하시드 야베쯔는 말하기를 이 구절은 겸손의 세 가지 수준을 말하고 있다고 했다. 첫 번째 수준은 이 '사람을 기쁘게 한다'는 말씀에서 암시되고 있다. 이 단계에 있는 사람은 겸손하며, 자만하지 않고, 자신의 행실을 드러내지 않는다. 그 다음 수준은 '(토라가)겸손의 옷을 입힌다'는 구절로부터 확인할 수 있다. 이런 사람은 오래 참는 사람으로, 자신에게 무례를 범하는 사람에게 조금도 화를 내지 않는다. 이따금 화가 나더라도 이를 잘 다스려 다른 사람들에게 보이지 않고 냉정함을 유지한다. 세 번째 사람은 바로 '모욕을 용서한다'는 구절에서 나타나는 사람으로, 전심으로 타인을 용서하는 사람이다.

이 겸손의 세 단계는 사다리를 올라가는 것과 같다. 하늘나라에서 토라의 비밀을 밝히 보여준 사람, 즉 그 지혜가 마르지 않는 우물과 같고 멈추지 않는 강과 같은 사람은 당연히 이 사다리를 올라갈 것이다.

교사로서 제자들을 가르치기 위해서는 그 지혜가 마르지 않는 샘과 같이 넘치는 사람이라도 인내심을 가지고 제자들을 자기 지식으로 찍어 눌러서는 안 된다. 후일 그가 멈추지 않는 강과 같이 될 때, 무지한 자까지 포용하여 그 제자의 무리가 될 때, 아무리 하찮고 무지한 사람이라도 자신을 무례하게 대한 사람도 용서하고 다른 이들의 마음의 염려를 돌보아야 할 것이다.

[토라는] 그를 위대하게 만들고, 모든 것보다도 그를 칭찬한다

사람이 이 세상에서 이룰 수 있는 가장 높은 단계는 바로 '마아심'[ma'asim]의 위에까지 올라가는 것이다. '마아심'이라는 단어의 의미는 아직 논쟁의 대상이다. 단순히 그 의미는 '존재를 창조하다'라는 뜻으로, 간구 예배기도문인 로쉬 하샤나[Rosh Hashanah]에서는 "주 우리 하나님, 주님을 경외하는 마음을 창조하신 모든 존재들에게 내려주셔서 모든 피조물들이 주님 앞에 무릎 꿇게 하소서"라고 기도하고 있다.

마아심은 '아시야'(행동)라는 단어와도 연관되어 있다. 실제로 우리가 사는 세계는 바로 행동의 영역이다. 이 세계에서 모든 것이 만들어지고 물리적인 형태를 입게 된다. 그러나 토라 그 자체를 위하여 배우는 자는 이 세상의 유익에는 관심이 없다. 이런 사람은 물리세계보다 더 높은 곳까지 이르러 하나님의 영원무궁하신 지혜와 하나가 되며, 시공간의 영역을 초월하는 거룩한 영과 교제한다.

이런 사람은 기적의 영역에서 살아간다. 그러므로 현자들은 가르치기를 "무릇 주의 인자는 커서 하늘에 미치고 주의 진리는 궁창에 이르나이다"(시 57:10)라고 했는데, 이는 하늘에까지 올라갔음에도 아직 땅에 남아 있으므로 온전히 남을 위하여 행동하는 사람을 뜻한다. 이보다 더 높은 수준 역시 성경에서 말하고 있다. "주는 하늘 위에 높이 들리시며 주의 영광이 온 땅에서 높임 받으시기를 원하나이다"(시 108:5) 와 같은 선함은 이 세상을 완전히 초월한 것으로, 곧 토라 그 자체를 위하여 배우는 자를 뜻하는 것이다(페사힘[Pesachim] 50b).

다수의 주석가들은 "의인은 선포하고 거룩하신 찬양받으실 주님은 이루시므로"(모에드 카탄[Moed Katan] 16b) 자연의 법도 이런 사람의 힘 앞에 무릎을 꿇는다고 설명한다. 이런 사람은 영혼이 육체를 지배하는 데에까지 이르렀으므로 더 이상 물리세계의 법의 지배를 받지 않게 되는 것이다.

토라의 지혜는 그 안에 창조의 모든 지식을 담고 있으며(하나님께서 온 우주를 토라에 담으셨다), 이 토라가 그 자체를 위하여 배우는 자를 돕는다(야베쯔[Yaavetz]). 그러므로 토라의 지혜를 아는 자는 곧 능히 온 세상을 온전하게 세울 도구를 손에 쥐고 있는 것이다. 바로 현자들이 이런 사람을 이르러 "홀로 찬양받으실 거룩하신 주님의 친구로, 창조의 사역에 함께 하는도다"라고 한 것과 같다.

613가지 계명으로부터 얻는 도움

다수의 주석가들은 마아심이라는 단어가 계명을 뜻하는 것으로 해석하고 있다(미드라쉬 슈무엘[Midrash Shmuel], 하스데이 아보트[Chasdei Avos], 루아흐 하임[Ruach Chaim]). 하나님께서는 우리에게 613가지의 계명을 주셨으며, 각 계명 하나 하나가 우리의 몸의 일부를 바로잡을 뿐만 아니라 몸의 물질성을 거룩케 하고 사람의 몸과 영을 온전하게 한다.

그러나 각 계명마다 적절한 시간, 적절한 상황, 적절한 장소가 있기 때문에, 또 각 계명마다 적절한 대상들이 있으므로 그 누구도 모든 계명을 다 실천할 수는 없다. 더구나 성전이 세워져 있던 시기에만 지킬 수 있는 계명들도 많이 있다. 그러므로 현대에 사는 우리는 오직 270가지의 계명만을 실천할 수 있을 뿐이다. 이런 현상에 대하여 솔로몬 왕은 말하기를 "내가 잘지라도 마음은 깨었는데"(아 5:2)라고 했다. 즉 이스라엘 회중들은 자고 있었으나(성전이 파괴되었으나), 그 나라의 마음은 깨어 있었다는 것이다. '깨어 있다'라는 뜻의 히브리어 '에이르'[eir]의 수는 270이며, 이는 현재 우리가 지키고 있는 270가지의 계명을 뜻하고 있음을 기억하라.

그렇다면 우리는 어떻게 613가지 계명의 모든 유익을 얻을 수 있을 것인가? 바로 토라가 "사람을 더욱 크게 하며 모든 계명 위에 서게 한다"는 점에서 그 답을 찾을 수 있을 것이다. 토라 그 자체를 위하여 배울 때에는 마치 토라를 배우며 이해하는 계명을 실제로 실천하고 있는 것과 같이 여김을 받을 것이다. 그러므로 "토라 현자들이 (성전)예배에 관한 율법을 배울 때에는 성전이 당대에 다시 지어진 것과 같을 것이다"(메나호트[Menachos] 110a)라고 한 것과 같다.

더 나아가 오직 토라를 배우는 사람만이 모든 계명을 실천할 수 있기 때문에, 토라는 "사람을 더욱 크게 하며 모든 계명 위에 서게 한다." 실로 토라를 배우는 사람은 전통을 배울 때에는 가장 이상적인 모습으로 계명을 실천하는 것으로 여겨지기 때문에, 계명을 실천하는 사람보다 토라를 배우는 사람이 비록 실제 행위는 덜 할지 몰라도 더 많은 것을 얻을 수 있다.

말로 다 할 수 없도록 좋은

"토라 그 자체를 위하여 배우는 자는 많은 것을 이룰 것이다." 수많은 숭고하고 고귀한 성품들이 이 구절에서 언급되고 있다. 랍비 하임 비탈[R' Chaim Vital]은 이렇게 기록한다. "이 말씀을 보고 자기의 부족함과 미약함을 깨닫고도 그 눈에 눈물이 차오르지 않는 자, 그 누가 있으랴?"(에이쯔 하임[Eitz Chaim], 도입부).

일부 주석가들은 토라 그 자체를 위하여 배우는 자에게 주어지는 모든 성품을 자세히 기술한 뒤에 나오는 이 구절의 마지막 부분, "이로써 그는 위대해지고, 모든 피조물의 위에 서리라"는 이 부분 전까지 기록된 모든 기업들보다 이 구절에서 말하는 기업이 비교할 수 없을 정도로 크다는 점을 나타낸다고 말한다. 즉 말로 다 할 수 없도록 좋은 것이며, 이해할 수조차 없도록 좋은 것이라는 것이다.

바로 선지자가 "주 외에는 자기를 앙망하는 자를 위하여 이런 일을 행한 신을 옛부터 들은 자도 없고 귀로 들은 자도 없고 눈으로 본 자도 없었나이다"(히브리어 성경 사 64:3, 한글성경 사 64:4)라고 말한 것과 같다. 이는 토라의 현자들이 언급한 것과도 같다(버라호트[Berachos] 34b). 육과 피로 이루어진 눈으로는 그 때에 올 세상에 숨겨진 보상들을 차마 볼 수조차 없기 때문에, 그 어떤 선지자도 올 세상에서 의인이 받을 숨겨진 보상을 말로 다 설명하지 못하는 것이다. 오직 하나님만이 이를 아시고 "주님을 기다리는 자들(즉 토라 그 자체를 위하여 배우는 자들)에게 하실 것이다." 이런 사람이 바로 이 세상을 거룩한 목적으로 이끄는 지도자인 것이다.

משנה ב   מִשְׁנָה 2절

אָמַר רַבִּי יְהוֹשֻׁעַ בֶּן לֵוִי,
בְּכָל יוֹם וָיוֹם בַּת קוֹל יוֹצֵאת מֵהַר חוֹרֵב
וּמַכְרֶזֶת וְאוֹמֶרֶת אוֹי לָהֶם לַבְּרִיּוֹת
מֵעֶלְבּוֹנָהּ שֶׁל תּוֹרָה.
שֶׁכָּל מִי שֶׁאֵינוֹ עוֹסֵק בַּתּוֹרָה נִקְרָא נָזוּף,
שֶׁנֶּאֱמַר (משלי יא:כב)
נֶזֶם זָהָב בְּאַף חֲזִיר אִשָּׁה יָפָה וְסָרַת טָעַם.
וְאוֹמֵר (שמות לב:טז),
וְהַלֻּחֹת מַעֲשֵׂה אֱלֹהִים הֵמָּה
וְהַמִּכְתָּב מִכְתַּב אֱלֹהִים הוּא חָרוּת עַל הַלֻּחֹת,
אַל תִּקְרָא חָרוּת אֶלָּא חֵרוּת,
שֶׁאֵין לְךָ בֶּן חוֹרִין אֶלָּא מִי שֶׁעוֹסֵק בְּתַלְמוּד תּוֹרָה.
וְכָל מִי שֶׁעוֹסֵק בְּתַלְמוּד תּוֹרָה הֲרֵי זֶה מִתְעַלֶּה,
שֶׁנֶּאֱמַר (במדבר כא:יט),
וּמִמַּתָּנָה נַחֲלִיאֵל וּמִנַּחֲלִיאֵל בָּמוֹת:

랍비 여호수아 벤 레위는 말했다:
매일, 하늘의 목소리가
'그들에게 그 사람에게 화 있을지어다
왜냐하면 그들이 토라를 모욕했기 때문이다'
라고 선포하고 말하며 호렙산에서 울려 퍼진다.
이는 성경이 말하는 바와 같이
토라를 연구하지 않는 자마다
'비난 받는 자'라고 불리기 때문이다.
"아름다운 여인이 삼가지 아니하는 것은
마치 돼지 코에 금 고리 같으니라"(잠 11:22).
그리고 그가 말한다.
"그 판은 하나님이 만드신 것이요 글자는
하나님이 쓰셔서 판에 새기신 것이더라"(출 32:16).
'새긴 것'이라고 읽지 말고, '자유하게 하는 것'이라 읽어라.
왜냐하면 너희는 토라 연구에 몰두하는 사람보다
더 자유로운 사람을 가질 수 없기 때문이다.
그리고 토라 연구에 몰두하는 사람은
성경이 말하는 바와 같이 높여진다.
"막다나에서 나할리엘에 이르렀고 나할리엘에서 바못에 이르렀고"
(민 21:19).

미쉬나 2절

랍비 여호수아 벤 레위는 말했다

랍비 여호수아 벤 레위는 랍비 예후다 하나시의 제자인 바르 카파라[Bar Kapara]와 랍비 예후다 벤 페다야([R' Yehudah ben Penaya], 바르 파다로 더 잘 알려짐)로부터 토라를 배웠다. 또 그는 탄나이인 랍비 엘라자르 하카파르[R' Elazar Hakapar]와 랍비 예후다 하나시 본인으로부터도 가르침을 받은 것으로 보인다.

랍비 여호수아 벤 레위는 당대에 가장 위대한 현자로 여겨진다(버레이쉬트 라바[Bereishis Rabbah] 35:2, 바바 카마[Bava Kamma] 55a). 그러나 그도 이스라엘 공동체의 지도자로서 수많은 시간을 공공 업무를 위해 할애해야 했기 때문에, 자신이 배운 것을 일부는 잊을 수밖에 없었다(코헬레트 라바[Koheles Rabbah] ibid.).

랍비 여호수아는 이스라엘을 대표하여 백성들을 지도했다(예루샬미 버라호트[Yerushalmi Berachos] 5:5). 한 번은 그가 랍비 하니나와 함께 로마의 집정관에게 찾아갔을 때, 집정관이 존경의 의미로 자리에서 일어나 그들을 맞이했다. 이를 본 집정관의 신하들은 불평하며 "유대인들을 위해 일어서신 것입니까?"라고 물었다. 이에 집정관은 "그렇다. 저들은 천사의 얼굴을 하고 있기 때문이다"(예루샬미[Yerushalmi] ibid.)라고 대답했다고 한다.

랍비 여호수아 벤 레위는 유대 민족의 주권과 독립이 무너지는 것을 보며 슬피 울던 사람이었다. 언젠가 그가 거룩한 땅 이스라엘에 온 일이 있는데, 그 때 싱싱한 포도가 자라는 것을 보고는 이렇게 외쳤다고 한다. "땅아, 땅아, 과실을 내지 말라. 누구를 위해 과실을 내느냐? 이제 너희를 다스리는 저 이방인들을 위해서냐? 그들의 죄를 축하하기 위해서더냐?"(커투보트[Kesubos] 112b) 그러자 그 자리에 있던 과일들이 모두 사라졌다고 한다.

그는 특히 성전이 파괴되는 사건을 크게 마음 아파하여 금식(티샤 바아브, 성전이 파괴된 날을 기념하여 금식하는 날 - 역자 주)했을 뿐만 아니라 성전이 거의 전소된 날인 그 다음날까지도 금식했다고 한다(산헤드린[Sanhedrin] 98a).

랍비 여호수아 벤 레위의 토라를 향한 사랑

랍비 여호수아 벤 레위는 수도 없이 여러 번 토라에 대한 자신의 불타는 사랑을 표현했다. 그러므로 그는 말하기를 "전통을 배우는 데에 힘쓰기를 안식일에도 그치지 말아야 한다"(버라호트[Berachos] 6b)고 말했다. 또 자기 아들들에게는 '장수할 수 있도록' 아침 일찍 학당에 가서 저녁 늦게 집에 돌아오도록 가르치기도 했다.

"오직 너는 스스로 삼가며 네 마음을 힘써 지키라 그리하여 네가 눈으로 본 그 일을 잊어버리지 말라 네가 생존하는 날 동안에 그 일들이 네 마음에서 떠나지 않도록 조심하라 너는 그 일들을 네 아들들과 네 손자들에게 알게 하라 네가 호렙 산에서 네 하나님 여호와 앞에 섰던 날에 여호와께서 내게 이르시기를 나에게 백성을 모으라 내가 그들에게 내 법을 들려주어 그들이 세상에 사는 날 동안 나를 경외함을 배우게 하여 그 자녀에게 가르치게 하리라 하시매"(신 4:9-10) 이 구절은 그가 굳게 지키던 금언이었는데, 이 구절에 대해 랍비 여호수아 벤 레위는 말하기를 하나님으로부터 토라를 받은 사건을 기억하라는 의무로 인해 우리는 토라를 배울 수밖에 없고, 또 다음 세대에게 전해줄 수밖에 없다고 했다. 그의 이런 견해는 다음에 언급할 일화에서도 나타나고 있다.

한 번은 그의 제자인 랍비 히야 바르 아바[R' Chiya bar Abba]가 길거리에서 평소에는 쓰지 않는 터번을 쓰고는 자기 손자를 데리고 갈 길을 재촉하는 랍비 여호수아를 보게 되었다. 마침 랍비 히야를 본 여호수아는 그에게 지금 손자를 학당에 데리고 가고 있다고 말했다.

놀란 랍비 히야가 물었다. "그게 그렇게도 중요한 일입니까?"

이에 랍비 여호수아 벤 레위가 답했다. "그럼 이게 중요치 않다는 말인가? 손자에게 토라를 가르치는 자마다 시내산에서 토라를 받는 것과 같다고 했다. 성경은 '너는 그 일들을 네 아들들과 네 손자들에게 알게 하라'(신 4:9)고 했고, 다음에는 '네가 호렙 산에서 네 하나님 여호와 앞에 섰던 날에'라고 하였네." 즉 손자(아들의 아들)와 함께 배우는 자는 곧 시내산 앞에 서서 토라를 받는 자와 같을 것이라고 말하는 것이었다. 그는 이렇게 말을 맺었다. "그렇다면, 나는 지금 토라를 받으러 시내산으로 가고 있는 것이네. 당장 서둘러야 하지 않겠는가?"(키두쉰[Kiddushin] 30a, 예루샬미 샤보트[Yerushalmi Shabbos] 1:2에는 조금 각색된 이야기가 전해진다).

랍비 여호수아는 토라의 영원무궁한 특징들을 찬미하였다. "혼자 여행하는 사람은 토라를 배워야 할 것이요... 머리를 다쳤다면, 토라를 배워야 할 것이요... 목이 불편하다면, 토라를 배워야 할 것이요... 속이 좋지 않다면, 토라를 배워야 할 것이며... 뼈가 쑤시다면, 토라를 배워야 할 것이요...

온 몸이 아프다면, 토라를 배워야 할 것이다"(에이루빈[Eiruvin] 54a).

물질의 세계를 초월하다

이처럼 큰 경건함과 토라를 향한 헌신으로 인해 랍비 여호수아 벤 레위는 물질세계를 초월한 자가 되었다. 그러므로 선지자 엘리야가 그에게 정기적으로 나타났으며(마코트[Makkos] 11a), 그가 하나님께 비를 내려달라고 간구하면 하나님께서 응답하셨다(타니트[Taanis] 25a, 예루샬미 타니트[Yerushalmi Taanis] 3:4). 또 그는 천사와 대화했으며(버라호트[Berachos] 51a), 그가 살던 시대에는 그 세대에 완전한 의인이 있다는 징표로 무지개가 나타나지 않았다(커투보트[Kesubos] 77b).

(문자적으로 이해되지는 않는 이야기이지만)다음의 이야기는 랍비 여호수아 벤 레위가 얼마나 위대한 사람이었는지를 잘 보여주고 있다.

언젠가 랍비 여호수아와 엘리야가 메시아에 대해 대화를 했는데, 먼저 여호수아가 물었다. "메시아는 언제 오십니까?"

"그에게 직접 물어보라!"

"그렇다면 그분은 어디에 계십니까?"

"로마의 문, 도시의 입구에 있다."[2]

"그분을 보아도 제가 어찌 알아보겠습니까?"

"그분은 병으로 고통 받는 빈자들 중에 앉아 있다."[3]

그러자 랍비 여호수아 벤 레위는 에덴 동산으로 들어가 메시아의 앞에 나아가 말하였다. "평강이 있기를 바랍니다, 주님."

그러자 메시아가 답했다. "평강이 있기를 바라노라, 레위의 아들아."

"주님께서는 언제 오실 것입니까?" 랍비 여호수아가 묻자, 메시아는

---

[2] 로마의 문의 공간과 평행을 이루는 에덴동산을 뜻한다.
[3] 랍비 여호나단 에이베슈츠의 Tiferes Yehonasan을 참고하라.

이렇게 답하였다.

"오늘 임할 것이다."

엘리야는 랍비 여호수아 벤 레위에게 그 답의 뜻을 말해 주었다. 메시아가 말한 '오늘'이라는 답은 곧 "너희가 오늘 그의 음성을 듣거든"(시 95:7)의 말씀을 이스라엘이 성취할 때라는 것이었다(산헤드린[Sanhedrin] 98a).

현자들은 말하기를 랍비 여호수아 벤 레위는 에덴동산에서 슈마의 말씀을 조심히 읽는 이들이 받을 크나큰 보상과 더불어 슈마의 말씀을 대충 읽는 이들이 받을 크나큰 징계를 보았다고 말한다(얄쿠트 하다쉬[Yalkut Chadash], 에레흐 테슈바[Erech Teshvah] 165).

언젠가 그의 아들 랍비 요셉이 중병을 앓게 되어 삶과 죽음의 기로에 서게 되었는데, 그 때 그에게 잠깐 에덴 동산을 보는 것이 허락되었다. 이윽고 병에서 나은 랍비 요셉은 아버지에게 말했다. "거꾸로 된 세계를 보았습니다. 이 세상에서 높은 자리에 있는 자들은 낮은 곳에 있었고, 이 세상에서 낮은 곳에 있던 자들은 저 높은 곳에 있었습니다."

이에 랍비 여호수아 벤 레위가 답하였다. "아들아, 네가 그 때 보았던 세계가 진짜 세계이다." 또 그는 아들에게 "그 때 우리는 어디에 있더냐?"라고 물었는데, 랍비 요셉은 "지금 우리가 여기에 있듯, 그 곳에도 있었습니다"라고 대답했다고 한다(페사힘[Pesachim] 50a).

랍비 여호수아 벤 레위는 토라에서 '부정한'(타메이)이라는 말을 쓰기보다 '정결하지 않은'이라는 말을 굳이 길게 쓴다는 점을 강조하며(창 7:8, 페사힘[Pesachim] 3a), 순전하고 고결한 말의 중요성을 강조했다. 또 그는 겸손을 그 무엇보다도 중요한 것으로 높이며(아보다 자라[Avodah Zarah] 20b) 가르치기를, "오만한 처신을 보이려 허리를 곧게 세우고 네 보 이상 걷지 말라"(키두쉰[Kiddushin] 31a)고 했다.

죽음의 천사에게서 벗어나다

랍비 여호수아 벤 레위가 이 세상을 떠난 일조차도 그의 위대함을 드러내고 있다. 랍비 여호수아가 세상을 떠날 때가 다가오자, 하나님께서는 죽음의 천사를 보내어 그의 영혼을 데려오도록 하셨다. 하늘나라의 존재가 찾아오는 일이 익숙했던 그는 천사에게 "저를 데려가시기 전 먼저 에덴 동산에서 제가 있을 자리를 보여주십시오"라고 간청하였고, 죽음의 천사는 이를 받아들였다. 그러자 랍비 여호수아 벤 레위는 "길을 가는 중에 겁먹지 않도록 제게 당신의 검을 주십시오"라고 요청했고, 죽음의 천사는 그 요청도 들어주었다.

에덴동산의 주위를 둘러싼 벽에 다다르자, 죽음의 천사는 랍비 여호수아 벤 레위를 들어 올려 그가 있을 곳을 보여 주었다. 그러자 랍비 여호수아 벤 레위가 갑자기 벽을 뛰어넘더니, 다시는 이 세상에 돌아가지 않겠다고 맹세해버리고 말았다. 그는 평생 자신의 말을 어긴 적이 없었으므로, 이번에도 그의 말은 받아들여졌으며, 이로 인해 그는 죽음이라는 시험을 받지 않고 에덴 동산으로 들어가게 되었다. 또 하늘의 음성이 그에게 검을 돌려주라고 하기까지 죽음의 천사에게 검을 돌려주지 않았다고 한다(커투보트[Kesubos] 77b).

랍비 여호수아 벤 레위가 에덴 동산의 입구에 이르자 엘리야가 이렇게 외쳤다.

"레위의 아들을 위해 길을 열라!"

또 랍비 여호수아 벤 레위는 그 곳에서 랍비 쉬므온 바르 요하이를 만났는데, 그는 순금으로 된 열 세 개의 방석 위에 앉아 있었다.

랍비 쉬므온 바르 요하이가 먼저 물었다. "자네가 레위의 아들인가?"

"그렇습니다."

"자네가 살던 때에 무지개가 떴었나?" 홍수 이후에 하나님께서는 노아에게 다시는 세상을 홍수로 심판하시지 않는다는 증표로 무지개를 주셨다. 그러나 (랍비 쉬므온이나 랍비 여호수아 벤 레위와 같이)특별히 의로운 사람이 사는 시대에는 무지개가 뜨지 않았는데, 이는 이 의인들이 있는 것만으로도 이 세상이 멸망치 않으리라는 보증이 되었기 때문이다. 랍비 여호수아가 그런 사람임을 알아본 랍비 쉬므온은 지금 자기 앞에 서 있는 사람이 바로 그인지를 확인하고 싶었던 것이다.

"무지개가 떴었습니다." 랍비 여호수아가 답했다.

"그렇다면, 자네는 레위의 아들이 아니군."

그러나 실제로 그가 살던 시대에는 무지개가 나타나지 않았으나, 랍비 여호수아가 너무나 겸손한 나머지 그렇게 답하고 말았던 것이었다. 현자들은 랍비 여호수아 벤 레위가 토라를 많이 사랑하고 또 토라의 명예를 항상 생각했으므로, 죽음의 천사마저도 그의 말에 따랐다고 말한다.

매일, 하늘의 목소리가 선포하고 말하며 호렙산에서 울려 퍼진다

이 구절은 매일 호렙산(시내산)에서 하늘나라의 목소리가 울려 퍼져 사람들에게 토라를 배우도록 재촉한다고 가르치며 토라를 끊임없이 공부하지 않는 자들의 토라를 존중하지 않는 태도를 반대하고 있다. 하늘의 목소리(아 바스 콜)는 메아리이다. 하나님께서는 모든 이스라엘 백성들의 눈앞에 나타나셔서 토라를 주실 때에 '크고 멈추지 않는 목소리'(신 5:22)로 말씀하셨으며, 그 목소리는 오늘날까지도 메아리로 남아 매일 우리에게 들린다(라쉬[Rashi], 산헤드린[Sanhedrin] 17a, 엘라 메이아타[ela mei'atah] 참고).

호렙산에서 이스라엘 백성들은 "여호와의 모든 말씀을 우리가 준행하리이다"(출 24:7)라고 대답했다. 이 선포 역시 오늘날까지 남아 메아리치고 있다.

그렇다면 하나님께서 외치신 목소리의 메아리는 어디에서 들리며, 또 누가 듣는가? 바로 토라를 받은 사건을 기억하는 모든 이스라엘 사람들의 마음속에 울린다. 망설임 없이 토라를 받아들인다는 이스라엘 백성들의 선포 역시 마음속에서 메아리치고 있다. 그러나 토라를 배우기를 게을리 한다면, 곧 시내산에서 "그들에게 그 사람에게 화 있을지어다 왜냐하면 그들이 토라를 모욕했기 때문이다"라는 불호령이 내려질 것이다.

마하랄[Maharal]은 더 나아가 시내산을 호렙산이라고 부르는 이유가 바로 이것이라고 하였다. 현자들은 말하기를 시내산에서 주어진 토라를 받아들이기를 거부했기 때문에, '호바'(파괴)가 그 나라에 임할 것이라고 했다(샤보트[Shabbos] 89b). 우리가 호렙산에서 받고 또 지키기로 맹세한 토라를 배우라는 말씀을 지키지 못한다면, 얼마나 더 큰 파멸이 찾아올지 당연히 두려워해야 하지 않겠는가?

하늘의 목소리를 누가 들을 수 있는가

하늘나라의 메아리는 이 세상 어디에나 울려 퍼진다. 그렇다면 왜 우리는 이 소리를 들을 수 없는 것인가? 더 크게 보면, 들리지도 않는 소리가 있어야 할 필요는 있는가?

사실 이 소리는 들을 수 있다. 그러나 먼저 듣고자 하는 마음이 있어야만 한다.

그러므로 세상을 떠나기 직전, 우리의 위대한 스승 모세는 "그러나 깨닫는 마음과 보는 눈과 듣는 귀는 오늘 여호와께서 너희에게 주지 아니하셨느니라"(신 29:4)고 했다. 40년간의 광야 생활 동안 이스라엘 백성들이 하나님께서 행하신 놀라운 일과 기적들을 수도 없이 보았음에도 말이다.

그들은 하나님의 기적을 보았으나, 이를 인정하기를 거부하는 한 사람들은 자기 눈앞에 보이는 현상밖에는 볼 수 없었다는 것이다. "너희가 들어도 깨닫지 못할 것이요 보기는 보아도 알지 못하리라"(사 6:9)고 한 것과 같다.

그러나 마음에 원하는 사람은 하늘나라로부터 울려 퍼지는 이 메아리를 들을 수 있을 것이다. 때로는 쓰러져있지 말고 일어나라는 마음속 깨달음의 형태로 영의 귀에 들리기도 하며, 또 때로는 실수에 대한 회개와 회한의 고통으로 나타나기도 한다. 또 때로는 하나님께서 강렬한 인상을 남기는 사고를 일으키셔서 자리에서 일어나라는 하늘나라의 신호를 깨닫도록 해주시기도 한다.

40년 광야생활의 끝자락에서, 인생의 마지막 순간에, 모세는 토라 두루마리를 레위인에게 주어 지키도록 했다. 이 때 다른 지파들은 왜 자신들에게는 토라를 나누어주지 않느냐며 불평했다. 이스라엘 백성들이 모세의 앞에서 질투심에 "오늘 토라를 저희에게 주십시오!"라고 외치던 그 때, 그 때가 바로 그들이 토라를 아끼는 마음을, 눈을, 귀를 얻은 때였다.

그들에게 그 사람에게 화 있을지어다.
왜냐하면 그들이 토라를 모욕했기 때문이다.

하늘나라의 메아리는 어떤 메시지를 전하는가? 바로 그들에게 그 사람에게 화 있을지어다 왜냐하면 그들이 토라를 모욕했기 때문이다. 이 목소리는 "토라여 슬프도다!"라고 하지 않고, 도리어 "~하는 자들이여, 화 있을지어다!"라고 외치고 있다. 실제로 토라는 그 누가 읽지 않아도, 그 누가 배우지 않아도 그 가치가 훼손되거나 상하지 않는다. 그러나 토

라를 무시하는 이들에게는 화가 있을 것인데, 이는 토라를 모욕하는 것이 곧 자기 자신을 모욕하는 것과 같기 때문이다.

하시드 야베쯔는 이를 다음의 우화에 비유하였다. 어느 날 한 왕이 친구에게 궁정 창고에 들어가 원하는 만큼 보물을 가져갈 수 있도록 허락했다. 그러나 친구는 창고에 들어가지는 않고 도리어 잠들 때까지 먹고 마시기만 했다. 이 사람이 가져가지 않은 금이 모욕을 당한 것인가? 아니면 이 일로 인해 금이 더 귀해지기라도 했는가? 아니다. 그저 한 사람이 자기가 가치를 모르는 바보임을 스스로 보여준 것 뿐이다.

토라를 배우려 하지 않는 자여, 슬프도다

시내 산에서부터 울려 퍼지는 하늘나라의 메아리는 이렇게 선포한다. '화 있을지다' 이 말은 '슬플 것이다'라는 의미로, 토라를 배우지 않음으로 토라를 모욕한 자들에게 재앙이 찾아올 때에, 이 '슬픔'의 탄식이 그 입술로 나오게 될 것이다.

그 통곡의 외침은 영혼의 깊은 곳에서 뚫고 나와 하늘나라에까지 닿을 것이다. 스스로 일으킨 재앙으로 수많은 것을 잃을 때에 부끄러움이 그들을 휘감으며 슬픔이 그들을 채울 것이다. "수치에 통곡하고, 부끄러움에 통곡하리라!"(바바 바트라[Bava Basra] 75a).

어떤 사람들은 고통을 당하면서도 자기는 죄가 없다고 느끼는 경우도 있다. 이런 사람들에 대해 현자들은 이렇게 가르쳤다. "토라를 배우기를 게을리 하지는 않았는지 보라, 기록된 바 '여호와여 주로부터 징벌을 받으며 주의 법으로 교훈하심을 받는 자가 복이 있나니'(시 94:12)라 함과 같다"(버라호트[Berachos] 5a와 이에 대한 라쉬[Rashi]의 주석) 때로는 토라를 배우도록 하기 위하여 고난이 찾아오기도 하는 것이다.

또 현자들은 말하기를 "오직 홀로 찬양받아 마땅하신 거룩하신 주님께서 비록 우상숭배를 용서하시고, 금지된 관계를 맺음도 용서하시며, 피 흘림도 용서하시지만, 토라를 업신여기는 일은 용서치 않으신다. 기록된 바 '이 땅이 어찌하여 멸망하여 광야 같이 불타서 지나가는 자가 없게 되었느냐 여호와께서 말씀하시되 이는 그들이 내가 그들의 앞에 세운 나의 율법을 버리고 내 목소리를 순종하지 아니하여 그대로 행하지 아니하고'(렘 9:12-13)라 함과 같으니라"고 하였다(페시크타 드'에이하 라바시 [Pesichta D'Eichah Rabbasi] 2).

토라의 제자들을 업신여기는 것 역시 토라를 모욕하는 것이다. 랍비 여호수아 벤 레위는 "토라의 기억을 깎아내리는 자마다 게힌놈에 떨어지리라"고 가르쳤다(버라호트[Berachos]19a).

주석가들은 '화 있을지어다'라는 히브리어 단어가 가지는 수의 합이 17이며, '선'을 뜻하는 히브리어 단어가 가지는 수와 합이 같다는 점을 지적하고 있다. '선'은 곧 토라를 의미하는데, 이는 '내가 선한 도리를 너희에게 전하노니 내 법을 떠나지 말라'(잠 4:2)는 구절에서 그 근거를 확인할 수 있다. 즉 '선한 것'(토라)을 알아보지 못하는 사람은 당연히 '화'를 견뎌야만 할 것이다.

매일 울려퍼지는 목소리

그렇다면 이 하늘나라의 음성은 왜 매일 울려 퍼지고 있는 것일까? 바로 우리가 매일 토라를 배워야 한다는 가르침을 전하기 위해서이다. 이 구절의 다른 판본은 "끊임없이 토라를 배우지 않는 자마다 징계를 받아 마땅하다"고 기록하고 있다. 곧 이 구절은 토라를 배우기는 배우나 충분히 토라의 권위를 인정하지 않고, 또 배움을 가장 중요한 행위로 여기지 않는 사람에게 전하는 말씀인 것이다. 이런 맥락에서 토라를 배우는 일을 게을리 하는 것은 곧 죄를 짓는 것이며, "이 율법 책을 네 입에서 떠나게 말게 하며 주야로 그것을 묵상하라"(수 1:8)는 계명을 어기는 것이다.

하늘나라의 음성은 끊임없이 우리를 재촉한다. 하루라도 토라를 배우지 않으면 그 하루는, 다시는 돌아오지 않는 하루이기 때문에 그 하루를 통째로 허비하는 것과 다름없는 것이기 때문이다. 매 순간마다 우리는 토라를 더 많이 배울 수 있으며, 더 많이 깨달을 수 있고, 더 많은 지혜를 얻을 수 있을 뿐만 아니라, 더 큰 영적 성장을 도모할 수 있다. 그 순간은 돌아오지 않는다. "구부러진 것도 곧게 할 수 없다"(전 1:15).

이는 성경이 말하는 바와 같이 토라를 연구하지 않는 자마다 '비난 받는 자'라고 불리기 때문이다.

열심히 토라를 배우고, 하나님께 사랑받는 자라 불리는 사람과는 달리, 토라 배우기를 피하는 자는 응당 가혹한 비판을 피할 수 없을 것이다. 토라는 하나님께서 세우신 온 우주의 계획 중에서도 제일 중요한 것이기 때문에, 토라를 소중히 여기는 것은 곧 하나님께 헌신하는 마음을 보이는 것이며, 마찬가지로 행동으로 토라를 최고의 것으로 여기지 않는 모습을 보여주는 사람은 곧 하나님을 폄하하는 마음을 드러내는 것이다.

그렇다면 아무런 방해를 받지 않고 토라를 배우는 것이 가능한 것인가?

토라를 마음의 중심에 세우고, 건강과 생계 등 다른 모든 것보다 더 소중히 여김으로 자기 자신뿐만 아니라 다른 사람들도 토라를 중심으로 한 삶을 살도록 하는 사람은 일거수일투족을 배움을 목적으로 하기 때문에, 그 행동 역시도 토라를 중요시 여기는 태도를 보일 것이다.

"너는 범사에 그를 인정하라"(잠 3:6) 하늘나라를 위한 일이라면 무엇이든 하여야 한다. 하나님을 인정한다는 목적 하나로 모든 일을 한다면, "그리하면 네 길을 지도하시리라"(ibid.) . 즉 하나님께서 이런 사람의 모든 행동을 아시고 그 길을 곧게 해주실 것이라는 말이다. 또 배움을 목적으로 하는 모든 행동이 토라를 배우는 일로 여김을 받을 것이다.

그러나 토라를 배우는 것처럼 하면서도 속으로는 불법적인 목적을 숨기고 사는 사람에게는 화가 있을 것이다. 이런 사람은 "토라를 모욕하는 자들이여, 슬프도다!"라는 외침으로 정죄를 받을 것이다. 이런 사람은 토라를 배우더라도 마치 '돼지 코에 금고리를 건 것'과 같아서, 돼지가 금고리를 쓰레기와 진흙탕에 파묻듯 배운 것도 제대로 쓸 수 없을 것이다.

"아름다운 여인이 삼가지 아니하는 것은 마치 돼지 코에 금 고리 같으니라"(잠 11:22).

토라를 배우지 않는 자는 부정하며, 비방을 받을 만하며, 하나님으로부터 버림을 받을 것이다. 성경은 다음과 같이 말한다. "그러나 너희가 내게 청종하지 아니하여 이 모든 명령을 준행하지 아니하며"(레26:14, 라쉬는 설명하기를, 이는 '토라를 배우지 아니하면'이라는 의미라고 하였다). 나의 말씀을 듣지도 않고 명령을 지키지도 않는 것은 곧 "내가 정하여 준 규례를 지키지 않고, 내가 세워 준 법도를 싫어"한다는 뜻이다. 그러므로 나는 "도저히 너희를 불쌍히 여길 수 없다"할 때까지 "너희에게 똑같이 하겠다"(레 26:1)고 말씀하신다.

'떠나다'라는 뜻의 히브리어 '나주프'는 '코에 걸린 금고리'라는 뜻의 히브리어 (באף זהב נזם)의 두문자어이다. 금고리는 귀한 것이다. 그러나 그 고리가 돼지의 코에 걸리면 그 누구도 이를 기쁘게 여기지 않는다. 마찬가지로 아름다운 여인은 남편의 혼에 생기를 불어넣어 주지만(버라호트 [Berachos] 57b), 아름답더라도 행실이 옳지 못하면 그 아름다움이 오히려 해악이 되고 마는 것이다.

금은 토라를 뜻하며, 여인의 아름다움은 인간의 지성을 뜻한다. 하나님께서는 우리에게 토라와 지성을 함께 주셔서 물질세계를 영의 세계의 아래에 두고 진정한 자유를 얻도록 하셨다. 그러나 토라를 손에 붙들고 있으면서도 정신은 사소한 것들에게 향해 있다면, 이러한 사람은 토라를 돼지 코에 거는 격이요, 그 마음은 아름답지만 어리석은 여인에게 빼앗기는 것과 마찬가지인 것이다.

그리고 그가 말한다.
"그 판은 하나님이 만드신 것이요 글자는 하나님이 쓰셔서 판에 새기신 것이더라"(출 32:16).

"그 판은 하나님이 만드신 것이요 글자는 하나님이 쓰셔서 판에 새기신 것이더라"(출 32:16). 보통 하나님께서는 천사들을 보내셔서 주님의 뜻을 나타내신다. "바람을 자기 사신으로 삼으시고 불꽃으로 자기 사역자를 삼으시며"(시 104:4). 자연은 하나님의 섭리를 그 안에 숨기고 있다. 주님께서는 비를 내리시고, 해가 빛나게 하시는 분이시다. 마음만 있으시면 천사들을 보내 자연의 법칙을 언제든 깨실 수 있으시며, 천사로 하여금 주님의 말씀을 선포하게 하시고, 기적을 일으키게 하시며, 선지자들과 대화하도록 하신다.

그러나 토라를 주실 때에 하나님께서는 직접 이스라엘 백성들에게 나타나셨다. 주님께서 직접 십계명 돌 판을 만드시고 또 손수 기록하신 것이다. 어떤 사람들은 하나님께서 경멸하시는 일이라 하더라도 토라의 짐을 벗어던짐으로 개인적인 성취를 이룰 수 있을 것이라고 생각할 수도 있을 것이다. 여기에서 우리는 랍비 여호수아 벤 레위가 이어서 '판에 새기신'이라는 말에 남긴 주석을 보아야 한다. 왜 이 구절은 정확한 표현인 '판에'(carved into)가 아닌, '판 위에'(carved onto)라고 말하고 있는 것인가?

바로 하나님께서 물질세계를 초월하셔서 율법을 돌판에 새기셨기 때문에, 율법의 말씀이 순전히 물질 속에(into) 예속되지 않았다. 즉 토라의 말씀은 물질세계에 묶이지 않는다는 것이다. 그러므로 '새기다'라는 뜻의 히브리어 '카루스'를 '자유'라는 뜻의 '케이루스', 즉 더러운 물질주의로부터의 자유(케이루스)로 읽을 수 있는 것이다.

이 구절에서는 또 다른 언어적 특별성이 발견된다. 바로 "하나님이 쓰셔서 판에 새기신 것이더라"는 말인데, 이 구절은 '하나님께서 손수 쓰신'이라고 쓰지 않고 '새기신'이라고 쓰고 있다. 다시 말하지만, 하나님께서 새기신 유업의 말씀은 돌판의 일부가 된 것이 아니라 돌판 위에 떠 있었다(리쿠테이 시코트[Likutei Sichos]).

모세가 들고 내려온 첫 번째 돌판은 "깨졌으나, 문자만은 그 위에 떠 있었다"(페사힘[Pesachim] 87b). 만일 토라의 길을 저버리고 자유를 얻을 수 있을 것이라고 생각한다면, 이는 완전히 잘못된 생각이라고 단언할 수 있다. 오히려 반대로, 토라를 배우는 자만이 진정한 자유를 얻을 수 있으며, 물질세계의 구속을 벗어던지고 자연세계를 초월할 수 있는 것이다.

> **'새긴 것'이라고 읽지 말고, '자유하게 하는 것'이라 읽어라.
> 왜냐하면 너희는 토라 연구에 몰두하는 사람보다
> 더 자유로운 사람을 가질 수 없기 때문이다.**

토라를 밤낮으로 배우며, 613가지나 되는 계명을 지켜야 하고, 자신의 욕망까지 억압해야 하는 사람이 어떻게 자유하다고 할 수 있을 것인가?

그 누구도 자기 욕망을 마음껏 채우거나 자신의 꿈과 소망을 모두 실현시킬 수 없다. 심지어 속세의 삶에서도 사람은 사회질서를 지키기 위해 이기적인 욕망을 억제하고 법을 따라야 하며, 다수의 윤리를 지키며 살아야 한다. 모든 사람은 속박되어 있으며, 모든 사람의 욕망은 좌절로 끝난다.

반대로 토라의 율법의 중심 목적은 바로 각 사람을 높이 올리는 것이다. "토라는 더 나은 사람으로 만들기 위해서만 주어졌느니라"(버레이쉬트 라바[Bereishis Rabbah] 4:1). 토라의 율법에 순종할 때에 더 나은 사람이 되고, 더 도덕적인 인간이 되는 것이다. 또 충분히 많은 사람들이 토라의 율법에 순종할 때에 당연히 더 나은 사회가 되는 것이다. 강제와 공포라는 무기가 없이도, 깊은 마음의 깨달음으로 사회가 더 살기 좋은 곳으로 변한다. 사람들은 기꺼이 서로를 도울 것이며, 모두가 모두를 존중할 것이고, 피상적이고 가식적인 선이 아닌 진실된 선으로 사람들이 모두 행복한 삶을 누리게 될 것이다.

뿐만 아니라 계명을 실천함으로써 사람은 끊임없이 토라 그 자체를 위하여 배울 것이기 때문에, 하나님의 뜻이 곧 그의 뜻이 될 것이며, 하나님을 진실한 마음으로 기쁘게 섬기게 될 것이다. 그러나 인간이 만든 사법 체계의 대상이 된 사람은 자기가 싫어하는 법을 기쁨으로 따를 수 없는 법이다.

그렇다면, 누가 자유를 얻었는가? 각 개인의 의지를 억압하는 법의 아래에 있는 사람인가, 아니면 생명의 길을 따르기 위해 기꺼이 토라와 율법의 짐을 지는 사람인가?

토라 그 자체를 위하여 배우며 계명을 순전히 기쁨으로 따르는 영적 수준에까지 이르는 길은 그리 쉽지만은 않다. 그러나 불가능하지 않다. 또 이런 수준에까지 이른다면, 그 기쁨과 만족은 영원할 것이다.

악한 본성의 구속으로부터의 자유

이 세상에서 자기 욕망을 제어하지 못한 사람은 감옥에 갇히는 반면, 토라 그 자체를 위하여 끊임없이 배우는 사람은 악한 본성의 구속으로부터 자유를 얻으므로, 그 영혼이 몸을 움직인다. "노하기를 더디 하는 자는 용사보다 낫고 자기의 마음을 다스리는 자는 성을 빼앗는 자보다 나으니라"(잠 16:32).

보통 사람은 환상에 사로잡혀 살 수밖에 없는, 영원히 채워지지 않을 쾌락과 욕망의 노예이다. "하나를 가지면 둘을 가지고 싶어 하는 것이 사람"이기 때문이다(코헬레트 라바[Koheles Rabbah] 1:13). 만일 사람이 자기 행동과 인생의 목적을 되돌아 본다면, 헛된 욕망을 거부하며 채워지지 않는 갈증을 채우기 위해 노력하지도 않을 것이다. 그러나 오히려 보통 사람들은 악한 본성의 노예로 남으며, 정작 본인은 거짓된 환상의 노예이면서도 눈이 어두워져 '나는 자유롭다'는 환상으로 끌려 들어간다.

대부분의 경우, 문제의 원인은 자기 자신이다. 채울 수 없는 욕망은 사람을 더욱 갈망하게 만들고, 질투하게 만들며, 심지어 명예욕마저도 모욕감과 수치를 유발하기까지 한다. 그러나 토라를 배우는 사람은 이 세상의 헛된 것들로부터 해방되어 헛된 것들의 노예가 되지 않는다. 이런 사람이 진정한 의미의 용사인 것이며, 진정한 의미로 부유한 사람인 것이다. 이런 사람은 자기가 가진 것으로 기뻐하며, 오직 하나님의 집에 앉기를 원하여 하나님과 더욱 가까워짐으로 기뻐한다.

어떤 주석가들은 "그들에게 그 사람에게 화 있을지어다 왜냐하면 그들이 토라를 모욕했기 때문이다"라는 구절은 사람이 받는 모든 고통은 사실 토라를 배우지 않음으로 일어난다는 것을 가르치고 있다고도 설명한다. 토라의 빛이 길을 밝혀주지 않는다면 사람은 어둠 속을 걷는 것과 같다. 장애물에 걸려 넘어지고, 구덩이에 빠지고 말 것이다. 그러나 토라를 배우는 사람은 진실과 거짓을, 중요한 것과 불필요한 것을 구분할 줄 안다. 이런 사람은 이 헛된 세상의 짐을 흘려 보내고 불필요한 이 세상의 걱정을 털어내고 능히 일어날 수 있을 것이다.

토라는 혼란과 의심으로부터 사람을 자유롭게 한다. 하나님의 도우심이 없이 자신의 길을 개척하려는 사람은 죄책감에 잠식당하고 말 것이며 끊임없는 불확실함 속 거닐며 의미를 찾고 진리의 일편(glimpse)이라도 찾기 위해 헛되이 시간을 보내고 말 것이다.

그러나 토라 그 자체를 위하여 배우는 사람은 그 눈이 밝아져 능히 진리를 얻을 수 있다. 의심의 해답을 찾을 수 있을 것이며 의문의 해답을 얻을 수 있을 것이다. 토라의 비밀과 창조의 신비가 점점 열려 그 앞에 나타날 것이며, 세상 모든 것의 목적을 이해하고 진정한 영혼의 자유를 얻는 데까지 이를 것이다. 과연 사람에게 이보다 더 큰 행복이 있을까? "나라여 네게 복이 있도다"(전 10:17, 직역). 바로 인류 역사상 가장 지혜로운 지혜자의 말이다.

**그리고 토라 연구에 몰두하는 사람은
성경이 말하는 바와 같이 높여진다.
현자들은 끊임없이 토라를 배우는 사람이 얻을 자유가
무엇인지에 대해 말하고 있다.**

첫째, 추방으로부터의 자유이다. "오직 이스라엘 백성들이 토라의 말씀을 땅에 버릴 때만이 외세의 힘이 '반셈족' 칙령을 발표한다. 그러나 야곱의 목소리가 회당과 학당에 울려 퍼지는 한, '에서의 손'이 우리를 지배하지 못할 것이다"(쉐모트 라바[Shemos Rabbah] 41, 페시크타 드'에이하 라바[Pesichta D'Eichah Rabbah] 2).

둘째, 이런 사람은 육체를 정결케 하고 물리세계를 초월하므로 고통과 자연의 변위(displacement), 속세로부터 자유롭다. 심지어 죽음의 천사로부터 자유하기까지 하다. 이러한 사람의 육체는 물질세계의 껍데기가 아닌, 정결한 영혼을 담는 악기가 되므로 그 영이 더 이상 해를 입지 않는다(쉐모트 라바[Shemos Rabbah] ibid.).

**성경이 말하는 바와 같이 높여진다.
"막다나에서 나할리엘에 이르렀고 나할리엘에서
바못에 이르렀고"(민 21:19).**

랍비 여호수아 벤 레위는 토라를 배우는 자는 썩어 없어질 것들을 초월하여 하나님과 가까워진다고 말하는데, 이 때 자신의 주장을 증명하기 위해 근거로 내세운 구절은 바로 광야에서 미리암의 우물이 어떻게 이스라엘 백성들을 따라다녔는지를 설명하는 구절이다. "그들은 광야에서 맛다나에 이르렀고 맛다나에서 나할리엘에 이르렀고 나할리엘에서 바못에 이르렀고(민 21:18-19). 랍비 여호수아는 이 지명들을 교훈적으로 해석하여 이렇게 설명하고 있다. "광야에서 토라의 선물(맛다나)까지 - 토라의 선물은 하나님으로부터 받는 유업(나할리엘)이 된다. 유업으로 사람은 영적으로 더 높은 수준(바못)에까지 이르며, 그 높은 곳에서 사람은 겸손(하가이)을 얻는다."

토라는 우물과 같다. 우물에서 물이 흘러나와 마시는 사람의 갈증을 해소하듯, 토라 역시 배우는 이의 영을 새롭게 한다. 미리암의 우물은 '광야에서 맛디나까지' 갔다. 이스라엘 백성들은 광야에 있을 때에 토라의 선물을 받았다. '또 맛다나에서 나할리엘까지', 이스라엘 백성들은 토라를 받을 때에 하나님의 유업을 받았다. 이 유업을 얻는 데에는 돈도, 유망한 가문도 필요치 않다. 토라는 모든 이스라엘에게 주어지는 유업인 것이다. "모세는 우리에게 야곱의 회중을 위한 유업인 토라를 지키도록 명령하였다."

'또 나할리엘에서 바못까지', 이 유업을 얻는 사람은 누구든지 영적으로 높임을 받을 것이다.

광야와 같은 사람이 되어라

현자들은 이렇게 가르친다. "걷는 길마다 스스로 광야와 같이 되는 자는 토라를 선물로 얻을 것이다. 토라를 선물로 얻을 때에, 하나님께서 유업을 주실 것이다. 그리하여 일어나 위대함에 이를 것이다"(에이루빈[Eiruvin] 54a).

토라의 선물을 얻기 위해서는 '광야와 같은 사람', 즉 겸손한 사람이 되어야 한다. 물과 같이 토라는 위에서부터 가장 낮은 곳까지 내려오며, 오직 겸손한 사람에게만 내려온다(타니트[Taanis] 7a). 자만심을 키우는 사람은 물이 "높은 곳에서 깊은 곳으로 흐르듯"(에이루빈[Eiruvin] ibid.) 자만의 꼭대기에서 물이 다 빠져나가고 말 것이다.

그러나 자기 죄를 회개하고 자신을 깊이 패인 협곡과 같이 낮다고 여기는 사람에게는 "골짜기마다 돋우어진다"(사 40:4, 직역).

משנה ג מִשְׁנָה 3절

הַלּוֹמֵד מֵחֲבֵרוֹ פֶּרֶק אֶחָד אוֹ הֲלָכָה אַחַת
אוֹ פָסוּק אֶחָד אוֹ דִבּוּר אֶחָד
אוֹ אֲפִלּוּ אוֹת אַחַת, צָרִיךְ לִנְהָג בּוֹ כָּבוֹד,
שֶׁכֵּן מָצִינוּ בְּדָוִד מֶלֶךְ יִשְׂרָאֵל,
שֶׁלֹּא לָמַד מֵאֲחִיתֹפֶל אֶלָּא שְׁנֵי דְבָרִים בִּלְבָד,
קְרָאוֹ רַבּוֹ אַלּוּפוֹ וּמְיֻדָּעוֹ,
שֶׁנֶּאֱמַר (תהלים נה:יד),
וְאַתָּה אֱנוֹשׁ כְּעֶרְכִּי אַלּוּפִי וּמְיֻדָּעִי.
וַהֲלֹא דְבָרִים קַל וָחֹמֶר,
וּמַה דָּוִד מֶלֶךְ יִשְׂרָאֵל שֶׁלֹּא לָמַד מֵאֲחִיתֹפֶל
אֶלָּא שְׁנֵי דְבָרִים בִּלְבָד קְרָאוֹ רַבּוֹ אַלּוּפוֹ וּמְיֻדָּעוֹ,
הַלּוֹמֵד מֵחֲבֵרוֹ פֶּרֶק אֶחָד אוֹ הֲלָכָה אַחַת
אוֹ פָסוּק אֶחָד אוֹ דִבּוּר אֶחָד אוֹ אֲפִלּוּ אוֹת אַחַת
עַל אַחַת כַּמָּה וְכַמָּה שֶׁצָּרִיךְ לִנְהָג בּוֹ כָּבוֹד.
וְאֵין כָּבוֹד אֶלָּא תוֹרָה,
שֶׁנֶּאֱמַר (משלי ג:לה), כָּבוֹד חֲכָמִים יִנְחָלוּ,
(שם כח:י) וּתְמִימִים יִנְחֲלוּ טוֹב,
וְאֵין טוֹב אֶלָּא תוֹרָה שֶׁנֶּאֱמַר כִּי לֶקַח טוֹב נָתַתִּי
לָכֶם תּוֹרָתִי אַל תַּעֲזֹבוּ (משלי ד:ב):

그의 동료로부터 한 장, 한 할라카, 한 절, 한 토라의 진술
또는 심지어 한 글자라도 배운 사람은
그를 존경하는 마음으로 대해야 한다.
왜냐하면 우리는 두 가지를 제외하고
아히도벨로부터 아무것도 배우지 못했지만
그를 그의 선생이요 그의 보호자요 그의 친구라고 부른
이스라엘의 왕 다윗의 경우를 발견한다.
성경은 다음과 같이 말하고 있다.
"그는 곧 너로다 나의 동료, 나의 친구요
나의 가까운 친우로다"(시 55:13).
이것으로부터 다음과 같은 것을 이끌어 낼 수 있다.
만약 이스라엘의 왕 다윗이 이 두 가지를 제외하고
아히도벨로부터 아무것도 배우지 못했지만,
그를 선생이요 그의 보호자요 그의 친구라고 불렀다면,
그의 동료로부터 한 장, 한 할라카, 한 절, 한 토라의 진술
또는 심지어 한 글자라도 배운 사람은
얼마나 더 그를 존경하는 마음으로 대하겠는가!
그리고 성경이 말하고 있는 바와 같이
명예는 오직 토라로 인해 합당한 것이다.
"지혜로운 자는 영광을 기업으로 받거니와…"(잠 3:35).

"…성실한 자는 복을 받느니라"(잠 28:10).

그리고 성경이 말하는 바와 같이 오직 토라만이 진실한 것이다.

"내가 선한 도리를 너희에게 전하노니 내 법을 떠나지 말라(잠 4:2)".

미쉬나 3절

> 그의 동료로부터 한 장, 한 할라카, 한 절, 한 토라의
> 진술 또는 심지어 한 글자라도 배운 사람은
> 그를 존경하는 마음으로 대해야 한다.

우리에게 토라를 조금이라도 가르치는 자라면 마땅히 존경해야 한다고 가르치며, 이 구절에서는 다윗과 아히도벨의 관계를 인용한 후 아포르티오리의 논리(칼 바호메르, 이전의 명제가 진실이므로 현재 명제는 더욱 강력한 이유로 진실이라는 논리 – 역자 주)에 입각하여 자신에게 토라를 가르치는 동료를 '얼마나 더' 존경해야 하겠느냐고 묻고 있다. 그러나 이런 주장은 설득력이 없어 보인다. 다윗은 아히도벨에게서 두 가지를 배웠다. 그렇다면 우리는 한 가지만 가르쳐준 사람은 존경하지 않아도 된다는 것인가?

대다수의 주석가들은 이 부분에서 또 다른 의문을 몇 가지 제기하고 있다. 다윗이 아히도벨을 '선생'(랍비)이라 부른 부분은 어디에 있는가? 이 구절은 왜 다른 사람도 아닌 '동료'로부터 배운다고 말하고 있는가? 또 '선생', '인도자', '스승'이라는 말은 무엇을 의미하는가?

왜냐하면 우리는 두 가지를 제외하고
아히도벨로부터 아무것도 배우지 못했지만

길로 사람 아히도벨[Ahitophel the Gilonite]은 모사로 다윗을 섬겼으며(삼하 15:12) 산헤드린 의회의 의장으로 섬겼다(얄쿠트 쉬모니[Yalkut Shimoni], 테힐림[Tehillim] 757). 현자들은 그의 지혜를 극찬하며 이르기를 아히도벨은 각각의 전통에 대한 주장들마다 400가지의 논박을 할 수 있다고 말했다(산헤드린[Sanhedrin] 106b, 하기가[Chagigah] 15b에 의하면 300가지). 이스라엘의 지도자들은 전쟁을 하기 전에 먼저 아히도벨에게 조언을 구했으며, 아히도벨이 전쟁을 해도 괜찮다고 말하면 그제서야 산헤드린에게 이를 묻고 우림과 둠밈(구약 시대에 하나님의 뜻을 물어보기 위해 사용하였던 도구 – 역자 주)을 사용했다(버라호트[Berachos] 3b).

그러나 아히도벨은 권력을 향한 야망이 있었고, 그 야망이 그를 실패하게 한 원인이 되었다. 스스로가 왕이 될 자격이 있다고 생각했던(산헤드린[Sanhedrin] 101b) 아히도벨은 부왕 다윗을 거역하여 일어난 압살롬의 반역에 가담했다. 다윗이 예루살렘에서 도망치자 압살롬은 아히도벨에게 조언을 구하였으며(ibid. v. 20), 이제는 반역자가 된 지혜자는 다윗과 다윗을 돕는 소규모의 조력자들을 일거에 쓸어버리기 위한 군사 작전을 제안했다. 압살롬은 한 치의 망설임도 없이 그 작전을 수락하려 했으나, 다윗은 아히도벨의 조언을 압살롬이 거절하기를 기도했다(삼하 15:31). 결국 다윗의 기도대로 아히도벨의 제안은 받아들여지지 않았다. 말도 안 되는 일이겠으나, 압살롬은 반란에 가담한 것처럼 위장하고 있던 다윗의 친구 후새를 불러 의견을 구했다. 후새는 압살롬에게 아히도벨의 작전을 거절하라고 조언했고, 실제로 압살롬은 이를 따랐던 것이다!(ibid. 16:20-17:15) 이로 인해 다윗은 무사히 탈출할 수 있었으며, 다시 사람들을 모아

왕좌를 되찾을 수 있었다.

자신의 작전이 취소된 것을 안 아히도벨은 반란이 곧 실패할 것이며, 자신 역시도 왕의 심판을 피할 수 없음을 깨달았다. 절망에 빠진 그는 집으로 돌아가 스스로 목을 매고 말았다(ibid. 17:23).[4]

현자들은 아히도벨에 대하여 다음과 같이 설명하고 있다. "그는 원해서는 안 될 것에 눈을 돌렸고, (이로 인해)요구한 것을 받지 못하였으며, 가진 것 역시 빼앗기고 말았다"(쏘타[Sotah] 9b). 현자들은 또 그를 "올 세상에서 기업을 받지 못할"(산헤드린[Sanhedrin] 10:2)일곱 사람 중 한 명으로 말하고 있다.

그를 그의 선생이요 그의 보호자요
그의 친구라고 부른 이스라엘의 왕 다윗의 경우를 발견한다.

다윗 왕은 "우리가 같이 재미있게 의논하며 무리와 함께 하여 하나님의 집 안에서 다녔도다"(시 55:14)라며 아히도벨과의 관계를 회상하고 있다. 이 구절은 다윗이 아히도벨로부터 두 가지를 배웠다는 사실을 암시하고 있다. 먼저, '같이 재미있게 의논하며'라는 구절로부터이다. 다윗이 토라를 혼자 배우고 있는 것을 본 아히도벨은 그에게 "적절치 못한 행동을 하고 계십니다. 토라는 같이 배울 자와 함께 배워야 하는 법입니다."라고 말하였다고 한다. 현자들이 말한 바 "토라를 홀로 배우는 학자에게 칼이 있으리라"(타니트[Taanis] 7a)고 했는데, 이는 홀로 토라를 배우면 잘못 이해하더라도 이를 바로잡아주거나 의견을 나눌 사람이 없으므로 실

---

[4] 아히도벨은 33세의 나이로 죽음을 맞았는데, 이는 "우리의 연수가 칠십이요..."(시 90:10)라는 말씀과 "피 흘리기를 좋아하고, 속이기를 좋아하는 자들은 자기 목숨의 절반도 살지 못하게 될 것입니다"(시 55:23)라는 말씀대로 된 것이었다(Sanhedrin 106b).

수를 할 여지가 많아지기 때문이었다. "철이 철을 날카롭게 하는 것 같이"(잠 27:17)라 한 것과 같이, 토라 학자들 역시 서로의 지혜로 지혜를 날카롭게 했던 것이다. 또 불이 혼자서는 탈 수 없듯, 토라의 말씀 역시도 혼자서는 타오를 수 없는 법이다.

이에 다윗은 "그럼 어떻게 하면 좋겠소?"라고 물었고, 아히도벨은 "함께 두터운 우정을 나누시지요"라고 답했다. 즉 토라를 함께 배우자고 제안했던 것이다.

둘째, 다윗이 아무런 생각 없이 학당에 들어가자, 아히도벨은 그를 책망하며 말하였다. "하나님의 집에서는 마음을 가지고 (걸어야)합니다." 하나님의 집은 곧 학당을 뜻하는데, 이는 하나님께서 학당에 임재하시기 때문이다. 실제로 성전의 파괴와 함께 "오직 홀로 찬양받으실 거룩하신 주님께서는, 전통의 네 규빗 만을 차지하신다"(버라호트[Berachos] 8a)라고 하였다. 하나님께서는 우리에게 "(하나님의)내 성소를 귀히 여기라"고 하셨으므로(레 19:30), 이 작은 학당에서 우리는 (경외와 두려움의)"마음"으로 학당을 걸어야 하는 것이다.

더 나아가 '마음으로'라는 뜻의 히브리어 '베레게쉬'는 '움직임으로'라는 뜻으로 해석할 수도 있다. 학당과 회당에서는 수많은 사람들과 함께 배우고 기도해야 한다. 바로 "백성이 많은 것은 왕의 영광이다"(잠 14:28)라고 말하는 이유가 이것이다.

라쉬 역시 '마음으로'가 열정을 다하여 학당에서 달려야 한다는 뜻이라고 해석했다(칼라 라바쉬[Kallah Rabash] 8 역시 동일한 입장이다). 더 나아가 마음속 악한 본성이 날이 좋지 않다며 집에서 그냥 쉬라고 속삭이더라도, "하나님의 집에서 마음으로 함께 걷자"는 말씀을 기억해내야만 한다. 베레게쉬[B'regesh]는 '바라드', '루아흐', '게셈', '셸렉'의 두문자어로, 이는 우박과 바람, 비와 눈(에도 불구하고)이라는 뜻이다.

깊은 곳에서 솟아난 물

또 다른 곳에서 현자들은 다윗이 아히도벨로부터 세 번째 가르침을 받았다고 하였다. 곧 다윗이 성전을 지을 터를 파고 있을 때에, 깊은 곳에서 물이 터져 나와 땅에 넘쳐 온 땅에 홍수를 일으킬 정도가 되었다. 다윗은 이를 보고 외쳤다. "주님의 거룩한 이름을 돌 판에 적고 저 깊은 곳에 던져 넣어 물이 나오지 못하도록 할 것인데, 그렇게 해도 되는가?" 그러나 그 누구도 이에 답하지 못하였다. 그러나 아히도벨이 답을 알고 있음을 안 다윗은 "답을 알고 있으나 말하지 않는 자는 목을 맬 것이다"라고[5] 경고했다(아히도벨이 바로 답하지 않은 이유는 무엇인가? 현자들은 말하기를 그는 홍수가 다윗을 집어삼켜 자신이 왕이 될 수 있지 않을까 생각했기 때문이라고 하였다. [얄쿠트 쉬모니[Yalkut Shimoni], 슈무엘[Shmuel], 레메즈[remez] 142]).

결국 아히도벨은 입을 열어 그렇게 해도 된다고 했다. 다윗이 주님의 이름을 기록한 돌판을 구덩이에 던져 넣자 물이 더 이상 나오지 않았으며 세상은 홍수로 멸망하지 않았다(쑤카[Succah] 53a). 그러나 만일 다윗이 아히도벨에게서 세 번째 가르침을 배웠다면, 이 구절에서는 왜 다윗이 두 가지만을 배웠다고 말하고 있는가? 라쉬의 설명에 따르면, 이는 다윗이 이 세 번째 상황에서는 이미 전통에 따라 어떻게 해야 할지 알고 있었기 때문이다. 다윗은 답을 알고 있었지만, 이미 두 번의 가르침을 준 아히도벨을 자신의 스승으로 여겼으므로 아히도벨이 있는 자리에서 독단적으로 결정을 내리지 않았다는 것이다(ibid., 미 이카[mi ika]). 그러므로 이 구절은 다윗이 두 가지 가르침만을 배웠다고 말하지 않고, 대신 두 가지의 가르침만으로도 아히도벨이 다윗의 깊은 존경을 받기 충분했다고 말하고 있는 것이다.

---

[5] 결국 다윗의 말은 그대로 실현되었고, 아히도벨은 스스로 목을 매었다. 이를 통해 현자들은 "지혜자의 저주는 결실을 맺는다"(Makkos 11a)는 가르침을 얻었다.

얼마나 존경해야 하는가

아히도벨은 평생 다윗을 모욕하였으며, 다윗이 욕을 당할 때에는 도리어 힘을 얻었다. 그러므로 아히도벨은 다윗을 멸칭인 "이새의 아들"(바미드바르 라바[Bamidbar Rabbah] 18:17)이라고 불렀다. 또 그는 다윗의 혈통이 적절한지 의문을 제기했는데, 이는 다윗이 모압 사람인 룻의 자손이었기 때문이다(코헬레트 라바[Koheles Rabbah] 10). 뿐만 아니라 다윗이 회개한 이후에도 그에게 밧세바에 대해 저지른 죄를 끊임없이 상기시켜서 고통을 안겨주기도 하였다(쏘타[Sotah] 21b, 탄후마[Tanchuma], 키시사[KiSisa] 4, 얄쿠트 쉬모니[Yalkut Shimoni], 테힐림[Tehillim], 레메즈[remez] 627).

그럼에도 불구하고 다윗은 아히도벨을 존경하고 자신의 스승으로 대했으며, 심지어 그가 있을 때에는 독단적으로 전통을 정하지도 않았다. 이런 면에서 우리는 이 구절에서 제시하는 아포르티오리의 논리가 얼마나 강렬한 의미를 가지고 있는지 더욱 깊이 이해할 수 있다. 다윗은 위대한 왕이었고, 하나님께서는 그를 "내 종 다윗"(사 37:35 등)이라고 하셨으며, 영원한 왕권을 약속하시기까지 하셨다(왕상 2:45 등). 또 하나님께서는 메시아가 다윗의 자손을 통해서 나올 것이라고도 말씀하셨다(렘 23:5 등). 반면 아히도벨은 다윗에게 악행을 저질렀을 뿐만 아니라 올 세상에서 기업도 받지 못한 사람이었다. 그럼에도 불구하고 다윗은 자신에게 두 가지를 가르쳐주었다는 이유로 아히도벨을 존경했던 것이다. 그렇다면 이 구절의 말대로, 우리에게 토라를 가르쳐주는 동료를, 우리는 얼마나 더 존경해야 하겠는가?

거룩함과 정결함으로 배우는 토라

그러나 이 구절의 추론이 완전히 만족스럽지는 못한 것이 사실인데, 바로 아포르티오리 논리가 이전 명제를 넘어서 그 의미가 확장될 수 없다는 탈무드의 원리 때문이다. 그러므로 탈무드의 원리에 따르면, 다윗은 아히도벨에게서 두 가지를 배웠으므로 우리는 하나의 단어나 하나의 문자를 가르쳐주는 사람은 존경하지 않아도 되며, 두 가지 이상의 법을 알려주는 사람을 존경해야 한다는 뜻이 된다.

마하랄은 이에 대하여 설명하기를, 이 구절에서 나타나는 아히도벨의 가르침과 다른 종류의 가르침은 그 질적인 차이가 있다고 했다. 아히도벨은 다윗에게 두 가지의 올바른 행동을 가르쳤으며, 이 가르침들은 토라에서 직접 나온 가르침들도 아니었을 뿐더러 그렇게 하지 않아도 죄가 되지 않는 행동들이었다. 그러므로 아히도벨이 다윗에게 전한 가르침의 가치는 제한되었다고 할 수 있을 것이다. 그러나 이 구절에서는 동료에게 가르침을 받는 내용을 미쉬나, 전통, 전통의 구절, 혹은 토라의 구절이나 토라에 나오는 단어[6]라고 말하고 있다. 적절한 행동에 관한 두 개의 가르침보다 토라의 문자 하나에 관한 단 하나의 가르침이 최소한 그 가치가 동등하며, 이보다 귀할 수 있다는 것이다. 그러므로 이 구절에서 아포르티오리의 논리를 사용하는 것은 적절하다고 할 수 있다.

또 다른 주석가들은 이러한 의문을 아히도벨의 성품을 들어 설명하고 있다. 토라를 배울 때에는 최소한 실패한 배움이 되지 않도록 적절한 지도자에게서 토라를 배워야 한다(하기가[Chagigah] 15b 등). "사람들은 그의 입에서 율법을 구하게 되어야 할 것이니 제사장은 만군의 여호와의 사자가 됨이거늘"(말 2:7) 현자들은 이 구절에 대해 말하길 "주님의 천사와 같은 사람에게서만 그 입에서 토라를 찾으라"(하기가[Chagigah] 15b)고 했다. 토라 그 자체를 위하여 배우지 않는 사람으로부터 토라를 배운다면 진정으로 '살아계신 하나님의 말씀'을 배운다고 할 수 없는 것이다.

아히도벨은 토라 그 자체를 위하여 배운 것이 아니었다(이로 인해 아

---

[6] 즉 철자에서 특정 문자가 의도적으로 빠지거나 추가된 이유에 대하여 설명하는 등이다.

히도벨은 전통을 정하지 못했다. [산헤드린[Sanhedrin] 106b]). 그럼에도 불구하고 다윗은 아히도벨을 존경했던 것이다. 그렇다면 토라를 가르칠 정도로 뛰어나고 고귀한 사람에게 우리는 얼마나 더 큰 존경을 보여야 하겠는가? 거룩함과 정결함으로 배우는 단 하나의 문자라도 정직하지 못한 사람이 가르치는 두 개의 가르침보다 비할 데 없이 크고 더 귀하다(마할랄[Maharal]의 데레흐 하임[Derech Chaim]과 볼로진의 랍비 하임[R' Chaim of Volozhin]의 루아흐 하임[Ruach Chaim] 참고).

만약 이스라엘의 왕 다윗이 이 두 가지를 제외하고 아히도벨로부터 아무것도 배우지 못했지만, 그를 선생이요 그의 보호자요. 그의 친구라고 불렀다면, 그의 동료로부터 한 장, 한 할라카, 한 절, 한 토라의 진술 또는 심지어 한 글자라도 배운 사람은 얼마나 더 그를 존경하는 마음으로 대하겠는가!

사람은 무릇 (토라 학자로 이름이 널리 알려지지 않은 사람이라도)자신보다 토라를 더 깊이 아는 사람을 존경해야 마땅하며, 그에게서 아무것도 배우지 아니하였더라도 마땅히 존경해야 한다. 그러나 동료에게 토라를 배운다면, 동료는 특별히 더 크게 존경해야 한다.

현자들은 묻는다. "동료가 자신보다 단 한 가지라도 더 낫다는 것을 안다면, 당연히 그를 존경해야만 하는 것이 마땅하지 않겠느냐?" 현자들은 또 이러한 가르침을 다음의 구절로부터 깨달은 것이라고 했다. "다니엘은 마음이 민첩하여"(히브리어 성경 단 6:4, 한글성경 단 6:3), 다니엘은 남들보다 크게 뛰어난 영을 가지고 있었기 때문에, 왕이 그를 높여 귀한 자리에 임명했다. 마찬가지로 동료나 친구가 자신보다 더 영적으로 뛰어나다면, 마땅히 그를 높여야 할 것이다(페사힘[Pesachim] 113b).

미드라쉬 슈무엘은 이 구절에서 '그를 가르치는 동료'라고 표현하지 않고 '그에게서 배우는 자'라고 표현하고 있다는 점에 주목했다. 즉 가르치는 자 (능동)가 아닌 배우는 자(피동)에 초점을 맞추고 있는 것이다. 의도치 않게 배웠더라도 동료에게서 무언가를 배웠다면 마땅히 그를 존경해야 하는 것이다.

뿐만 아니라, 이 구절에서는 윤리적 가르침 역시 얻을 수 있다. 모든 사람은 스승이나 널리 인정받는 학자에게서 가르침을 받기를 원하지만, 자신과 동등한 수준의 사람이나 더 어린 사람, 더 배우지 못한 사람에게는 고개를 숙이고 배우기를 꺼려하는 것이 인간의 본성이다. 그러나 이 구절은 격식을 차려 배우기엔 토라의 지식이 너무나 귀하다고 가르치고 있다. 즉 누가 가르치든, 지혜는 무조건 받아들일 준비가 되어 있어야 한다는 것이다.

올 세상으로 가는 길, 토라

이 구절은 가르침을 얻은 사람이라면 누구든지 랍비와 같은 수준의 존경을 보여야 한다는 말씀으로 보이기도 한다. 그러나 사실은 다르다.

첫째로, 이 구절은 세상의 학문이 아닌 토라에 관해 말하고 있음에 주목해야 한다.

둘째, 교사는 제자에게 랍비에게 하듯 존경을 보일 의무가 없다. 심지어 제자에게 큰 존경을 표하는 것은 바람직하지 못한 것으로, 스승의 명예는 토라의 명예와 마찬가지이며 그 위신이 떨어져서는 안 되기 때문이다.[7]

---

[7] 그러나 스승은 제자를 '존중'하여야 한다. 곧 람밤이 "제자가 랍비를 마땅히 존경해야 함과 같이, 랍비도 제자를 존중하고 받아들여야 한다"(Talmud Torah 5:13)고 함과 같다.

더 나아가 이 구절은 동료에게 토라를 배울 때라도 자신을 가르쳐준 동료에게 랍비에 준하는 존경을 표해야 한다는 의미도 아니다. 현자들은 랍비를 "지혜를 가르쳐 장차 올 세상으로 이끄는 자"(바바 메찌아[Bava Metzia] 33a)라고 했다. 이런 랍비가 되기 위해서는 제자들에게 하나 이상의 전통을 가르쳐야 한다. 분명히 '랍비'는 전통에 따라 다른 사람들과는 다른 지위를 가지고 있는 것이다.[8]

또한 이 구절의 의도는 단순히 토라를 가르쳐주는 사람에게 다른 사람들보다 더 큰 존경을 보여야 한다는 가르침을 전하는 것임을 기억하라.

존경의 세 가지 모습

그렇다면 아히도벨은 다윗의 진짜 교사가 아니었음에도, 다윗은 왜 그를 선생(랍비), '인도자, 스승'이라고 불렀는가? 더 나아가 다윗은 왜 진짜 교사들에게 보여야 마땅한 행동인, 아히도벨이 있는 자리에서는 전통을 독단적으로 결정하지도 않았던 것인가?

미드라쉬 슈무엘은 이것이 바로 다윗의 겸손의 모습이라고 했다. 이런 주장은 본문이 아히도벨을 다윗보다 낫다고 하지 않고, 그저 다윗이 '그렇게 불렀다'고만 표현한다는 점에서 지지를 얻는다.

이 구절에서는 다윗이 아히도벨을 '인도자'나 '스승'이라고 부른 말씀을 인용하고 있다. 그러나 다윗이 그를 '랍비'라고 부른 부분은 성경 어디에서 찾을 수 있는가? 이는 사실 분명히 드러나지는 않으나 다윗이 아히도벨을 '나의 기준이 되는 자'라고 했다는 점에서 이를 유추할 수 있다. 다르게 표현하자면 다윗은 그를 자신과 동등한 격으로 여겼다는 것이다. 아히도벨을 포함하여 모든 이스라엘 백성들은 왕을 높여야 하는 의무가

---

[8] 그러나 아모라들(Amoraim)은 이러한 주장에 반대하며, 랍비 예후다가 주장하는 대로 랍비를 토라를 가르치는 뛰어난 교사 혹은, 랍비 메이어의 주장대로 게마라(Gemara)를 가르치는 스승이라고 하였다.

있었다. "네 위에 왕으로 세울 것이며"(신 17:15). 현자들은 이는 "두려움이 네게 내리리라"(산헤드린[Sanhedrin] 22a)는 의미라고 말했다. 또한 왕은 백성들이 주는 명예를 거절하면 안 되었다. 따라서 모사가 왕을 존중해야 하는 의무와 같이 다윗 왕이 아히도벨을 존경해야 하는 의무가 있는 경우에만 다윗이 아히도벨을 "나의 기준이 되는 자"라고 말하는 것이 가능하다. 그러므로 다윗이 아히도벨을 자신의 랍비로 여기지 않았다면 그를 '나의 기준이 되는 자'라고 부를 수 없었다는 것이다(미드라쉬 슈무엘[Midrash Shmuel]과 마할랄[Maharal]).

그러나 다윗은 한 걸음 더 나아가 그를 자신의 '인도자'(알루프)라고 하였는데, 이는 다른 이에게 지식을 전해주는 '교사', '더욱 뛰어난 자', '스승'(미야드)이라는 뜻을 함축하고 있다. 미드라쉬 슈무엘은 다윗이 아히도벨에게 토라의 말씀을 들을 때 아히도벨이 그의 '랍비'가 되었기 때문에, 다윗이 그를 '(나의) 기준이 되는 자'라고 말한 것이라고 했다.

아히도벨의 첫 번째 조언을 모두 들은 후 다윗은 그를 '인도자'라고 불렀다. 또 두 번째 조언을 들은 후에는 그를 '스승'이라고 불렀다고 한다.

이 장의 처음을 여는 랍비 메이르[R' Meir]는 엘리사 벤 아브야([Elisha ben Avuyah], 아세르로도 불림)로부터 토라를 배웠으며 토라를 지켜야 하는 의무를 저버린 후에도 그렇게 하였다. 랍비 메이르는 스스로 말하길 자신은 석류의 과실은 먹고 껍질은 버렸다(하기가[Chagigah] 15b)고 했다. 분명히 아히도벨보다 아세르가 훨씬 더 나은 사람이었기 때문에, 이 구절은 랍비 메이르와 그의 스승 아세르와의 관계를 정당하다고 말하는 것으로 볼 수 있다.

목록에 담긴 두 가지 의미

이 구절은 한 장, 한 할라카, 한 절의 순서를 나열하고 있다. 어떤 해석에 따르면 장은 미쉬나의 한 장을 뜻하며, 전통은 하나의 미쉬나를, 절은 성경의 한 절을 의미하며, 차례대로 한 절의 구와 하나의 문자까지 순서대로 말하고 있다고 해석한다.

이런 해석이 맞다고 한다면, 이 목록은 분명히 '로 조 아프 조'([lo zo af zo], 문자 그대로의 의미는 '이것뿐 아니라 저것도')로 잘 알려진 전통적 구조를 따르고 있다고 할 수 있다. 즉 이 구절은 다음과 같은 하강식 순서에 따라 목록을 나열하고 있다는 것이다. "하나의 큰 장뿐만 아니라 그보다 더 작은 것도, 그보다 더 작은 것도, 그보다 더 작은 것도…"라는 식으로 말이다. 사실 이 논리를 엄격하게 적용하면 이 구절에서는 마지막 단어만 제시하는 것으로 충분하다. 한 구절의 한 문자라도 가르쳐준 사람을 존경해야만 한다면, 당연히 한 구를 가르쳐준 사람도 존경해야 할 것이며, 한 절 전체를 가르쳐준 사람은 더욱 크게 존경해야 할 것이고, 미쉬나 하나를 통째로 가르쳐준 사람, 미쉬나 한 장 전체를 다 가르쳐준 사람에게는 두말할 나위 없이 엄청난 존경을 표현해야 할 것이다.

그러나 목록의 용례를 재정의 한다면 이러한 구조를 따로 적용하지 않고도 이 구절에 대하여 충분히 설명할 수 있다.

'한 장'은 미쉬나의 한 장이 아니라 어떤 가르침, 적절한 행동에 대한 가르침 하나를 뜻한다(칼라[Kallah] 8).

'한 할라카'는 미쉬나 하나로, 전통으로 받아들여지지 않은 미쉬나도 이에 포함된다.

'한 절'은 기록된 토라의 한 절이 아니라 전통으로 받아들여진 미쉬나 하나를 뜻한다.

'한 구절'은 한 절의 일부가 아니라 미쉬나의 한 장을 뜻한다.

'한 문자'는 기록된 토라의 문자 하나가 아닌 탈무드의 해석을 뜻한다. 즉 각 문자를 기반으로 한 전통의 해석을 뜻한다는 것이다.

이런 해석을 따를 경우, 이 구절의 목록은 하강식과는 반대, 즉 상승식 순서를 따르는 것이 된다. 즉 예의범절과 같이 그다지 중요하지는 않은 것을 가르쳐준 사람을 존경해야 하며, 전통으로 받아들여지지 않은 것일지라도 미쉬나를 가르쳐준 사람은 이보다 더 크게 존경해야 하고, 전통으로 받아들여진 미쉬나를 가르쳐준 사람은 더 크게 존경을 해야 하겠으며, 당연히 미쉬나의 장 전체를 가르쳐준 사람은 크게 존경해야 마땅할 뿐 아니라, 탈무드의 해석을 가르쳐준 사람에게는 따로 말할 필요도 없이 큰 존경을 보여야 한다는 것이다.

미쉬나	일반적 해석 (하강식 순서)	대안적 해석 (상승식 순서)
장	미쉬나의 한 장	선한 행실 등의 가르침
전통	일반적으로 받아들여지는 미쉬나	전통으로 받아들여지지 않은 미쉬나
절	기록된 토라의 한 절	일반적으로 받아들여지는 미쉬나
구절	한 절의 일부	미쉬나 한 장
문자	한 절의 문자 하나	탈무드의 해석

토라의 왕관

이 구절로부터 우리는 토라의 문자 하나라도 얼마나 크게 중요한지를 깨닫게 된다. 실로 수많은 전통들이 성경의 단어에 빠진 문자나 더 들어간 문자 하나에 대한 가르침에서 나온 것이다.

바로 "모세가 하늘나라로 가 토라를 받을 때에, 홀로 찬양받아 마땅하신 거룩하신 주님께서 앉아 문자에 왕관을 씌우고 계신 모습을 보았다"는 것이 이런 이유이다. 모세가 그 의미를 묻자, 하나님께서는 이렇게 답하셨다고 한다. "후일 수많은 세대가 일어날 것이며, 그 때에 아키바 벤 요셉이라 이름 하는 자가 이 문자 하나하나마다 수많은 전통들을 찾아낼 것이다"(메나호트[Menachos] 29b).

일부 주석가들은 토라의 지혜는 영원하며, 토라의 모든 부분마다 모두 영원한 가치가 있다는 사실로 위에 언급된 이 구절의 아포르티오리 논리에 대한 의문이 해결된다고 주장한다.[9] 이와 같이 문자 하나라도 한 구절이나 한 절보다 덜 귀하다고 감히 말할 수는 없는 것이다(수학적 분석에서는 무한이라는 정의가 제한이 없다는 뜻이므로, 한 수의 무한집합이 다른 모든 수의 무한집합보다 작지 않다는 결론이 나온다). 더 나아가 동료에게서 배우는 단 하나의 단어라도 다윗이 아히도벨에게서 배운 전통보다 덜 중요하다고도 감히 말할 수는 없을 것이다.

토라를 가르치는 자를 존경하라

이제 본문은 토라를 가르쳐주지 않은 사람이라도 토라에 해박한 지식이 있다면 누구든지 존경하라는 말로 진행되는데, 다음의 두 구절을 인용하며 이러한 요점을 전개하고 있다. 첫 번째로 인용된 구절 "지혜 있는 사람은 영광을 물려받고"는 지혜로운 자가 토라를 깊이 아는 지혜로 인해 능히 존경을 받을 만하다는 주장을 지지하고 있다. 이런 사람은 토라를 자신의 것으로 만든 지혜로운 사람임을 강조하기 위해 이 구절은 두 번째 구절을 인용하고 있는데, 바로 "흠 없이 사는 사람은 복을 받는다"라는 구절이다. '복'인 토라는 마음이나 행실 모두 전심으로 배우는 자에게 내려지는 기업인 것이다.

---

[9] 현자들은 "단지 빈 말이 아니라"(신 32:47)라는 구절의 뜻이 곧 "토라에는 빈 말이 없다"는 뜻이라고 하였다(Yalkut Shimoni, Haazinu, remez 945). "그의 첩은 딤나이다"(창 36:12)와 같은 단순한 구절에도 모든 세대가 능히 배울 만한 가르침이 있다는 것이다(본문 및 Sanhedrin 99b 참고). 성경의 단어나 문자가 불필요한 것으로 보일 수는 있으나, 이는 실제로 불필요한 것이 아니라 우리의 능력이 부족하여 이를 이해할 수 없을 뿐이다.

또 '존경'은 하나님의 뜻을 실천하고 주님의 지혜를 알기 위해 전심으로 토라를 배우는 자에게 내려지는 유업이다.

그리고 성경이 말하고 있는 바와 같이
명예는 오직 토라로 인해 합당한 것이다.

본문은 "명예는 오직 토라로 인해 합당한 것이다"라고 말하고 있다. 그러나 '명예'라는 뜻의 히브리어 '카보드'[kavod]는 물질적인 부유함으로도 해석이 가능하다. 하나님께서 하란에서 야곱을 축복하셨을 때에 그의 처남인 라반의 아들들은 "야곱이 우리 아버지의 소유를 다 빼앗고 우리 아버지의 소유로 말미암아 이 모든 재물을 모았다"(창 31:1)라고 불평했다. 현자들은 해석하기를 카보드[kavod]는 정확히 돈을 뜻한다고 했다. 또 다른 구절에서는 "은을 노략하라 금을 노략하라 그 저축한 것이 무한하고 아름다운 기구가 풍부함이니라"(나 2:9)고 했다(버레이쉬트 라바[Bereishis Rabbah] 73:12).

그렇다면 본문에서 '카보드'는 존경을 뜻하는가, 돈을 뜻하는가?

라반의 아들들은 인용구절에서 자신들의 개인적인 가치를 드러낸 것이라고 설명할 수 있다. 그들에게는 명예란 돈으로 대표되는 것이었다. 반면 이 구절에서 인용한 솔로몬 왕의 견해를 보여주고 있는데, 바로 '카보드'(명예)를 토라의 명예로 올바르게 정의하고 있는 것이다.

그러나 이견은 없을 것이다. '카보드'라는 단어가 토라에서 사용될 때에는 철자가 하나도 빠지지 않는다. 즉 '바브'가 들어간다. 그러나 단 한 가지 예외가 있는데, 바로 라반의 아들들이 나오는 구절이다. 이 경우 '카보드'에서 '바브'가 빠져 '카베드'로도 읽을 수 있는데, 이는 '~이 가득한'

이라는 뜻으로 물질적인 부유함을 나타낸다. "아브람에게 가축과 은과 금이 풍부하였더라"(창 13:2)에서도 같은 용례로 사용된다.

하지만 '카보드'에서 바브가 빠지지 않을 경우에는 '존경'(명예)를 뜻하는데, 이는 오직 영적인 명예(토라)만이 완전한 명예이기 때문이다. 반면 금이나 은으로 얻은 명예는 마치 바브가 빠진 '카보드'와 같이 완전치 못한 것이다.

그리고 성경이 말하는 바와 같이 오직 토라만이 진실한 것이다. "내가 선한 도리를 너희에게 전하노니 내 법을 떠나지 말라"(잠 4:2).

진실은 오직 토라에서만 찾을 수 있다. 이 세상에는 '진실하다'라고 불리는 수많은 것들이 있으나, 완전한 진실은 없다. 예로 부유함 역시 '선'으로 불리지만, "부자는 그 부요함 때문에 자지 못하느니라"(전 5:12). 악한 것이나 부족한 점이 조금도 없는 완전한 선은 바로 토라이다. "토라 외에는 선한 것이 없으니, 기록된 바 '내가 선한 도리를 너희에게 전하노니 내 법을 떠나지 말라'(잠 4:2) 함과 같다"(아보다 자라[Avodah Zarah] 19b).

토라는 '교훈'(레카흐)으로도 불리는데, '레카흐'는 '개업'을 뜻하는 '메카흐'와 연관된 단어이다. 처음 사업을 시작하면 먼저 허가를 얻고, 부지를 대여한 후, 가구를 넣고, 재고를 채운 다음 홍보를 한다. 이 모든 것이 끝나면 마지막으로 문을 열고 손님이나 고객을 기다리는 것이다. 그러나 만일 사업 첫 날에 아무도 가게에 오지 않는다면, 바로 문을 닫아야만 하는가? 분명히 아닐 것이다. 도리어 더 많은 시간과 자금을 투자할 것이다. 다음날에도 손님을 끌지 못한다면, 이번에는 담보대출까지 받아 더 많은 돈을 광고에 쏟고, 물건의 가격을 낮추는 등의 조치를 취하게 될 것이다.

토라를 배움에 있어서도 이토록 끊임없는 모습을 보여야 한다. 학당으로 가서 토라 강론을 듣다보면, 아무리 노력해도 이해를 하지 못하는 경우가 간혹 있을 수 있다. 그렇다고 학당으로 가는 발길을 멈추어야하는가? 수업이 아니라 사업이었더라면, 이토록 쉽게 접을 마음을 품을 수 있겠는가? 성경책을 펼쳤으나 이해하지 못하겠다면, 그 즉시 두 손 두 발 다 들고 체념해야 하는가? 만일 성경이 아니라 사업이었더라면, 하루 정도 잘 풀리지 않았다고 바로 파산을 신청했겠는가?

사업을 쉽게 포기하지 못하는 것처럼, 토라를 배우는 것도 쉽게 포기하지 말아야 한다. 지혜와 명예를 얻기까지는 수많은 시간과 노력이 투자되어야 한다. 토라는 '선한 교훈(레크하)'이다. 이스라엘의 자녀들은 토라를 선물로 받았으나, 각 개인은 토라를 사업처럼 다루어야 한다는 것이다. 배움의 축복 기도에서 우리는 하나님께서 "토라의 말씀에 '참여'하도록 우리에게 명하셨다"고 기도한다. 우리가 '사업에 참여한다'고 하는 것과 같은 맥락이다. 토라를 배우는 것은 끊임없이 토라에 참여하는 것이다. 또 축복 기도는 이렇게 이어진다. "우리 주 하나님, 주님의 토라의 말씀이 저희의 입에서 달게 하소서"(그리하면 우리가 토라 외에는 선한 것이 없다는 진리를 마음에 새길 것입니다).

현자의 명예를 보호하다

본문의 중심 메시지는 바로 우리가 토라를 존경함과 같이 현자들을 존경해야 한다는 것이다. 다음의 이야기에서 이런 본문의 중심 주제가 잘 드러나고 있다. 로마 정부는 랍비 쉬므온 바르 요하이[R' Shimon bar Yochai]의 아들 랍비 엘아자르[R' Elazar]에게 강제로 도적들을 투옥시키는 직책을 맡겼다. 현자들은 이런 직책을 달가워하지 않았는데, 이는 로마 정부에서 의도적으로 도적들에게 유대인에 대한 적개심을 키우기 위한 것이었기 때문이었다. 그러나 랍비 엘아자르는 스스로 그 위험한 직책을 받아들였던 것이다.

그러므로 랍비 여호수아 벤 카르하[R' Yehoshua ben Karchah]는 랍비 엘아자르에게 "포도주의 아들이지만 정작 본인은 식초구나(우리말로 호부견자 - 역자 주), 언제까지 우리 주 하나님의 민족을 죽음으로 내몰 작정이신가?"

이에 랍비 엘아자르가 스스로를 변호하였다. "나는 그저 포도밭의 가시를 치우는 것이오."

그러나 랍비 여호수아는 계속하여 그를 꾸짖었다. "포도밭의 주인이 직접 와서 가시를 치우도록 하시오."

자신이 맞다는 것을 보이고자 랍비 엘아자르는 스스로 정직의 시험을 받기로 하였다. 그는 자신의 살을 조금 잘라 뜨거운 여름의 햇빛 아래에 두었는데, 그럼에도 살은 타지 않았다. 이를 보고 그는 성경 말씀을 인용하며 다음과 같이 말했다. "내 육체도 안전히 살리니"(시 16:9). 이 시험은 그가 맞다는 것을 증명하는 것이었으며, 그가 세상을 떠난 후에도 그 어떤 짐승도 그의 시신을 해하지 않았다(당대에 오직 일곱 사람만이 이러한 모습을 보여주었다 [바바 바스라[Bava Basra] 17a]).

후에 세상을 떠날 때가 가까워지자, 랍비 엘아자르는 아내에게 이렇게 말했다. "내 동료들이 나를 미워하므로, 날 제대로 장사지내주지 않을 것이오. 그러니 다른 사람들에게 나의 죽음을 알리지 말고, 다락에 내 시신을 조용히 놓아두시오. 두려워하지 마시오. 당신이 해를 입지는 않을 것이고, 내 시신도 썩지 아니할 것이오"(ibid. 84b).

그가 세상을 떠나자 아내는 그의 말대로 시신을 다락에 두었다. 그렇게 20년이 넘도록 시신은 다락에 보관되었고, 매일 아내가 다락에 올라가 시신이 상했는지를 확인했다. 머리카락을 뽑으면 마치 살아있는 사람처럼 핏방울이 보이기까지 했다. 어느 날 어김없이 아내는 시신을 확인하러 올라갔는데, 랍비 엘아자르의 귀에 벌레가 기어 올라가고 있는 것을 보았다. 그날 밤 랍비 엘아자르가 아내의 꿈에 나타나 아직 자신의 시신이 상하지는 않았으니 걱정 말라고 했는데, 귀에 벌레가 올라간 이유를 이렇게 설명하였다. "이 귀로 누군가 현자를 모욕하는 것을 들었으나 그를 제대로 꾸짖지 않았기 때문이오"(바바 메찌아[Bava Metzia] 83b).

즉 랍비 엘아자르와 같이 위대한 사람도 현자의 명예를 변호하지 못하였으므로 징계를 받았다는 것이다.

미쉬나 4절   משנה ד

כָּךְ הִיא דַּרְכָּהּ שֶׁל תּוֹרָה,
פַּת בַּמֶּלַח תֹּאכֵל וּמַיִם בִּמְשׂוּרָה תִּשְׁתֶּה
וְעַל הָאָרֶץ תִּישָׁן וְחַיֵּי צַעַר תִּחְיֶה
וּבַתּוֹרָה אַתָּה עָמֵל,
אִם אַתָּה עֹשֶׂה כֵּן, (תהלים קכח:ב) אַשְׁרֶיךָ וְטוֹב לָךְ.
אַשְׁרֶיךָ בָּעוֹלָם הַזֶּה וְטוֹב לָךְ לָעוֹלָם הַבָּא:

이것이 토라의 방법이다.
  소금과 함께 빵을 먹어라.
  조금씩 물을 마셔라.
  땅 바닥에서 자라.
  궁핍한 삶을 살아라.
그러나 토라 안에서 수고하라!
  만약 너희가 이것을 행한다면,
"네가 네 손이 수고한 대로 먹을 것이라
네가 복되고 형통하리로다"(시 128:2).
'네가 복되고' – '이 세상에서'
'형통하리로다' – '다가올 세상에서'

미쉬나 4절

이것이 토라의 방법이다

본문에서는 고통으로 시작하여 이 세상에서는 아무것도 유익을 얻지 못하지만, 결국 이 세상에서 행복으로 인생을 마치며 장차 올 세상에서도 복을 얻는 것이 토라를 배우는 자의 인생이라고 가르치고 있다. 그렇다면 이 가르침은 가난한 사람에게 위로와 권면을 하는 것인가, 아니면 부자에게 토라를 배우도록 가르치고 있는 것인가?

라쉬는 이 구절이 가난한 사람에게 전하는 메시지인 것으로 이해했으며, 가난한 자에게 어려운 중에도 토라를 배우도록 권면하는 것이라고 했다. 생계를 꾸리기 어려운 사람은 배울 의무에서 자유로울 것이라고 생각할 수도 있을 것이다. 먼저 가난한 삶에서 벗어나는 데에 온 힘을 쏟아야 하는 것이 현실이기 때문이다.

그런 사람들에게 이 구절은 "이것이 토라의 방법이다. 소금과 함께 빵을 먹어라, 조금씩 물을 마셔라, 바닥에서 자라, 궁핍한 삶을 살라"고 말한다. 반대로 이 세상에서 살 것들과 즐길 것을 위하여 온 힘과 노력을 쏟는 사람은 영적인 성취는 이룬 것이 없으므로, 정작 세상을 떠날 때는 그

손에 아무것도 쥐고 가지 못할 것이다. 뿐만 아니라 경제적으로도 더 나은 삶을 얻지 못할 것이기 때문에, 물질적으로나 영적으로나 만족하지 못한 채 삶을 끝내고 말 것이다.

또 본문은 물질의 안정을 얻지 못하여 실망한 사람들에게 위로의 메시지를 전하고 있다. 만일 '노력한 것이 토라라면', 결국 '이것이 복이요 은혜'이기 때문이다. 이런 사람은 인생에서 지켜야 할 의무를 다하고 진정 인생의 숭고한 목적을 이루었기 때문에 이 세상에서 영적인 행복을 얻을 것이다. 뿐만 아니라 시간이 지나면 지날수록 토라의 기쁨을 맛볼 것이기 때문에, 이 세상의 헛된 것을 좇지 않을 것이다. 더 나아가 이 세상에서 물질적인 복 역시 이런 사람에게 약속될 것인데, 곧 성경에 "그의 오른손에는 장수가 있고, 그의 왼손에는 부귀가 있나니"(잠 3:16)라 한 것과 같다. 더욱 중요한 것은, 이런 사람은 이 세상에서뿐만 아니라 올 세상에서도 복을 받는다는 것이다.

토라의 올바른 길

그러나 대다수의 주석가들은 본문이 가난한 자에게 전하는 말씀이라는 주장에 반대하고 있다. 이들의 주장에 따르면 본문은 부자나 빈자 모두가 따라야 하는 올바른 토라의 길을 제시하고 있는 것이다. 그러므로 이 구절은 "이것이 토라의 방법이다"라고 시작하는데, 이는 "이것뿐이다", 즉 "이것만이 토라의 방법이며 다른 길은 없다"는 의미를 내포하고 있는 것이다. 이 구절이 모든 사람에게 적용되는 구절이긴 하지만 본문은 특별히 부자에게 전하는 가르침이라고도 할 수 있다. 즉 이 구절은 부자에게 이 세상의 즐거움을 위하여 너무 많은 노력을 기울이지 말라고 권면하고 있는 것이다.

노력하고 수고해야 할 것은 오직 토라뿐이다. 부유함과 사치에 익숙한 사람은 세상 모든 것을 아우르는 토라의 깊은 지식을 얻기 위한 자기 수양이 부족하다. 피조세계의 안정에 푹 빠진 사람은 토라를 이해하기 위해 필요한 '정결한 본성'을 얻을 수 없다.

둘째, 오직 토라에만 집중해야 한다. 즉 자신의 물질적 즐거움에 신경을 쓰면 안 된다는 것이다.

세파르 에메트[Sefar Emes]라고도 하는 게르의 랍비 예후다 레이브 알타[R' YehudahLeib Alter of Ger]는 아들들과 함께 이 가르침을 묵상했다. 이 때 아들들이 그에게 물었다. "현자들은 '다른 곳에는 다 누워도 되나 땅에는 눕지 말라'(버라호트[Berachos] 62b)고 가르치는데, 어떻게 여기서는 '땅 바닥에서 자'고 가르칠 수 있습니까?"

이에 랍비 예후다가 대답했다. "맞다. 뒤에서 우리는 땅에 눕기에는 가장 좋지 못한 선택이라고 배운다. 하지만 이 구절은 토라를 배우기 위해서 얼마나 많은 것들을 기꺼이 희생해야 하는지에 대해 가르치고 있단다. 그 차디찬 땅바닥에 누워 자더라도 토라를 배우기 위한 것이라면 충분히 그 가치가 있다는 것이란다."

행복의 길

"이것이 토라의 방법이다." 어떤 길은 험하고 장애물과 구덩이로 가득하며, 반면 또 어떤 길은 곧고 편하다. 이와 같이 토라의 길 역시도 처음에는 고난과 압박으로 가득하다. 그렇다고, 길에서 장애물을 만났다고 보장되어 있는 행복을 걸어 차버릴 수 있겠는가?

페시카의 랍비 심하 부님[R' ShimchahBunim of Peshis'cha]은 이를 상인의 예화에 비유하고 있다. 한 상인이 어느 날 어느 큰 시장에 대해 듣게 되었는데, 인생일대의 거래를 성사시킬 수 있을 만한 곳이었다. 장터로 가는 길은 몹시 험하고 고된 길이었다. 때로는 꽤 괜찮은 숙소에서 묵

기도 했으며, 또 때로는 저녁을 빵 한 조각으로 때우고 짚더미 위에서 잠을 청해야만 했다. 그러나 이 상인이 그저 길이 험하다고 하여 막대한 부를 거머쥘 기회를 감히 포기할 것이라고 생각이나 했겠는가? 우리 역시도 이 큰 시장(에덴 동산)을 향해 가고 있는 것이다. 이 세상에서 잠깐 불편하다고 하여, 이 여정의 최종 목적지로 향하는 토라의 길에서 벗어날 수 있겠는가?

> 소금과 함께 빵을 먹어라
> 조금씩 물을 마셔라
> 땅 바닥에서 자라
> 궁핍한 삶을 살아라
> 그러나 토라 안에서 수고하라!

자신의 욕구를 채우는 데는 돈이 들며, 이는 곧 토라를 배우는 시간을 줄여서라도 일이나 사업에 더 많은 시간을 들여야 한다는 뜻이므로, 이 세상의 기쁨을 줄여야 한다.

그러므로 본문은 우리에게 "소금과 함께 빵을 먹어라"고 가르친다. 즉 적은 것으로 만족하라는 것이다. 솔로몬 왕이 "의인은 포식하여도 악인의 배는 주리느니라"(잠 13:25)고 한 것과 같다.

이런 해석에 따르면, 이 구절의 명령을 문자 그대로 받아들여야 할 필요는 없다. 본문은 끊임없이 욕구를 추구하기보다 자신이 가진 것으로 만족해야 한다는 일반적인 가르침을 전하고 있는 것이다. 이 구절은 다음의 미래시제로 시작된다. "소금과 함께 빵을 먹어라, 조금씩 물을 마셔라, 땅 바닥에서 자라(중략)" 그러나 이 다음 구절부터는 현재시제로 돌아온다. "토라 안에서 수고하라." 즉 자신의 재산이 다 떨어진다 할지라도, 그리하여 육신의 안정을 얻지 못할지라도, 이 세상에 속한 활동을 줄이고 그 시간을 토라를 배우는 시간으로 채워야한다는 것이다(미드라쉬 슈무엘[Midrash Shmuel]과 루아흐 하임[Ruach Chaim]).

진정한 삶

'고통의 인생'은 고난으로 가득한 삶을 뜻하는 것이 아니라 오히려 사치로 얼룩진 삶을 뜻한다. 오로지 영적인 갈급함만이 가득한 사람이라면 적은 것으로도 만족할 수 있을 것이며, 자신이 원하는 것을 최대한 얻을 수 있을 것이므로 행복을 얻을 수 있을 것이다. 야곱은 하나님께 "먹을 떡과 입을 옷"(창 28:20) 외에는 다른 것을 요구하지 않았다. "살 것은 고통의 인생이고"라는 본문의 말씀은 고통의 삶인 동시에 진정한 삶을 뜻하는 것이다.

고난을 당하는 사람은 반쯤 죽은 것처럼 기쁨을 느끼지 못한다. 잠깐 행복을 맛볼 수는 있을지 모르나 이내 다시 공허함을 느끼고, 목적이 없으며 텅 빈 삶을 터벅터벅 걸어갈 뿐이다. 잠깐 쾌락을 맛보는 시간도 결국 시간을 낭비하는 것에 다름 아니다. "그들의 인생에서 악인은 죽은 자라 불릴 것이다"(탄후마 버`조트 하베르하[Tanchuma V'zos Haberachah] 7 등). 그러나 토라의 길을 걷기 위하여 적은 것으로 만족하고 사는 인생을 택한 사람에게는 활기가 넘친다. 사실 이 구절에서 말하고 있는 고난의 인생은 결국 의미로 가득 찬 인생을 뜻하는 것이다.

또한 이 구절은 계속해서 이런 삶을 사는 사람은 "이 세상에서는 복이요"라고 가르치는데, 즉 '부족함이 없고 행실로 완전히 만족함을 얻었으니 그보다 더 큰 행복은 없을 것이다'라고 말하고 있는 것이다.

시작은 미약하였으나 나중은 창대하리라

나의 조상이자 타즈[Taz, Turei Zahav]의 저자인 랍비 다윗 세갈의 인생이 이런 주제를 잘 표현하고 있다. 젊을 때에 그는 갈리시아 지방 프로비슈나의 한 작은 마을에서 랍비로 사역하고 있었는데, 그 곳은 가난한 사람들이 대부분이라 생계를 유지할 만큼의 봉급도 줄 수 없는 곳이었다. 그러나 이런 불편함에도 그는 밤낮으로 토라를 배우기를 멈추지 않았다. 어느 깊은 밤, 모두가 잠든 시간에 랍비 다윗의 이가 갑자기 아프기 시작했다. 처음에는 치통을 참아보려 했지만, 통증은 점점 심해져 마침내 공부를 할 수 없을 지경까지 이르렀다. 서랍을 열어 통증을 삭일 것을 찾아보았으나, 선반이나 서랍 모두 텅텅 비어있을 뿐이었다.

결국 그는 코트를 입고 길을 나섰다. 깊은 밤에 열린 곳은 지역 농민들을 위해 밤새도록 열려 있는 주점 하나 뿐이었고, 그가 갈 곳도 그 곳 뿐이었다. 유대인 바텐더는 랍비 다윗에게 위스키 한 잔을 주었고, 술을 마시자 다행히 통증이 가셨다. 위스키 한 잔의 가격이 얼마인지 물은 랍비 세갈에게 바텐더는 이렇게 답하였다. "1 코펙입니다."

그러나 랍비 다윗은 "지금 제 수중에는 1 코펙도 없습니다. 외상으로 해주시면 되는 대로 드리겠습니다"라고 말하였다.

평소에 외상 목록을 벽에 써놓는 버릇이 있던 바텐더는 평소와 같이 벽에 이렇게 썼다. "랍비 – 1 코펙"

다음날 아침, 마부들 몇 명이 기도회에 가기 전 술을 마시기 위해 주점에 들렀다가 우연히 벽을 보았다. 벽에는 이렇게 쓰여 있었다. "바실리 – 10 코펙, 세르게이 – 15 코펙, 니키타 – 12 코펙, 랍비 – 1 코펙."

"대단한 랍비 선생님 납셨군! 앉아서 토라만 공부하시는 줄 알았는데, 밤에 이방인들과 어울리며 술을 마실 줄도 알다니!" 마부들은 서로를 보며 이렇게 외쳤다. 이 소식은 금세 마을에 퍼졌고, 학당 관계자들의 귀에 들어가기까지는 그리 오랜 시간이 걸리지 않았다. 이들은 학당 직원을 불러 랍비 다윗에게 해고되었다는 사실을 알리도록 했다.

그러나 직원은 차마 랍비 다윗에게 이 가슴 아픈 소식을 전할 수가 없었다. 어쩔 수 없이 직원이 소식을 전달하러 집에 찾아왔을 때에도 랍비 다윗은 계속 공부를 하고 있었다. 안절부절못하는 모습으로 바닥만 쳐다보고 있는 직원에게 랍비 다윗이 물었다. "혹시 찾으시는 것이라도 있습니까?"

"제가 잃어버린 프로비슈나의 랍비 직분을 찾고 있습니다"라고 직원이 답하였다.

이 말은 들은 즉시 랍비 다윗은 무슨 일이 일어났는지를 깨달았다. 아무런 말없이 그는 책을 닫고, 얼마 되지 않는 짐을 챙겨서, 곧장 가족들과 함께 마을을 떠났다.

그러나 결국 랍비 다윗은 위대한 자리에까지 올라서게 되었다. 후일 그는 르보프의 랍비로 임명되었고, 당대에 가장 위대한 랍비들 중 한 명이자 고금을 통틀어 위대한 전통의 권위자들 중 한 명으로 받아들여졌다. 그의 주석 '투레이 자하브'[Turei Zahav]는 술칸 아루흐[Shulchan Aruch]의 모든 장 모든 페이지에 제일 먼저 나올 정도이다. 그러므로 본문이 말하는 것처럼, 토라에 헌신하는 삶은 처음에는 미약할지 모르나 마지막에는 만족과 감사로 끝나는 것이다.

**만약 너희가 이것을 행한다면,
"네가 네 손이 수고한 대로 먹을 것이라
네가 복되고 형통하리로다"**(시 128:2).
**'네가 복되고' – '이 세상에서'
'형통하리로다' – '다가올 세상에서'**

첫 번째 문단을 마친 후에 본문은 겉으로 보기엔 불필요해 보이는 단어 "이것을 행한다면"으로 다음 문단을 시작한다.

미드라쉬 슈무엘은 이 구절이 행복과 선은 '이것을 행한다면'(기꺼이 고난의 인생을 살 때에) 얻을 수 있음을 가르치기 위해 일부러 이 단어로 시작한다고 설명했다. 더욱 윤택한 삶을 살 수 있음에도 이를 포기하고 토라를 배우는 데에 힘을 쏟는다면, '이것이 복이요, 은혜'이지만, 토라를 배우고자 하는 열정으로 인해 찾아온 경제적 어려움이 아니라면, 그 어떤 성공의 보증도 얻을 수 없다는 것이다. 돈을 낭비하는 등 스스로 불러온 가난은 덕이 아니다.

더 나아가 미드라쉬 슈무엘은 이 구절의 단어 '너희가 이것을 행한다면'이 2인칭 단수로 표현된다는 점에 주목하며, 이는 이 길이 다수의 사람들을 위한 길이 아님을 가르치기 위한 것이라고 했다. 즉 이 구절은 일부, 소수의 사람들에게 전하는 말씀이라는 것이다.

남이 아닌 나에게

루블린의 랍비 메이어 샤피라[R' Meir Shapira of Lublin]는 학생들을 위한 시설이 잘 갖춰진 학당을 세울 자금을 모금하기 위해 중유럽을 여행하며 겪었던 경험을 토대로 불필요해 보이는 단어 '너희가 이것을 행한다면'에 대해 설명한다. 당시에는 학당의 시설이 그리 좋지 않은 것이 오히려 일반적이었던 시절이었다.

한 사내가 모금해달라는 부탁을 거절했는데, 이 때 랍비 샤피라의 모금 계획이 현자들의 가르침과 반대된다며 인용한 구절이 바로 이 구절이었다. 랍비 샤피라는 그에게 이렇게 답하였다. "실로 이 구절이 그렇게 쓰여 있는 것이 맞습니다. 하지만 이 구절은 의문문으로 읽어야 합니다. 이것이 토라의 방법인가? 소금과 함께 빵을 먹어야 하는가? 치수로 재어 약간의 물을 마셔야 하는가? 땅바닥에서 자야 하는가? 고난의 인생을 살아야 하는가? 또, 토라를 위해 이렇게까지 노력할 수 있는가?"

여기까지 주제를 확장시킨 랍비 샤피라는 이 구절의 마지막 부분을 언급하며 이렇게 말했다 한다. "만일 당신이 그렇다면, 만일 당신, 이 글을 읽는 당신이 그러하다면, 당신에게 복이 있을 것입니다."

즉 이 구절의 명령을 따를지의 여부는 자신의 능력과 영적 수준을 고려해 개인이 결정할 몫이지, 남에게 이를 요구할 것은 아니라는 말이다. 본인이 이러한 삶을 산다면 복이 있을 것이다. 그러나 정작 본인은 따뜻한 이불을 덮고 편안한 침대 위에서 자고, 맛있는 음식을 맘껏 먹으며, 이 세상의 즐거움을 만끽하면서 남에게는 소금과 함께 빵을 먹고 조금씩 물만 마시라고는 할 수 없는 것이다. 스스로가 토라를 위해 모든 것을 바치는 삶을 살 수 없더라도, 최소한 그러한 삶을 사는 사람을 도울 수는 있다. 그러면서 남들이 어려운 삶을 살기를 기대하는 것은 가당치 않은 일일 것이다.

각 사람은 다른 사람의 결정을 비판하지 말고 각자 남이 아닌 자기의 목표와 의무를 따라야 한다. 예를 들어, 토라는 빚지는 것을 부정적으로 바라보고 있다. "빚진 자는 채주의 종이 되느니라"(잠 22:7). 반면 돈을 빌려주는 것은 권장하고 있다. "내 백성 중에서 가난한 자에게 돈을 꾸어주어라"(출 22:25, 라쉬의 해석).

돈을 빌려주는 사람이 돈을 빌리는 사람에게 빌리는 것은 적절치 못한 일이라고 말할 수 있는가? 분명히 아닐 것이다. 물론 가난한 사람이라도 별다른 대안이 없는 한 돈을 빌리는 것은 최대한 지양해야 할 것이다. 그러나 급하게 돈이 필요한 사람이 있다면, 당연히 돈을 빌려주는 것이 하나님의 명령이다.

각 사람에게는 자신만의 구절이 있다. 돈을 빌리는 사람에게는 "빌리기 전에 왜 이런 곤경에 처하게 되었는지 생각해보라. 제일 먼저 빌린 것을 갚아야 할 의무가 있으므로, 곧 돈을 빌려준 사람의 노예가 될 것이다"라는 말이 돌아올 것이다.

반대로 토라는 돈을 빌려주는 사람에게는 "도움이 필요한 사람을 마땅히 도와주어야 하며 경제적인 어려움에서 벗어나도록 도와야 한다. 하지만 도와준 후에는 돈을 갚으라고 종용하지 말고, 이로 이득을 취하거나 부끄러움을 주지 말라"는 명령을 하고 있다.

그러므로 본문은 학당에서 토라를 배우는 학생들에게는 "함부로 배움을 포기할 수 없다. 어떤 상황에서라도 토라를 배우는 데에 힘써야 한다"고 말하고 있다. 그러나 집 주인에게는 "지혜는 그 얻은 자에게 생명나무라 지혜를 가진 자는 복되도다"(잠 3:18)라고 명령하며 토라를 배우는 학생들을 돕는 자에게 큰 보상이 예정된다고 가르친다. 더 나아가 현자들은 토라 학자들을 돕기 위해 열심히 일하는 사람을 칭찬하고 있다(커투보트[Kesubos] 111b). 따라서 토라 학자들이 물질적으로 어려움을 겪지 않는 편이 더 알맞다고 보는 것이다.

'토라 학자들이 물질적 어려움을 겪지 않는 편이 좋다'는 주장과 이 구절의 "고난의 인생"은 서로 모순되지 않는가? 이에 대한 답은, 곧 각 사람이 자신만의 역할을 인정해야 한다는 사실에서 찾을 수 있다. 학당의 학생들은 집 주인에게 "내놓으시오, 당신의 의무요"라고 말할 수 없으며, 집 주인도 학생들에게 소금과 함께 빵을 먹으라고 요구할 수는 없는 것과 같다.

세상 그 무엇보다 즐거운

어느 날 한 사내가 랍비 아브라함 이사야후 카렐리츠([R' Avraham Yishayahu Karelitz], 하존 이쉬[Chazon Ish]라고도 함)에게 찾아와 아들에 대한 걱정거리를 털어놓았다. 아들이 토라를 배우는 데에 너무 몰두하는 나머지 생계와 미래에 대한 훈계까지도 무시한다는 것이었다.

아버지는 "내 아들이 부족한 인생을 살게 할 수는 없습니다. 아무리 작은 것이라도 아들에겐 너무나 큰 비용으로 느껴질 것이며, 빵과 소금, 약간의 물 외에는 고기도, 물고기도, 제대로 된 옷도, 자유시간도 누리지 못한 채 비좁은 방 안에서 살게 할 수는 없습니다"라고 말했다.

이에 하존 이쉬가 대답했다. "미쉬나는 '토라의 방법'에 대해 이야기하며 '살 것은 고통의 인생이고, 노력하는 것은 토라이다'라고 했습니다. 그러나 그 후에는 '이 세상에서는 복이요, 올 세상에서는 은혜이다'라고 말합니다."

그는 계속해서 말을 이어나갔다. "이런 사람에게는 장차 올 세상에서는 분명 좋을 것입니다. 두말 할 나위도 없지요. 그러나 '장차 올 세상에서는 복이요'라고 말할 수 있겠습니까? 그 답은 바로 이 구절에서 찾을 수 있습니다. '너희가 그리 할 때에 이것이 복이요 은혜이다.' 곧 스스로 그러한 인생을 선택할 때에야 고난의 인생을 살면서도 복과 은혜를 누리는 것이 가능하다는 사실을 깨달을 수 있다는 것입니다. 토라를 배우며 영적인 기쁨을 얻는다면, 세상 그 어떤 기쁨과 즐거움도 이에 비할 수가 없을 것입니다."

이어 그는 이렇게 답을 맺었다. "아드님이 토라에서 무언가를 발견한 듯합니다. 이 세상의 기쁨으로는 만족하실 수 없을 것입니다. 이런 기쁨은 '당신이 이것을 행한다면' 이해할 수 있을 것이며, 다른 그 누구도 그 기쁨이 얼마나 큰지 이해하지 못할 것입니다"(마야노트 네이짜아흐[Mayanos Netzach]).

미쉬나 5절   משנה ה

אַל תְּבַקֵּשׁ גְּדֻלָּה לְעַצְמְךָ, וְאַל תַּחְמוֹד כָּבוֹד,
יוֹתֵר מִלִּמּוּדְךָ עֲשֵׂה,
וְאַל תִּתְאַוֶּה לְשֻׁלְחָנָם שֶׁל שָׂרִים,
שֶׁשֻּׁלְחָנְךָ גָּדוֹל מִשֻּׁלְחָנָם וְכִתְרְךָ גָּדוֹל מִכִּתְרָם,
וְנֶאֱמָן הוּא בַּעַל מְלַאכְתְּךָ שֶׁיְּשַׁלֶּם לְךָ שְׂכַר פְּעֻלָּתֶךָ:

너희 자신을 위해서 위대함을 찾지 말고, 존경을 열망하지 말라.

너희가 배워 왔던 것 보다 더 많은 배움을 가지고 노력하라.

왕들의 상(table)을 탐내지 말라.

왜냐하면 너희의 상은 그들의 것 보다 크고

너희의 왕관은 그들의 왕관보다 크기 때문이다.

그리고 너희의 고용주는 너희들의 행동에 대한 보상을

확실히 지불할 사람이다.

미쉬나 5절

너희 자신을 위해서 위대함을 찾지 말고, 존경을 열망하지 말라

(일부 텍스트에서는 새로운 구절의 시작을 표시하는)이 구절의 나머지 부분은 토라를 위해 수고하도록 선택된 사람들에 대한 말씀이다.

"토라 현자들은 이 세상이나 저 세상에서도 쉬지 않는다"(버라호트[Berachos] 64a). 오히려 이들은 끊임없이 전진한다. 시험을 하나 넘기면 또 다른 장애물이 나타나고, 또 다음 시험이 기다린다. '니사욘'이라는 단어가 보여주듯, 시험은 사람을 일으켜 세우는 도구이다(네이트[neis]는 깃발이라는 뜻이다).

이제 본문은 사람이 토라의 관을 얻기 위하여 맞닥뜨려야 하는 시험에 대하여 말하기 시작한다. 어떤 이들은 지식과 지혜로 존경과 명예를 얻기도 하는데, 이런 사람들은 그 명예를 어떻게 다루어야 하는지 배워야 한다. 또 어떤 이들은 지혜와 지식으로 명성을 얻지는 못하는데, 이런 사람들은 실망과 질투를 어떻게 다루어야 하는지 배워야 할 것이다.

이 구절은 먼저 훈계로 시작한다. "너희 자신을 위해서 위대함을 찾지 말고, 존경을 열망하지 말라. 너희가 배워 왔던 것보다 더 많은 배움을 가지고 노력하라. 왕들의 상을 탐내지 말라." 하스데이 아보트[Chasdei Avos]에서 바그다드의 랍비 요셉 하임은 세 개의 훈계가 상승식 순서로 배치되어 있다고 말한다. 먼저 사람은 명예를 얻기 위해 '추구하지 말아야 한다'(적극적으로 나서지 말아야 한다). 둘째, 마음에 이를 '바라지도 말아야 한다.' 또 셋째, 귀족들의 영광을 '바라는 마음'이 있다면 전부 버려야 한다.

랍비 모세 알모스니노는 (미드라쉬 슈무엘을 인용하며)사람은 토라를 위해 수고하고 이 세상과 장차 올 세상에서 얻을 것을 얻은 후에는 세 가지 악한 성품에서 멀어져 두 세상에서 쫓겨나지 않도록 해야 한다고 했다. 그 세 가지 악한 성품이란 바로 질투와 타락, 그리고 명예를 좇는 것이다 (4:28).

"스스로 위대하기를 구하지 말라." 잠깐의 권력을 포기한다면 질투에서 자유로울 수 있을 것이다.

"명예를 탐하지 말라." 명예욕을 포기하라.

마지막으로 "왕들의 상(table)을 탐내지 말라." "네 상이 그들의 상보다 더 크다"는 말씀을 기억한다면 이러한 욕망에서 자유로울 수 있을 것이다.

토라 그 자체를 위하여 배우는 자는 이 세상에서 명예와 행복을 보장받는다. 그럼에도 말씀은 "스스로 위대하기를 구하지 말라"고 명령한다. 그러나 어쩌면, 아니 실제로, 토라에 돌려져야 할 위대함은 추구하게 될 것이고, 또 추구해야 할 것이다. 토라를 연구하는 현자는 자신에게 주어지는 이러한 명예를 받아들여야 할 의무가 있는데, 이는 현자의 권위가 곧 토라의 권위이기 때문이다. 만일 사람들이 토라를 배움을 존중하기를 원한다면, 먼저 토라 학자들(자기 자신)이 존경을 받아야 함을 깨달아야 할 것이다(하시드 야베쯔[Chasid Yaavetz]). 반면 이 구절은 토라를 위해 수고

하지만 그 수고를 인정받지 못하는 사람에게는 "스스로 위대하기를 구하지 말라"고 권면한다.

너희가 배워 왔던 것보다 더 많은 배움을 가지고 노력하라

이 구절은 "존경을 열망하지 말라. 너희가 배워 왔던 것보다 더 많은 배움을 가지고 노력하라"고 명령한다. 이 둘은 독립된 명제로, 두 번째 가르침은 행실이 지혜보다 더 커야 한다는 가르침이다(3:12의 가르침과 같다).

그러나 어떻게 자기가 아는 것보다 더 많은 것을 행하고 실천할 수 있는가? 모르는 것을 실천할 수 있는가? 그러나 이 의문에는 여러 가지 답을 제시할 수 있다.

먼저 하나님의 뜻을 실천하고자 하는 마음이 율법의 조문들보다 더 많은 것을 실천하도록 이끌어준다는 것이다. 그렇게 할 때에 자신이 '아는 것'보다 더 많은 것을 '행할 수 있으므로,' 마땅히 그렇게 해야 한다는 주장이다.

둘째, 하나님의 뜻을 실천하고자 하는 진실된 마음이 있는 사람은 자기가 아는 것보다 더 많은 것을 실천할 수 있도록 하늘나라에서 자리를 마련해준다는 것이다(조하르[Zohar]).

세 번째 답은 하시드 야베쯔의 견해이다. 자신이 배운 모든 것을 실천하겠다는 각오로 토라를 배우면, 비록 토라를 전부 배우지 않았다 하더라도 하나님께서는 이를 모든 계명을 실천한 것으로 받아주신다는 것이다. 때문에 계명에 대해서도 "네 상이 그들의 상보다 더 크며 네 관이 그들의 관보다 더 큰" 이유가 이것이다. 하나님께서는 이러한 사람이 배운 것에 보상해주실 것이며, 이를 마치 토라의 모든 말씀을 실천한 것과 같이 보상하실 것이다.

하시드 야베쯔는 "스스로 위대하기를 구하지 말라"고 위에 말하고, 그 다음에 "명예를 탐하지 말라"고 중복해서 말하는 이 구절의 표현에서 어떤 가르침을 얻을 수 있는지 묻고 있다. 이 절에 대한 답을 랍비 하임 요셉 다윗 아줄라이([R' Chaim Yosef David Azulai], 히다[Chida]라고도 함)의 말에서 찾을 수도 있을 것이다. 그는 이전 구절에서는 위대함을 '추구'하지 말라고 경고한 반면, 본문에서는 명예를 원하는 마음을 품지도 말라고 훈계하고 있다고 설명했다.

그렇다면 또 다른 의문이 나타난다. 이 장은 토라를 배우는 것에 대해 말하고 있는데, 본문은 왜 이 장의 한 가운데에서 계명을 실천하는 것에 대해 말하고 있는 것이며, 또 왜 실천에 대해 말한 즉시 본 주제로 돌아가고 있는 것인가?

이런 의문들로 인해 일부 주석가들은 이 절 역시도 배움에 대한 가르침이라고 주장하며, 이 절이 매일 더 많은 시간과 더 많은 노력을 토라를 배우는 데에 투자하여야 한다는 가르침이라고 해석한다(루아흐 하임[Ruach Chaim]).

명예를 다루는 법

이 구절의 또 다른 판본에 대해 일부 주석가들은 '노력하라'는 단어를 제외하고 이 절을 위의 절과 합치고 있다. 이 경우 본문은 "네가 배우는 것보다 더 큰 명예를 탐하지 말라"가 된다.

(하시드 야베쯔가 인용한)본문의 세 번째 판본은 '노력하라'는 단어를 남기고 있는 대신 구두점의 위치를 변경한다. 원본이 "존경을 열망하지 말라, 너희가 배워 왔던 것보다 더 많은 배움을 가지도록 노력하라"면, 이

세 번째 판본은 "네가 배우는 것보다 더 큰 명예를 탐하지 말라. 행하고 (토라를 배우고) 왕들의 상을 탐하지 말라"가 된다. 즉 끊임없이 배우고 이 세상에서 '너의 상'이 넓어지기를 바라지 말라는 것이다.

위 두 판본에 따르면 이 구절은 "네가 배우는 것보다 더 큰 명예를 탐하지 말라"는 가르침이 된다. 이는 어떤 의미인가?

한 해석에 따르면 본문은 "스스로 위대하기를 구하지 말라"는 이전 구절을 확장시키고 있는 것이다. 왜 그런가? 바로 비교할 수 없는 위대함, 즉 토라를 이미 가졌기 때문이다. 즉 이 구절은 토라를 배우는 것보다 더 큰 명예는 없으므로, "토라를 배우는 것보다 더 큰 무언가를 추구하지 말라"고 말하고 있는 것이다.

또 이 구절이 상대방을 명예를 받을 만한 사람인지 구별하는 방법에 대해 말하고 있다는 견해도 있다. 이 경우 본문은 "네 배움과 어울리지 않는 명예를 탐하지 말라"는 가르침으로 읽을 수 있다. 어떤 사람이 받을 만한 것보다 더 큰 명예를 얻기를 거부한다면, 우리는 그가 개인의 지위를 위해서가 아닌, 토라를 위해 명예를 받아들인다는 것을 알 수 있을 것이다.

이 구절에 대한 다른 해석으로, '너의 배움보다'라는 구절을 '너의 익숙한 것보다'로 해석하기도 한다. 자신이 받은 것보다 더 많은 명예를 탐하는 사람이 있다면, 그는 토라를 위해서가 아니라 자기 자신을 위해서 명예를 탐하는 사람이라는 것이다.

**왕들의 상(table)을 탐내지 말라.
왜냐하면 너희의 상은 그들의 것보다 크고
너희의 왕관은 그들의 왕관보다 크기 때문이다.**

이제 본문은 "왕들의 상을 탐하지 말라"고 말한다. '상'(table)은 부유함의 상징으로, "의인이 이 세상의 삶에서 보상을 받는 것은 아무런 문제가 없다"고 했기 때문에, 상은 그 자체로는 중립적이라고 할 수 있다. 그러므로 현자들은 "의인이여 복되도다. 이 땅에서 악인들이 받는 것과 같은 것을 받는구나"(호라요트[Horayos] 10b)라고 했다. 어떤 의인들은 (아주 일부이기는 하나)부의 상과 지혜의 상을 함께 얻는다. 그럼에도 불구하고 이 구절은 토라를 배우는 학생들에게 영광을 제쳐놓는 것이 이 세상에서 누리는 왕의 영광보다 비할 데 없이 더 귀하다고 가르치고 있다. 돈과 재물은 사라질 수 있으며, 화려하고 넓은 집도 불에 타버릴 수 있지만, 영의 소유는 영원히 사람에게 남는다. 토라를 배우는 자는 그 배움이 오래 남으므로, 이 세상에서도 그 상이 클 것이다. 물질의 소유가 다 사라지더라도 지혜는 남아 있을 것이다.

이런 맥락에서 현자들은 배를 타고 여행하는 한 현자의 이야기를 전하고 있다. 현자와 함께 배를 탄 상인들이 현자를 조롱하며 물었다. "당신 물건은 다 어디에 있습니까?" 그러자 현자가 답하였다. "제가 당신들보다 더 많은 물건을 가지고 있군요." 그러던 중, 배가 해적들에게 공격을 당하여 그 배에 있는 것들 중 팔만한 물건은 다 약탈을 당하고 말았다. 마침내 배가 육지에 다다르자, 상인들은 음식과 옷은 다 내버려둔 채 그대로 도망치고 말았다.

현자는 바로 학당으로 가 그곳에서 강론을 했는데, 이로 인해 명예를 얻고 재정적인 도움을 받게 되었다. 이를 본 상인들은 그에게 가 용서를 구하고 도시의 거주민들에게 자신들을 대표해달라고 하였다. 그러자 현자는 이렇게 답했다고 한다. "자, 제가 당신들보다 더 많은 물건을 가지고 있다고 말하지 않았소? 당신들의 물건은 다 잃어버렸지만, 제 물건은 다 남아 있다오"(탄후마[Tanchuma], 테루마[Terumah] 2).

세상에서 가장 위대한 왕관

똑같은 원리가 명예에도 적용될 수 있다. 이 세상에서도 "너희의 왕관은 그들의 왕관보다 크기 때문이다"는 말은 참이다. 지도자들은 흥망성쇠를 거듭하며, 정권도 나타났다 사라지지만, 토라 학자들은 계속 그 자리에 일어서 있다. 뿐만 아니라 대다수의 사람들은 정치적 감각이나 많은 재산으로 알려진 사람들보다는 지혜로운 사람을 더욱 존경할 만한 사람으로 인정한다. 곧 다음 절에서 "토라가 제사장과 왕보다 더 크도다"라고 한 것과 같다.

장기적으로 보면, 심지어 토라를 위해 수고하는 사람은 세상에 이름을 떨치는 왕들보다 더 큰 관을 머리에 쓰게 된다. 힐렐은 어릴 적 지독한 가난으로 어려운 삶을 보냈다. 그는 너무나 가난한 나머지 몇 푼의 돈마저 없어 학당에 들어가지 못하기도 했다. 그러나 쉬루림([shirurim], 게마라, 미쉬나 등에 관한 수업 – 역자 주), 즉 수업을 단 하루도 포기할 수 없었던 힐렐은 천장으로 올라가 대낮에 천장에 매달린 채 수업을 들었다. 곧 눈이 내렸고, 이내 힐렐의 몸을 다 덮었다. 추운 겨울날 그는 그대로 천장에 매달려 수업을 들었다. 이것이 바로 그 어떤 역경을 감수하고서라도 토라를 배우고자 하던 그의 열정이었다. 토라를 배우는 이들이 이러한 어려움을 겪는 동안, 거룩한 땅을 잠시 지배했던 하스모니안 왕조의 왕들은 아리따운 궁전에서 편히 잠을 자고, 명예와 부를 거머쥐었으며, 이를 계속 추구하였다. 그러나 오늘날, 2천여 년이 지난 후에, 얼마나 많은 사람들이 이 왕들의 이름을 알고 있는가? 알렉산더 야나이, 아리스토불루스, 힐카누스, 이들의 이름과 행적을 아는 사람들이 몇이나 되는가? 그러나 "내가 날 위하지 않으면, 그 누가 날 위할 것이며, 지금이 아니라면, 또 언제겠는가?"와 같은 힐렐의 어록은 모든 사람이 알고 있다. 반면 힐렐과 동시대에 살았던 왕들의 말 한 마디라도 떠올릴 수 있는 사람이 한 사람이라도 있는가?

이에 우리는 이 구절의 가르침이 장기적으로 보면 참이라는 것을 알게 된다. "너희의 상은 그들의 것보다 크고 너희의 왕관은 그들의 왕관보다 크기 때문이다."

토라는 가장 위대한 구절이다

이 구절은 토라를 위해 수고하고 그 달콤함을 맛본 자에게 "네 상이 그들의 상보다 더 크다"고 말하고 있다. 그러나 토라 그 자체를 위하여 배우는 자가 물질의 부유함을 갈망한다는 것이 가당한 것인가?

답은 '그렇다'이다. 이런 사람은 자기 재산으로 기부를 하거나 잡힌 자를 구제해주는 등 율법을 널리 실천할 능력이 있는 부자들을 부러워할 것이다. 또한 가난과 씨름하며 토라를 배우는 자는 부자가 가난한 자보다 더 많은 것들로 하나님을 섬길 수 있으므로, 부유한 자의 상이 자기보다 더 클 것이라고 생각할 수도 있을 것이다. 그러므로 이 구절은 율법을 배우면 곧 그 율법을 실천한 것과 같다고 여김을 받으므로, 토라를 배우는 데에 힘쓰는 사람만이 613가지 율법을 모두 실천할 수 있다는 점을 상기시키고 있는 것이다(미드라쉬 슈무엘[Midrash Shmuel]).

그리고 너희의 고용주는
너희들의 행동에 대한 보상을 확실히 지불할 사람이다.

"온 우주의 주님, 저는 부도 영광도 바라지 않으나, 그저 경제적 어려움 없이 그저 그런 삶을 살며 걱정 없이 편하게 토라를 배우고 싶습니다. 재정적으로 안정이 되어 오늘은 어떻게 돈을 벌까, 내일은 어떻게 가족들을 먹일까 걱정하지 않는다면, 지금보다 더 많은 것을 배울 수 있을 것입니다." 토라를 배우는 데에 힘쓰는 사람이라면 이런 마음이 들 수도 있을 것이다.

이런 마음을 가진 사람에게 본문은 다음과 같이 위로하고 있다. "왕들의 상을 탐하지 말라." 토라를 배우는 자의 인생은 비록 고난의 인생일지라도 쉽고 편하게 토라를 배우는 자들의 상보다 더 크다는 것이다.

또 이전 구절에서는 "이것이 토라의 방법이다... 노력하는 것은 토라이다"라고 가르쳤다. 역시 성경은 "사람은 고생을 위하여 났으니 불꽃이 위로 날아가는 것 같으니라"(욥 5:7)고 가르치고 있으며, 그 노력들 중 가장 귀한 노력이 바로 토라의 지식을 얻고자 하는 노력인 것이다. 하나님께서는 이런 사람에게 토라를 얻은 지식으로만 아니라 토라를 배우기 위해 수고하였던 피와 땀, 눈물로도 보상하신다(하시드 야베쯔[Chasid Yaavetz]).

그렇다면 고통과 어려움 중에 토라를 배우는 자는 재정적인 어려움을 겪는 사람보다도 더 많은 노력을 쏟을 수밖에 없으며, 이로 인해 그 보상도 크다는 것이다. 배움에 쏟은 수많은 노력으로 인해 그의 "상이 그들의 상보다 더 클 것이다."

홀로 하나님께 의지하라

왕은 무엇을 먹고 싶으면 종들을 부른다. 즉 자신보다 낮은 지위에 있는 사람들과 그들의 도움에 의지하는 것이다. 그러나 토라를 배우기 위해 수고할 때에는 오직 하나님께만 의지해야 한다. 기록된 바 "여호와께서 자기를 경외하는 자들에게 양식을 주시며 그의 언약을 영원히 기억하시리로다"(시 111:5)라고 한 것과 같다. 이런 사람은 오직 하나님께 의지하여 자신의 필요를 얻고, "네 일의 주인이신 주님께서는 네 행동을 보상하실 만큼 믿을만한 분"이라는 것을 언제나 믿고 의지한다.

믿음으로 사는 사람은 장차 올 세상에서 하나님께서 주실 보상을 기대하며 살아간다. 이 땅에서의 삶에서 자신의 필요가 채워지지 않을지라도, 하나님께서는 절대로 이런 사람을 버려두지 않으신다. 장차 올 세상에서 더 크나큰 보상을 주시기 위하여, 하나님께서는 이따금씩 의인에게 주어질 이 땅에서의 보상을 유예하시는 경우가 있다. 이런 개념은 랍비 이스라엘 카간([R' Israel Kaga], 하페쯔 하임[Chafetz Chaim]이라고도 함)이 말하는 다음의 비유에서 잘 나타나고 있다.

어느 부유한 지주가 아들의 결혼을 앞두고 있었다. 그는 결혼식에 자신의 부유한 친구들과 함께 자기 땅에서 일하는 가난한 소작농들도 함께 불러야 했지만, 서로 다른 두 집단이 모여 어느 한 쪽이 불편해질까 걱정되었다. 그리하여 그는 소작농들을 먼저 불러 식사를 대접하고 결혼식 전 축제를 열어 소작농들끼리 편하게 축제를 즐길 수 있도록 했다.

어떤 사람들은 왜 그가 친구들을 먼저 예식에 부르지 않았는지 궁금해 했다. 그러나 이런 상황에 익숙한 사람들은 그가 소작농들을 빨리 보내기 위해 일찍 불렀다는 점을 이해했다. 축제는 사실 진짜 결혼 예식의 서막이었다. 축제가 끝난 후 지주는 더 많고, 더 맛있는 음식으로 상을 채우고 자신의 부유한 친구들을 불렀다. 왕이신 주님의 친구인 의인들은 지금은 고난의 인생을 살며, 빵에 소금을 찍어 먹고 약간의 물만으로 배를 채운다. 그러나 다른 이들보다 훨씬 더 큰 상과 관이 올 세상에서 그들을 기다리고 있다.

משנה ו | 미쉬나 6절

גְּדוֹלָה תוֹרָה יוֹתֵר מִן הַכְּהֻנָּה וּמִן הַמַּלְכוּת,
שֶׁהַמַּלְכוּת נִקְנֵית בִּשְׁלֹשִׁים מַעֲלוֹת,
וְהַכְּהֻנָּה בְּעֶשְׂרִים וְאַרְבַּע,
וְהַתּוֹרָה נִקְנֵית בְּאַרְבָּעִים וּשְׁמוֹנָה דְבָרִים.
וְאֵלּוּ הֵן, בְּתַלְמוּד, בִּשְׁמִיעַת הָאֹזֶן, בַּעֲרִיכַת שְׂפָתַיִם,
בְּבִינַת הַלֵּב, בְּאֵימָה, בְּיִרְאָה, בַּעֲנָוָה, בְּשִׂמְחָה,
בְּטָהֳרָה, בְּשִׁמּוּשׁ חֲכָמִים, בְּדִקְדּוּק חֲבֵרִים, בְּפִלְפּוּל
הַתַּלְמִידִים, בְּיִשּׁוּב, בְּמִקְרָא, בְּמִשְׁנָה, בְּמִעוּט
סְחוֹרָה, בְּמִעוּט דֶּרֶךְ אֶרֶץ, בְּמִעוּט תַּעֲנוּג, בְּמִעוּט
שֵׁנָה, בְּמִעוּט שִׂיחָה, בְּמִעוּט שְׂחוֹק, בְּאֶרֶךְ אַפַּיִם,
בְּלֵב טוֹב, בֶּאֱמוּנַת חֲכָמִים, בְּקַבָּלַת הַיִּסּוּרִין,
הַמַּכִּיר אֶת מְקוֹמוֹ, וְהַשָּׂמֵחַ בְּחֶלְקוֹ, וְהָעוֹשֶׂה סְיָג
לִדְבָרָיו, וְאֵינוֹ מַחֲזִיק טוֹבָה לְעַצְמוֹ, אָהוּב, אוֹהֵב
אֶת הַמָּקוֹם, אוֹהֵב אֶת הַבְּרִיּוֹת, אוֹהֵב אֶת הַצְּדָקוֹת,
אוֹהֵב אֶת הַמֵּישָׁרִים, אוֹהֵב אֶת הַתּוֹכָחוֹת, וּמִתְרַחֵק
מִן הַכָּבוֹד, וְלֹא מֵגִיס לִבּוֹ בְּתַלְמוּדוֹ, וְאֵינוֹ שָׂמֵחַ
בְּהוֹרָאָה, נוֹשֵׂא בְעֹל עִם חֲבֵרוֹ, וּמַכְרִיעוֹ לְכַף זְכוּת,
וּמַעֲמִידוֹ עַל הָאֱמֶת, וּמַעֲמִידוֹ עַל הַשָּׁלוֹם, וּמִתְיַשֵּׁב
לִבּוֹ בְּתַלְמוּדוֹ, שׁוֹאֵל וּמֵשִׁיב שׁוֹמֵעַ וּמוֹסִיף, הַלּוֹמֵד
עַל מְנָת לְלַמֵּד וְהַלּוֹמֵד עַל מְנָת לַעֲשׂוֹת, הַמַּחְכִּים

אֶת רַבּוֹ, וְהַמְכַוֵּן אֶת שְׁמוּעָתוֹ, וְהָאוֹמֵר דָּבָר בְּשֵׁם
אוֹמְרוֹ, הָא לָמַדְתָּ כָּל הָאוֹמֵר דָּבָר בְּשֵׁם אוֹמְרוֹ
מֵבִיא גְאֻלָּה לָעוֹלָם, שֶׁנֶּאֱמַר (אסתר ב:כב),
וַתֹּאמֶר אֶסְתֵּר לַמֶּלֶךְ בְּשֵׁם מָרְדֳּכָי:

토라는 성직이나 왕권보다 더 위대하다.
왜냐하면 왕권은 30개의 특권과 함께 얻어지고,
성직은 24개[선물들]와 함께 얻어지지만,
그러나 토라를 연구하기 위하여
다음과 같은 48개의 방법을 개선해야 하기 때문이다.
연구, 주의 깊은 들음, 발음이 분명한 연설, 직관력 있는 이해력,
분별력, 경외심, 존경심, 겸손, 기쁨, 순수함, 현인들을 섬김,
동료들과의 친밀감, 학생들과의 날카로운 토론, 신중함,
성경[에 관한 지식], 미쉬나, 제한된 산업 활동, 제한된 성적 활동,
제한된 쾌락, 제한된 잠, 제한된 예화, 제한된 웃음,
화내기를 더디 함, 선한 마음, 현인들에 대한 믿음, 고통을 받아들임,
사람의 위치를 인지함, 사람의 몫에 행복해 함,
그의 개인적인 일에 울타리를 두름,
자신을 위해 공적을 주장하지 않음,

사랑 받게 됨, 편재하시는 분을 사랑함, 질책을 사랑함,
존경으로부터 멀리 떨어져 있음, 그의 배움으로 거만하지 않음,
할라카적인 의사결정을 즐기지 않음, 그의 동료의 멍에를 나눔,
호의적으로 그를 판단함, 신뢰가 가는 방향에 그를 놓음,
평화로운 방향에 그를 놓음, 그의 연구를 신중하게 생각함, 묻고,
답하고, 듣고, 토론에 기여함, 가르치기 위해 배움,
실행하기 위해 배움, 그의 선생을 더욱 현명하게 만듦,
그가 배운 것에 대해 심사숙고함,
말을 한 사람의 이름으로 말을 반복함.
왜냐하면 너희가 이것을 배웠다.
누구든지 하나의 것을 말한 사람의 이름으로
그것을 반복하는 사람은 세상에 구속(redemption)을 가져온다.
성경은 다음과 같이 말하고 있다.
"에스더가 모르드개의 이름으로 왕에게 아뢴지라"(에 2:22).

미쉬나 6절

토라는 성직이나 왕권보다 더 위대하다

이전 구절에서는 '토라의 관, 제사장직의 관, 왕권의 관'을 언급하며 "선한 이름의 왕관은 그 모든 것 위에 있다"(4:17)고 가르쳤다. 해당 구절에서는 처음 세 개의 왕관과 선한 이름이라는 성품을 비교하고 있는 반면, 각 직분을 서로 비교하고 있지 않다. 4장 17절에서 시작하는 이런 비교는 토라의 왕관이 왕의 통치권보다도 더욱 크다고 말하고 있다. 더 나아가 본 구절은 토라의 왕관이 성직의 왕관보다도 더 크다고 가르치는데, 이는 왕권이 성직보다 더 많은 자질을 필요로 하기 때문에, 왕의 통치권이라는 왕관이 성직의 왕관보다 더 크다는 것을 암시하고 있다.

이런 가치의 척도는 "왕권은 30개의 특권과 함께 얻어지고, 성직은 24개의 선물들과 함께 얻어지지만 토라를 연구하기 위하여 48개의 방법을 개선해야 한다"라는 사실에 기반한다. 더 귀한 것일수록 그 자질은 더욱 특별한 것이다. 그러므로 여기서는 왕권이 성직보다도 크며, 토라는 이런 왕권보다도 더 크다는 것으로 결론을 내려야 할 것이다.

이런 개념은 "현자가 왕보다 우선하고, 왕이 성직보다 우선한다."는 현자들의 결정에도 반영되어 있다(호라요스[Horayos] 13a).

그러나 왕권과 성직이 '얻어진다'는 이 구절의 문장은 무엇을 의미하는가? 사실은 이와 반대로 제사장직과 왕권은 아들에게 상속되는 상속직이지 않은가?[10]

더 나아가 이 구절이 제사장직과 왕권에 대해 '특권'(attribute)이라는 표현을 사용하는 반면, 토라에 대하여는 '방법'(thing)이라는 표현을 사용하고 있는 이유는 무엇인가?

이런 의문에 대한 답은 아래에서 확인할 수 있을 것이다.

왜냐하면 왕권은 30개의 특권과 함께 얻어지고

왕은 자신의 역할을 올바르게 수행할 수 있도록, 백성들과 함께 서른 가지 계명을 붙잡아야 한다. 이 서른 가지 계명들 중 일부는 의무에 대한 것이며, 나머지는 금지 계명들이다(라쉬[Rashi]). 현자들은 그 서른 가지 계명을 아래와 같이 나열하고 있다(산헤드린[Sanhedrin] 2:2부터. 빌나 가온[Vilna Gaon]의 견해에 따라 구분함).

1) 왕은 판사처럼 행하지 않는다.[11]
2) 왕은 심판받지 않는다.

---

[10] 왕권에 대하여 성경은 "이스라엘 중에서 그와 그의 자손이 왕위에 있는 날이 장구하리라"(신 17:20)고 했다.
또 제사장직에 대하여는, "네 하나님 여호와께서 네 모든 지파 중에서 그를 택하여 내시고 그와 그의 자손에게 항상 여호와의 이름으로 서서 섬기게 하셨음이니라"(신 18:5)고 했다.
왕권이나 성직이나 물려받는 것이지 얻는 것이 아니기 때문에, 하시드 야베쯔는 '얻어진다'는 단어를 삭제했다. 그러나 대다수의 텍스트에서는 이 단어를 사용하고 있다.
[11] 이는 다윗의 가문이 아닌 왕에게 적용되는 말씀이다. 그러나 다윗의 왕가에 속한 왕은 재판장의 자리에 앉을 수 있다(본 목록의 23번째 계명에도 이러한 사실이 반영된다).

3) 왕은 증인이 되지 않는다.

4) 다른 이들이 왕에 대해 증언하지 못한다.

5) 왕은 할리차(chalitzah, 자식을 두지 못하고 사망한 형의 아내와 결혼해야 하는 동생의 의무를 풀어주는 것)의 의식을 하지 않는다.

6) (왕이 자식이 없이 사망할 경우에도)할리차의 의식은 왕비에게 적용될 수 없다.

7) 왕은 이붐(yibum, 자식을 두지 못하고 사망한 형제의 아내와 결혼하는 것)의 예식을 치르지 않는다.

8) 그 누구도 왕비와 이붐의 예식을 치르지 않는다.

9) 그 누구도 왕이 죽은 후 왕비와 결혼하지 못한다.

10) 왕가의 사람이 죽으면, 왕은 왕궁 입구를 떠나지 않는다.

11) 왕이 조문 중 음식을 받으면, 왕은 긴 의자에 눕고 다른 모든 이들은 바닥에 눕는다.

12) 왕은 71인 판관들의 결정에 따라 군사를 일으킬지 선택할 수 있다.

13) 왕은 자신을 위해 벽을 뚫어 길을 만들 수 있다.

14) 그 누구도 왕에 대항하여 반대할 수 없다.

15) 전리품을 얻으면 왕 앞에 바쳐야 한다.

16) 왕은 전리품 중 가장 좋은 것들을 취한다.

17) 왕은 18명 이하의 아내를 둘 수 있다.

18) 왕은 마차를 끌 만한 수의 말만을 소유할 수 있다.

20) 왕은 스스로 토라 두루마리를 쓸 수 있다.

21) 왕은 전쟁에 참전할 때에 토라 두루마리를 함께 가져가야 한다.

22) 전쟁에서 돌아올 때에는 토라 두루마리를 함께 가져와야 한다.

23) 왕은 판관의 자리에 앉을 때에 토라 두루마리를 가지고 있어야 한다.

24) 왕은 누울 때에는 토라 두루마리를 앞에 두어야 한다.

25) 그 누구도 왕의 말을 타지 못한다.

26) 그 누구도 왕좌에 앉지 못한다.

27) 그 누구도 왕의 홀을 사용하지 못한다.

28) 왕이 머리카락을 자를 때에는 그 누구도 왕을 볼 수 없다.

30) 왕이 욕실에 있을 때에는 그 누구도 왕을 볼 수 없다.

라쉬는 이와는 다른 왕권의 서른 가지 자질의 목록을 인용하고 있다. 이스라엘 백성들이 사무엘에게 찾아가 "우리에게 왕을 세워 우리를 다스리게 하소서"(삼상 8:5)라고 간청하자, 사무엘은 왕이 어떻게 나라를 지배하게 될지를 서른 가지로 요약하여 알려주었는데, 이는 다음과 같다.

1) 왕은 너희를 다스린다.

2) 왕은 너희 아들들을 데려다가 일을 시키고

3) 병거를 다루게 하며

4) 말을 다루게 하고

5) 병거 앞에서 달리게 한다.

6) 그들을 천부장으로 임명하고

7) 오십부장으로 임명하며

8) 왕의 밭을 갈게 하고

9) 왕의 곡식을 수확하게 하며

10) 전쟁을 위해 왕의 무기를 만들게 하고

11) 병거의 무기를 만들게 한다.

12) 왕은 너희의 딸들을 데려가며

13) 너희의 딸들로 향유를 만들게 하고

14) 그들로 요리를 하도록 하며

15) 빵을 굽게 한다.

16) 왕은 너희들의 땅을 가져가며

17) 포도원을 가져가고

18) 가장 좋은 올리브 나무를 가져가며

19) 가져온 것들을 자신의 종들에게 나누어준다.

20) 너희들이 번 것의 십분의 일은 왕이 가져가며

21) 포도원에서 난 것의 십분의 일을 왕이 가져가며

22) (거둔 것을)자기 신하들에게 나누어주고

23) 종들에게 나누어준다.

24) 왕은 너희의 종들을 데려가고

25) 너희의 여종들을 데려가며

26) 너희 집에서 가장 뛰어난 젊은이를 데려가고

27) 너희 당나귀를 가져갈 것이며

28) 왕의 일을 시킨다.

29) 왕은 너희 가축들 중 십분의 일을 가져갈 것이며

30) 너희는 그들의 종이 될 것이다.

더 나아가 라쉬는 왕권의 세 가지 자질을 더 말하고 있다. 바로 왕은 제사장만이 선포할 수 있으며, 왕은 이스라엘 백성에게서 나야 하고, 이스라엘 땅에 거주하는 사람이어야만 한다는 것이다.[12]

주석가들은 왕이 왕좌를 얻을 때에 이런 특권들이 주어진다는 점에는 동의하고 있다. 즉, 이런 자질들은 왕의 지위 때문에 주어지는 것이 아니며, 그보다는 왕이 한 나라의 지도자로서 높은 곳에 선 사람임을 나타내기 위한 자질들이라는 것이다. 마세흐타 칼라([Masechta Kalla] (8))에서 현

---

[12] 왕권의 정당성을 얻기 위해서는 몇 가지 다른 자질들이 더 필요한 것이다.

자들은 또 다른 목록을 제시하고 있는데, 이 목록은 왕의 특권을 암시하고 있다. 이들 중에는 은, 금, 아내들, 남종, 여종, 말, 포도밭, 정원, 과수원, 가정, 왕의 특권, 나라, 왕자들과 공주들, 기쁨, 밭, 말, 기수[riders], 무기, 옷, 병사, 향수, 조언자들과 첩자가 있다.

위에 말한 모든 것이 있다고 왕이 되는 것은 아니다. 이 특권들과 자질들은 왕이 되면 따라오는 것들이다. 이들은 왕의 권위이자 나라에 대한 의무이며 나라를 다스리는 군주에 대한 의무인 것이다. 더 나아가 이러한 자질들은 왕 개인의 성품에는 영향을 미치지 않고, 왕조의 명예에 반영되는 문제를 다루고 있다.

그러므로 '얻다'라는 단어가 왕과 어떤 관계가 있는지는 여전히 불분명한 채로 남아 있는 것이다. 더 나아가 왕과 백성들이 지켜야만 하는 금지계명과 계명들이 '자질'이라고 불리는 이유 역시 아직 불분명하게 남아 있다(마하랄의 데레흐 하임[Derech Chaim of Maharal]).

성직은 24개[선물들]와 함께 얻어지지만

이 구절의 스물네 가지 '자질'은 온 나라가 제사장들에게 주는 선물이다. 왕권이 상속되는 것과 같이 제사장직도 상속된다. 그러므로 '얻다'라는 단어가 제사장에게 적용되기 위해서는 제사장이 온 이스라엘 사람들보다 더 뛰어난 무언가를 가지고 있다는 것을 이런 선물들(자질들-역자주)이 증거한다. 이 선물들 중 열 가지는 성전에서, 네 가지는 예루살렘에서, 그리고 나머지 열 가지는 예루살렘 바깥에서 적용된다.

성전에서의 열 가지 선물은 다음과 같다.
1) 속죄제로 드려진 동물의 고기

2) 속죄제로 드려진 새의 고기

3) 알고 지은 죄를 속하기 위한 속건제로 드려진 고기

4) 모르고 지은 죄를 속하기 위한 속건제로 드려진 고기

5) 화목제로 드려진 고기

6) 나병 환자(메조라[metzora])의 기름 한 통

7) 유월절 요제를 드리고 남은 것

8) 수장절 제사로 드려진 빵 두 덩이

9) 매 안식일에 드려지는 상 위의 빵

10) 소제를 드리고 남은 것

예루살렘 내에서의 네 가지 선물은 다음과 같다.

1) 처음 난 가축

2) 일곱 종의 과실 중 처음 난 것(비쿠림[bikkurim])

3) 감사제물, 화목제물, 나실인의 서약을 위해 드려진 숫양으로부터 구별된 것

4) 거룩한 제물(번제, 속죄제, 속건제로 드려진 제물)의 가죽

또 예루살렘 밖에서의 열 가지 선물은 다음과 같다.

1) 십일조(테루마[Terumah])

2) 제사장에게 주는 십일조(테루마 마아셀[Terumah Ma'aser])

3) 안식일 빵(Challah, 유월절을 제외하고 안식일이나 절기에 특별히 굽는 빵 – 역자 주)

4) 처음 깎은 양털

5) 잡은 동물의 일부

6) 장자의 대속(유대교에서 제사장이 장자를 축복하는 의식 – 역자 주)

7) 처음 난 당나귀의 대속

8) 성전의 회계 담당자가 팔았던 예로부터 축성된 땅

9) 하나님의 명령으로 파괴된 땅(헤렘[cherem])

10) 강도를 당한 회심한 자의 재산(바바 카마[Bava Kamma] 110b, 훌린 [Chullin] 133b 참고).

그러나 라쉬는 이에 동의하지 않는다. 대신 그는 제사장의 스물네 가지 자질이 곧 결혼과 의식적 정결함, 면도, 외적인 흠결, 제사장의 의복 등 제사장에게 적용되는 스물네 개의 율법이라고 주장했다.[13]

그러나 빌나 가온은 이런 접근 방법에 문제를 제기하고 있는데, 이는 이 스물네 가지 조건이 모든 제사장에게 적용되는 것은 아니기 때문이다. 그러므로 빌나 가온은 이 스물네 가지 자질이 대제사장에게 특별히 적용되는 것이라고 했다.

그러나 토라를 연구하기 위하여
다음과 같은 48개의 방법을 개선해야 하기 때문이다.

토라는 제사장직이나 왕권과는 완전히 다르다. 토라와 본 구절에 언급된 마흔여덟 가지의 것들은 상속되는 것이 아니다. 토라의 왕관은 크나큰 노력으로만 얻을 수 있다. 그 단계를 건너뛸 수도 없고, 그저 차근차근 노력에 노력을 거듭하여 이루는 것이 바로 토라의 왕관이다.

그렇다면 이 구절은 왜 토라를 얻기 위한 것들을 '자질'(말로트[maalos])

---

[13] 랍비 하임 요셉 다윗 아줄라이[R' Chaim Yosef David Azulai] 역시 (자신의 저서 제로아 야민 [Zeroa Yamin]에서)이를 제사장에게 적용되는 스물네 개의 계명과 금지계명이라고 주장한다.

이라 하지 않고 '것'(드바림[devarim])이라고 말하고 있는가?

바로 제사장직과 왕권의 자질은 특권인 반면, 토라를 얻기 위한 마흔여덟 가지는 바로 각 사람의 인생에 크게 얽혀있는 의무이기 때문이다. 왕과 제사장의 자질은 각 개인의 본성을 이루는 성질들이라기보다는, 그 직위를 상징하는 것들이라고 보아야 한다. 반면 토라 학자들에게 연관되는 마흔여덟 가지의 것들은 개인의 인성의 일부라고 할 수 있다. 이 마흔여덟 가지는 사람을 정결케 하고, 그 영을 더욱 높이며, 왕관을 능히 얻을 만한 사람으로 만든다(미드라쉬 슈무엘[Midrash Shmuel]).

뿐만 아니라, 주석가들은 왕과 제사장이 본문에 언급된 모든 자질들을 한 번에 얻는 반면, 토라의 것들은 한 번에 얻을 수 없는 것들이라는 점에 주목하고 있다. 즉, 토라를 얻기 위한 것들 모두가 각각 서로 독립된 '것'이다.

랍비 요시 하코헨[R' Yossi HaKohen]은 다음과 같이 말했다. "토라를 배우도록 스스로 준비하라, 토라는 상속으로 주어지는 것이 아니니라"(2:17). 그러나 왜 성경은 토라를 "야곱의 총회의 기업이로다"(신 33:4)라고 하는 것인가?

바로 토라는 '가질 수 있다'는 점에서 소유라고 말할 수 있기 때문이다. 그러나 이를 '가지기 위해서는' 끊임없이 노력해야 한다. 그러므로 현자들은 교훈적으로 설명하기를, "토라의 '야곱의 총회의 기업이로다'라는 말씀은 '모라샤'([morashah], 소유)라 읽지 말 것이요, '모라사'([m'orasah], 결혼을 약속하다)라고 읽을 것이라"(버라호트[Berachos] 57a). 결혼이란 신부를 상속받는 것이 아니라, 결혼할 권리를 얻는 것이다. 이와 같이, 토라 역시도 노력과 기업으로 얻어지는 것이다.

성전의 세 왕관과 세 기구

마하랄은 성전의 세 기구의 치수에서 이 구절의 말씀에 대한 암시를 발견하고 있다. 이 세 기구에는 테가 둘려져 있는데, 이는 세 개의 왕관을 상징한다. 성전의 세 기구는 제사장의 왕관을 상징하는 금 분향단, 부를 상징하므로 왕권을 암시하는 진설병을 두는 상, 그리고 토라를 상징하는 법궤이다(요마[Yoma] 72b).

금 분향단은 "길이가 한 규빗, 너비가 한 규빗으로 네모가 반듯하게 하고 높이는 두 규빗"(출 30:2)이었다. 한 규빗은 여섯 뼘이다. 그러므로 분향단의 둘레는 총 네 규빗, 즉 스물네 뼘으로 제사장의 스물네 가지 자질과 연결된다.

진설병을 두는 상은 "길이는 두 규빗, 너비는 한 규빗, 높이는 한 규빗 반"(출 25:23)이었다. 여기서 언급해야 하는 사실이 있다면, 바로 분향단의 경우와 같이 이번에도 가장 큰 치수(분향단의 경우 높이)는 계산에서 제외된다는 것이다.[14] 상의 높이와 폭의 둘레는 다섯 규빗, 즉 서른 뼘이므로, 왕권의 서른 가지 자질을 암시한다.

법궤의 크기는 "길이는 두 규빗 반, 너비는 한 규빗 반, 높이는 한 규빗 반"(출 25:10)이라고 했다. 카포레트[Kapores]라 불리는 궤의 덮개와 그 위에 놓인 그룹으로 인해 그 높이가 매우 크므로 높이는 계산에서 제외한다. 법궤의 길이와 너비의 둘레는 여덟 규빗으로, 뼘으로 환산하면 총 마흔여덟 뼘이며, 이는 토라를 얻기 위한 마흔여덟 가지의 것들과 연결된다.

---

14 여기서 우리는 가장 큰 치수는 계산에 포함하지 않는데, 금 분향단의 경우 열두 뼘인 높이는 계산에서 제외되었다. 이는 "너무 많은 것을 쥐면 결국 다 쥘 수 없으리라. 조금만 쥐면 이를 얻을 수 있으리라"(쑤카[Succah] 5a)라는 원리를 기반으로 한 것이다. 거룩한 빵을 놓는 상과 법궤를 계산할 때에도 가장 큰 치수는 계산에서 제외된다.

토라를 얻기 위한 두 단계

토라를 얻기 위한 마흔여덟 가지의 것들은 각각 스물네 개씩 두 개로 묶을 수 있다. 첫 번째 묶음에 속한 것들은 '~와 함께'를 뜻하는 접두사 '버'가 앞에 붙는다. 이는 처음 스물네 가지의 것들이 토라를 얻기 위한 행동과 자질들이기 때문이다. 나머지 스물네 가지는 대부분 '~하는 자'라는 뜻의 접두사 '하'가 앞에 붙는데, 이는 뒤의 스물네 가지의 것들은 이미 얻은 것들을 지키기 위해 필요한 것들이기 때문이다.

미드라쉬 슈무엘은 다른 방식의 구분법을 채택하고 있다. 처음 스물네 가지의 것을 모두 다 얻고 그보다 더 많은 것들을 얻을 수 있는 사람은 거의 없다. 그러나 이 스물네 가지의 것들을 얻은 극소수의 사람들이 나머지 스물네 가지는 쉽게 얻을 수 있다는 것이다. 이는 '하'라는 접두사가 '~하는 자'라는 뜻의 단수라는 점으로 알 수 있다.

연구

본 구절은 마땅히 해야 할 배움의 종류를 나열하면서 시작하고 있다. 그 첫 번째가 바로 '연구'이다. 그렇다면, 아무런 준비 없이 그냥 바로 연구해야 한다는 것인가? 무언가를 제대로 배우려면 어떻게 해야 하는지 그 원리도 모르는 채 무작정 공부를 시작할 수 있는 사람이 몇이나 있을까?

먼저 단순하게 이야기하자면, 제대로 배우기 위한 원리들 역시 '연구'에 포함되어있다고 볼 수 있다. 그러나 하시드 야베쯔는 토라를 배우기 전 거쳐야 하는 다섯 가지의 준비 단계를 제시하고 있다.

첫째는 토라의 말씀을 받아들이고, 말씀에 깊이 주의를 기울이며, 모든 것을 파악하고, 이해하며, 또 복습한다고 마음의 준비를 하는 것이다. 토라가 이 세상 그 무엇보다 중요하다는 것을 깨닫고 인정한 사람만이 배움을 계속할 수 있다.

둘째, 교사의 가르침을 듣기만 해서는 모든 것을 다 배울 수는 없다는 것을 깨달아야 한다. 듣고 배운 것으로 스스로 올바른 방식으로 추론을 할 줄 알아야 한다.

셋째, 율법을 새로운 분야에 적용하거나, 새로운 개념을 만들어낼 때에는 두렵고 떨림으로 하여야 한다. 썩어 없어질 피조물은 잘못을 범할 수밖에 없으므로, 항상 "자기 허물을 능히 깨달을 자 누구리요 나를 숨은 허물에서 벗어나게 하소서"(시 19:12)라고 기도해야 한다.

넷째, 기도에만 의존해서는 안 되며, 자신의 생각과 개념을 비판적으로 검토하여야 한다.

마지막으로, 기쁨으로 배워야 한다. "사람이 많은 탈취물을 얻은 것처럼 나는 주의 말씀을 즐거워하나이다"(시 119:162)라고 한 것과 같다(두렵고 떨림으로 배워야 한다는 위의 가르침과 모순되지 않는다. 곧 '여호와를 경외함으로 섬기고 떨며 즐거워할지어다'[시 2:11]라고 한 것과 같다).

야베쯔는 이 다섯 가지의 것들이 잠언(2장 2-5절)에서도 암시되고 있다고 말하고 있으며, 또 다섯 명의 뛰어난 제자들에 대한 랍반 요하난 벤 자카이의 설명(2:11)에서도 잘 드러나고 있다고 말하고 있다.

일부 주석가들은 이 구절에서 '연구'란 곧 교사로부터 배워야만 한다는 것을 뜻한다고 주장하기도 한다(야베쯔[Yaavetz]와 마하랄[Maharal]). 무엇보다도 우리는 우리보다 더 지식이 뛰어나지 못한 사람에게서도 배울 수 있도록 스스로를 언제나 배우는 자, 즉 제자로 여겨야 한다.

주의 깊은 들음

이해하기 위해서는 먼저 듣는 내용에 집중해야 한다. 제자로서의 자신을 내재화한 사람은 곧 '듣는 귀'를 얻게 될 것이다. 그러나 자신이 듣는 것을 무비판적으로 수용하기만 해서는 안 된다. '귀'라는 뜻의 히브리어 '오젠'[ozen]은 '저울'이라는 뜻의 히브리어 '모즈나임'[moznaim]과 연관된 단어이다. 즉 귀로 듣는 것을 분석하고 평가해야 한다는 것이다(메이르 네시브[Meir Nesiv]).

또한 마음의 귀로 수년 전에 배웠던 교사의 가르침을 "들어야 하며" 더 나아가 그 오래된 가르침들로부터 올바른 추론을 해내야 한다. 랍비 엘리에셀 벤 힐카누스는 스스로 이르기를 "나는 랍비의 입에서 나온 말 중에서 내가 듣지 않은 것은 말하지도 않았다"(쑤카[Succa] 28a)라고도 했다. 그러나 그는 또 "(자신을 포함하여)그 누구도 이전에 들어보지 못한" 것들을 가르쳤다고도 했다(아보트 데랍비 노쏜[Avos DeRabbi Nosson] 6:3]).

랍비 하임 슈믈레비츠[R' Chaim Shmulevitz]는 의심의 여지없이 랍비 엘리에셀이 토라에 대한 자신만의 견해를 세우고 선생님이 다루지 않았던 문제들도 결정한 것은 사실이라고 했다. 그러나 랍비 엘리에셀은 언제나 자신의 선생님이라면 어떻게 말했을지, 어떤 결정을 내렸을지를 항상 고민했다. 즉 그의 가르침과 전통은 선생님으로부터 배운 것들이 그 근간이 되었다고 할 수 있는 것이다. 반대로 선생님이 어떤 주장을 했을지 모른다면 자기 견해를 주장하기를 삼갔다. 평생 랍비 엘리에셀은 듣는 귀를 가지고 배운 사람이었다. 그는 항상 선생님의 목소리에 귀를 기울이기를 먼 옛날부터 전해지는 현자들의 보편적인 가르침과 같이 했다(시코스 무사르[Sichos Mussar] 23).

발음이 분명한 연설

무언가를 말할 때는 분명하면서도 거추장스럽지 않은 단어로, 즉 '발음이 분명한 말로' 표현해야 한다. 토라의 말씀은 "그것을 얻는 자에게 생명"(잠 4:22)이 되는 말씀이다. 현자들은 이를 "그것을 (분명하게)표현하는 자에게 생명이 된다"(에이루빈[Eiruvin] 54a)고 해석했다.

배운 것을 말로 표현하면 두 가지 유익을 얻을 수 있다. 첫째, 배운 것을 말로 표현함으로써 추상적인 개념을 쉽고 분명하게 단어로 구체화할 수 있다. 둘째, 배운 것을 말로 표현함으로써 더욱 오랫동안 기억할 수 있다.

이 구절 특유의 어법(문자 그대로는 '입술의 준비')을 통해 우리는 하고 싶은 말을 입속에 말 그대로 '준비'하여 필요할 때에 바로 쓸 수 있도록 해야 한다(미드라쉬 슈무엘[Midrash Shmuel]).

그러므로 현자들은 가르치기를 "배움에 어려움을 겪는 제자를 보거든…(중략) 이는 주제가 머릿속에서 제대로 정리되지 않았기 때문이다"(타니트[Taanis] 8a)라고 했다. 올바른 학습 방법을 가르치고자 현자들은 끊임없이 복습하고 또 복습하는 사람에 대하여 말하고 있는데(커투보트[Kesubos] 50a 등), 이 사람은 마치 "지갑에 넣는 것(과) 같이" 완전히 익혀서 필요할 때마다 바로 떠올릴 수 있을 정도가 될 때까지 끊임없이 복습하여 "누군가 (그에게)질문하면 주저하지 않고 바로 답할 수 있을 정도까지 했다"(키두신[Kiddushin] 30a).

직관력 있는 이해력, 분별력

'직관력 있는 이해력'을 가진 사람만이 '분별력'을 얻을 수 있다. 이런 점에서 미드라쉬 슈무엘과 루아흐 하임은 "지혜로운 자의 마음은 그의 입을 슬기롭게 하고…"(잠 16:23)라는 구절을 인용하고 있다. 지혜로운 사람은 깊이 생각한 후에만 말을 꺼내기 때문에 "그의 입술에 지식을 더하느니라"(ibid.). 배운 것을 크게 말로 표현함으로써 더욱 자세하게 이해할 수 있는 것이다. 이런 경지에 다다른 사람만이 토라를 얻을 수 있을 것이다.

이해의 본질은 감정이 함께 자리하고 있는 마음에 있는 것이 사실이지만, 먼저 이성으로 자신의 감정을 제어할 줄 알아야 하며, 그 이성은 큰 노력으로만 얻을 수 있는 것이다. 곧 솔로몬 왕이 "네 마음을 명철에 두며"(잠 2:2)라고 한 것과 같다.

젊은 솔로몬이 하나님께 '듣는 마음'(즉 이해하는 마음[15], 왕상 3:9)을 달라고 간구한 이유가 바로 이것이다. 이런 점에서 다윗은 노래하기를 "나의 오묘한 말을 풀리로다"(시 49:4)라고 노래했으며, 우리 역시 슈마의 구절을 읊기 전 하나님께 배움과 이해에 도움을 간구하는 아침 기도문에서 "우리의 마음으로 이해하게 하시고 또 명철을 주셔서 듣고, 배우고, 또 가르치게 하소서"라고 간구한다.

이는 토라를 배울 때 자신이 듣는 것에 크게 주의하고, 이를 모든 면에서 면밀히 검토하며, 또 적절한 의문을 품어야 한다는 것을 뜻한다. 지금 배우는 것을 분명히 이해한 후에야 다음 단계로 넘어갈 수 있다. 즉, 다음 단계로 넘어갈지 고민하기 전에 먼저 자신이 들은 가르침에 결론을 내릴

---

[15] '듣다' 혹은 '들리다'라는 단어는 '이해하다'라는 의미를 함께 내포한다. 그러므로 '들으라 이스라엘아'(신 6:4)는 구절은 곧 '네가 이해할 수 있는 어떤 언어로든'이라고도 해석이 가능하다(버라호트 [Berachos] 13a).

수 있는지, 또 그 가르침으로부터 올바른 추론을 이끌어내어 다른 의문들을 해결할 수 있는지를 먼저 고민해보아야 한다는 것이다.

토라를 배움에 있어서는 전심을 다하여 토라의 심오함과 그 안에 담긴 생명을 배우도록 해야 한다. 이러한 점에서 랍비 모세 소페르([R' Moshe Sofer], 하삼 소페르[the Chasam Sofer]라고도 함)는 기록하기를, 만일 성전이 오늘날 지어졌다면 온 마음과 힘을 다하여 배움에 투신했던 그의 선생님 랍비 노손 아들러 하코헨[R' Nosson Adler HaKohen]이 즉시 대제사장이 되어 하나님을 섬겼을 것이라고 했다(메이어 네시브[Meir Nesiv]).

경외심, 존경심

토라는 '경외심'과 '존경심'으로 얻는 것이다.

'경외심'은 하나님과 우리의 관계를 설명하는 것이다. 기록된 바 "여호와를 경외함으로 섬기고…"(시 2:11)라고 한 것과 같다. 토라를 배우면서 잘못된 이해를 하지 않도록 하나님을 두려워하는 마음을 항상 가져야 한다. 토라를 배우는 학생은 곧 대속죄일에 두렵고 떨리는 마음으로 지성소에 나아간 대제사장에 비유할 수 있는데, 이는 오늘날 성전이 파괴되었으므로, 하나님께서는 토라를 배우는 사람들 중에 함께 하시기 때문이다(버라호트[Berachos] 8a – 루아흐 하임).

또 '존경심'은 선생님과 제자의 관계를 설명하는 것이다. 곧 현자들이 말하기를 "너희 선생님에 대한 존경이 천국에 대한 존경과 같이 되도록 하라"(4:15)고 함과 같다. 선생님의 선생님, 그 선생님의 또 선생님을 따라가다 보면 그 마지막에는 시내산이 있기 때문이다.

그러나 프라하의 마하랄은 '경외심'과 '존경심'이 각각 하나님과 선생님에 대한 것이라는 주장에 반대하며, '경외심'은 타자의 위대함에 대한 감각이며 '존경심'은 자신의 미약함에 대한 감각이라고 했다. 즉 공경과 두려움은 하나님과의 관계, 선생님과의 관계 모두와 연관이 있다는 것이다.

겸손

'겸손'한 사람은 하나님을 두려워한다. "겸손과 여호와를 경외함의 보상은 재물과 영광과 생명이니라"(잠 22:4, 직역).

현자들은 겸손이 죄를 두려워하는 마음보다 더 중요한지, 아니면 반대로 죄를 두려워하는 마음이 겸손보다 더 중요한지에 대해 논하였다(이 두 성질의 중요성이 똑같지 않음은 분명하다. 아보다 자라[Avodah Zarah] 20b) 그러나 토사포트([Tosafos], ibid., 아나바[anavah])는 "죄를 두려워하는 마음, 지혜, 겸손은 모두 그 가치가 같다"는 미드라쉬를 인용하고 있다. 지혜와 겸손, 두려워하는 마음은 각각 상호종속적인 가치라는 점에서 그 중요성이 모두 동등하다고 한다면, 위의 두 가르침은 서로 모순되지 않는다고 할 수 있을 것이다. 즉 이 모든 가치들은 서로가 없이는 그 가치를 발휘할 수 없다는 것이다.[16]

---

[16] 천국을 두려워하는 마음을 얻기 위해서는 먼저 지혜를 얻어야 한다. 힐렐이 "천한 사람은 죄를 두려워할 수 없다"(2:6)라고 한 바와 같으며, 또 "만약 지혜가 없다면, 그곳에는 하나님에 대한 두려움이 없다"(3:21)라 한 바와 같다. 즉 하나님을 두려워하는 마음은 하나님을 향한 사랑과 주님의 위대하심에 대한 인식으로부터 나오는 것이다.

기쁨

남유다의 왕 여호사밧, 북이스라엘의 왕 여호람, 그리고 그들의 동맹인 에돔의 왕이 모압을 상대로 한 전쟁에 앞서 엘리사에게 그 결과를 예언해달라고 했다. 그러나 엘리사는 도리어 분노하여 여호람에게 하나님을 배반하고 우상을 숭배한 것을 꾸짖었다. 악공이 음악으로 화를 진정시킨 후에야 엘리사는 예언을 할 수 있었다(열왕기하 3장).

이 일화를 통해 현자들은 "하나님께서는 기쁨으로 율법을 실천하는 중에만 임하신다"고 가르쳤으며, 또 랍비 예후다는 "전통을 보건대 그러하다"(샤보트[Shabbos] 30b)라고 했다. 그러나 율법과 연관이 없는 기쁨은 배움을 방해하는 장애물일 뿐이다. 그러므로 솔로몬은 "내가 (율법의)희락을 찬양하노니…"(전 8:15)라고 했으나, 기쁨이 율법과 관계가 없다면, "희락에 대하여 이르기를 이것이 무슨 소용이 있는가"(전 2:2)라고 했다.

토라를 배움으로 기쁨을 얻는 사람은 가장 이상적인 기쁨을 맛볼 수 있다. 또 이런 사람은 깊은 내용도 쉽게 배울 뿐 아니라 이전에 배운 내용을 쉽게 떠올릴 수 있으므로 이런 기쁨을 맛보지 못한 사람보다도 더 큰 성공을 배움에서 이룰 수 있을 것이다. "은을 구하는 것같이 그것을 구하며 감추어진 보배를 찾는 것같이 그것을 찾으면 여호와 경외하기를 깨달으며 하나님을 알게 되리니"(잠 2:4-5).

토라를 배우는 기쁨은 율법을 지킬 때에 얻는 행복보다도 더 크다. 즉 테필린을 차고 안식일을 지키며 얻는 기쁨보다 토라를 배우는 기쁨이 더욱 크다는 것이다. 토라를 배울 때에는 단순히 토라를 배운다는 기쁨과 더불어 탈무드의 난해한 부분에 대한 해석을 제시하거나 어려운 개념을 이해함으로써 순전한 기쁨을 얻을 수 있기 때문이다.

볼로진의 랍비 하임은 루아흐 하임에서 "한 시간이라도 기쁨으로 배우는 자는 슬픔으로 수 시간을 배우는 자보다 훨씬 많은 것을 얻을 수 있다"고 하였다.

기쁨으로 배우는 토라

토라를 기쁨으로 배울 때는 곧 토라 그 자체를 위하여 배우는 것과 같다. 곧 소카초프의 랍비 아브라함[R' Avraham of Sochatchov]은 "토라를 배우라는 율법의 핵심은 바로 기쁨과 즐거움, 또 배움에서 기쁨을 얻는 것에 있다. 기쁨으로 배울 때에 토라의 말씀이 피에 스며들기 때문이다. 그러므로 토라의 말씀을 즐거워하는 자는 막힘없이 배울 수 있다"(이글레이 탈[Iglei tal]의 서론)고 가르쳤다.

또 다윗 왕은 "여호와의 교훈은 정직하여 마음을 기쁘게 하고…"(시 19:8)라고 했다. 기쁨으로 토라를 배울 때는 목표를 이루었다는 것 자체만으로도 큰 기쁨이 찾아온다. 그러므로 현자들은 "말씀이 시내산에서 받은 것과 같은 기쁨으로 찾아 오리라"(예루살미 하기가[Yerushalmi Chagigah] 2:1 등)고 가르쳤는데, 이는 토라의 말씀이 그 자체로 기쁨이 된다는 것을 뜻한다(루아흐 하임).

힐렐의 제자 중 가장 위대한 사람인 요나산 벤 웃시엘[Yonasan ben Uziel]은 토라를 배울 때에는 "새가 그의 머리를 날다가 불타버렸다"(쑤카[Succah] 28a)고 한다. 토사포트는 그 이유에 대하여 "[그가 배우던]내용을 그가 마치 시내산에서 받은 것처럼 기뻐하였기 때문"이라고 했다. 또 그 산은 불에 휩싸였다고도 하는데, 요나산 벤 웃시엘이 크게 위대했기 때문에 그가 토라를 배우면 시내산의 불(거룩함)이 나타난 것이었다(ibid., 클리[Kli]). 마찬가지로 랍비 엘리에셀과 랍비 여호수아가 절기 중에 토라를

배우면 거룩한 불이 그들을 둘러쌌다고도 했다.[17]

현인들을 섬김

이 다음으로 나오는 세 가지 것들, 즉 "현인들을 섬김, 동료들과의 친밀감, 학생들과의 날카로운 토론"은 "나는 선생님으로부터 많은 것을 배웠으며, 친구로부터는 더 많은 것을 배웠고, 나의 제자로부터 그 모든 것보다 더 많은 것들을 배웠다"(타니트[Taanis] 7a, 마코트[Makkos] 10a)는 현자들의 가르침과 대응한다.

먼저, 사람은 '현인들을 섬김으로' 선생님께 배움을 얻어야 한다. 즉 선생님에게 토라를 배우는 것뿐 아니라 더 많이 선생님과 함께 하는 시간을 가져야 한다는 것이다. 이로써 선생님이 자기가 가르치는 대로 살고 있음을 보게 될 것이다.

랍비 쉬므온 바르 요하이는 말하기를 "토라를 섬기는 것이 배우는 것보다 더 크다. 바로 성경이 선지자 엘리사를 (엘리야의 제자가 아니라)엘리야의 손에 물을 부은 한 사람의 개인으로 말하고 있는 이유가 이와 같다"(버라호트[Berachos]7b)라고 가르쳤다.

마찬가지로 전통은 "열 사람이 토라를 읽은 후에는 [회중들에게 이를 보인(미쉬나 베루라[Mishnah Berurah] 147:5)]두루마리를 감은 사람이 나머지 사람들 모두의 보상과 같은 보상을 받을 것이다"(메길라[Megillah] 32a)라고 가르친다. 이는 토라를 낭독하는 사람이 곧 토라를 "배우는" 것인 반면, 함께 토라 두루마리를 감아들고 법궤로 옮기는 사람은 토라를 "섬기는"

---

17 본 바라이사[baraisa]의 다른 판본에서는 이 부분에서 '정결'이라는 성질을 언급한다. 바깥 생각으로부터 스스로를 정결케 하여 마음과 생각을 악한 생각으로부터 돌리면 곧 마음에 거룩한 말씀을 받을 만한 장소를 만드는 것이다.

것이기 때문이다.

그렇다면 현인을 섬기는 것이 현인으로부터 배우는 것보다 토라를 얻기에 더 유익한 이유는 무엇인가?

바로 (토라의 말씀에 대한 사랑을 보여주는 행위인)선생님과 많은 시간을 보내는 제자는 곧 선생님으로부터 배운 내용을 마음에 새기고 이를 오랫동안 담아둘 수 있기 때문이다. 바로 현자들이 "홀로 찬양받으실 거룩하신 주님은 여호수아가 토라의 말씀을 사랑하는 것을 아셨다. 기록된 바 '눈의 아들 젊은 수종자 여호수아는 회막을 떠나지 않았다'(출 33:11)라고 한 것과 같다. 홀로 찬양받으실 거룩하신 주님은 그에게 '이 율법책을 네 입에서 떠나지 말게 하며 주야로 그것을 묵상하여 그 안에 기록된 대로 다 지켜 행하라 그리하면 네 길이 평탄하게 될 것이며 네가 형통하리라(수 1:8)고 말씀하셨다"(머나호트[Menachos] 99b).

둘째, 현자들이 말하는 모든 것은 지혜로 가득하므로 마땅히 배울 만한 것이다. 또 선생님이 어떻게 행동하는지를 보면서 제자들은 올바른 행동이 무엇인지, 또 올바른 태도는 무엇인지를 배울 수 있다. 그러므로 랍비 메이어는 가르치기를 "토라 현자들을 섬기지 않는 자는 성경과 미쉬나를 아무리 배워도 무지한 자로 남을 것이다"(버라호트[Berachos] 47b)라고 했다.

동료들과의 친밀감

사람은 친구들과의 관계에서 깨달음을 얻는 것이 거의 대부분이다. 그러므로 토라를 배우는 데에 도움을 줄 수 있는 사람과 친구가 되어야 한다.

이 구절의 다른 판본은 "친구들을 돌봄으로"라는 구절을 "친구들과 함께 함으로"라고 기재하고 있다. 그러나 그 의미는 같다. 바로 토라를 얻기 위해서는 토라의 말씀을 진중하게 여기는 친구들과의 교제가 필요하다는 것이다.

랍비 이스라엘 메이어 카간([R' Israel Meir Kagan], 하페쯔 하임[Chafetz Chaim]이라고도 함)은 다른 사람들과 함께 토라를 배울 때 얻는 네 가지 유익에 대하여 말하고 있다.

첫째, 함께 토라를 배우면 더욱 깊은 이해가 가능하다. 특히 가르침을 더욱 분명하게 받아들일 수 있을 것이며, 그 지식이 날로 늘어나서 토라를 더욱 올바르게 이해할 수 있게 될 것이다.

둘째, 함께 토라를 배우는 사람은 더욱 안정적이고 단단한 기반 위에서 토라를 배우는 것이다.

셋째, 함께 토라를 배우면 다른 사람에게 토라를 가르치라는 계명을 지킬 수 있게 된다.

마지막으로, 여러 사람들과 함께 토라를 배우는 자는 그들과 함께 하는 것만으로도 기쁨을 얻는다(셈 올람[Shem Olam] 21).

친구와 함께 토라를 배운다 하더라도 항상 상대방의 말을 비판적으로 검토해야 한다. 친구의 말을 분석하여 받을 만한 말은 받아들이고 미심쩍은 말은 받아들이지 않는 것이 곧 '동료들과의 친밀감'이라고 할 수 있다(루아흐 하임[Ruach Chaim]). 지식이 뛰어난 사람들은 함께 배우는 사람들과 서로 돕기도 하고 또 경쟁하기도 한다. 서로에게 자극이 되며 더욱 뛰어난 기량을 발휘할 수 있는 것이다.

학생들과의 날카로운 토론

친구들과 소통하며 토라를 배우는 사람은 이제는 제자들과도 논쟁하며 제자들이 던지는 날카로운 질문에 답해야 한다. 제자들과 '날카로운 토론'에 참여해야 한다는 것은 곧 제자들의 날카로운 질문에 답해야 한다는 의미이다. 이런 압박은 더욱 깊이, 더욱 분명하게 토라를 배우는 자극제가 될 것이다. 곧 현자들이 말한 것과 같이, 토라의 말씀은 나무에 비유되는데("지혜는, 그것을 얻는 사람에게는 생명의 나무이니..."[잠 3:18]), 이는 "작은 나무는 큰 나무를 태우기 위한 불쏘시개가 되는 것과 같이, 제자들도 자기보다 더 나은 사람을 자극하는 법"이기 때문이다(타니트[Taanis] ibid.).

어떤 이들은 이처럼 날카로운 토론이 주로 젊은이들 사이에서 이루어진다고도 말한다. 즉 논쟁이 토라를 배우기 위한 필수 과정은 아니지만, 배우고자 하는 마음을 더욱 자극하고 그 마음에 불을 지피는 데에는 최적의 방법이라는 것이다. 그러나 마하랄은 큰 목적 없이 순전히 지적인 허영에 관심을 두는 태도는 옳지 못하다고 가르치고 있다. 그러므로 본 구절은 제자들과는 '토론하라(대화하라)'고 하는 반면 나이가 많은 친구나 현자들에게는 더욱 깊이, 또 조용히 배우라는 점에서 '섬기라'거나 '돌보라'고 말하고 있는 것이다(하시드 야베쯔[Chasid Yaavetz], 루아흐 하임[Ruach Chaim]).

신중함

토라를 배울 때에는 '신중함'으로 해야 한다. 질문을 할 때에는 바로 답하지 말고 먼저 충분히 모든 면에서 답할 준비를 마쳐야 하며, 또 질문을 받은 주제를 깊이 고민해보고 나서 답해야 한다. 자신이 바로 답을 주지 못하고, 먼저 고민하는 모습을 보여주기 싫은 마음에 바로 답하고 싶은 마음이 굴뚝같을 것이다. 그러나 이는 지혜롭지 못한 행동으로, 이와 같은 자만이 실수로 이어질 가능성이 크기 때문이다. 또 이 자질은 배움과는 관련 없는 사사로운 걱정으로 마음이 어수선해지지 말아야 한다는 뜻을 가지고 있기도 하다.

일부 주석가들은 '이슈브'[yishuv]라는 단어를 '교제'로 해석한다. 이런 해석을 따르면 이 구절은 다른 사람들과 평안히 지내며, 이 세상의 일도 잘 해야 할 뿐만 아니라, 이 땅에서 풍부한 경험을 해야 한다는 가르침을 전하고 있다고 할 수 있다.

또 다른 해석에 따르면 '예시브'를 '예시바'[yeshivah], 즉 ("교육을 받는 만큼 지혜가 는다"[2:8]에서의 용례와 같이) '교육'을 뜻한다. 자신의 견해를 결론지어 말하기 전에 먼저 오랜 시간 동안 의문에 대해 "앉아" 깊이 생각해야 한다는 것이다.

성경에 대한 지식, 미쉬나

성문 토라, 즉 성경은 배움의 기초이므로, 구전 토라의 보고인 미쉬나를 배우기 전에 반드시 깊이 익혀야만 한다. 그 후에는 미쉬나를 충분히 익혀서 토라의 다른 부분들까지 배울 수 있을 것이다. 미쉬나를 배운 후에는 수많은 미쉬나들이 제정된 이유를 밝히고 그 배경을 설명하며, 비슷한 미쉬나들의 차이를 밝혀주며, 서로 모순되는 것처럼 보이는 구절들의 조화를 설명하는 게마라를 배워야 한다.

마하랄은 어린 학생들에게는 탈무드를 가르치기 전 먼저 성문 토라와 미쉬나를 가르쳐 폭넓은 지식을 키우도록 해야 한다고 말하였다.[18] 탈무드를 배우기 시작한 후에는 미쉬나를 다시 한 번 복습해야 한다. 그러므로 "너는 이것도 잡으며 저것에서도 네 손을 놓지 아니하는 것이 좋으니 하나님을 경외하는 자는 이 모든 일에서 벗어날 것임이니라"(전 7:18)라고 한 것과 같다.

현자들은 또 가르치기를 "기록된 토라를 배우는 자는 작은 것을 이루는 것이요, 미쉬나를 배우는 자는 보상을 받을 것이라. 게마라를 배우는 자에게는 그 무엇과도 비교할 수 없는 큰 보상이 기다리고 있다"(바바 메찌아[Bava Metzia] 33a)라고 하였다.[19]

배움의 분량을 어떻게 나눌 수 있는가

현자들은 성문 토라, 미쉬나, 탈무드를 똑같은 시간 동안 똑같은 노력으로 배워야 한다고 가르쳤다(키두신[Kiddushin] 30a). 람밤은 정하기를 "배우는 시간을 세 부분으로 나누어 한 번은 토라를, 또 한 번은 구전된 토라(를 기록한 텍스트)를, 또 한 번은 [그 본래의 논리적 분석을] 배워 이해와 깊이를 넓히고 처음부터 마지막을 배우며, 하나에서 또 하나를 깨닫고, 하나를 또 하나와 비교하며, 토라의 해석방법을 활용하기를 그 정수를 깨닫고 무엇이 금지되었으며 또 무엇이 허락되었는지를 알기까지 하라. 이를 '탈무드'라고 하느니라"(힐코스 탈무드 토라[Hilchos Talmud Torah] 1:11)

---

18 하삼 소페르([Chasam Sofer], 베샬라[Beshalach]) 역시 이 주제에 대해 언급하며, 정도와 시기의 차이는 있을지 모르나 적어도 어릴 때에는 미쉬나와 게마라를 집중적으로 가르치기 전에 먼저 기록된 토라를 가르쳐야 한다고 말하였다.
19 흥미로운 점은, 이 구절의 뒤에는 "사람은 언제나 게마라보다는 미쉬나를 위하여 달려 나가야 한다"고 가르친다는 점이다. 랍비 요하난은 미쉬나를 공부하는 것이 무시를 당하는 시대를 살았던 랍비 예후다 하나시가 이런 명령을 제정한 것을 언급하며 이런 모순을 해소하고 있다(바바 메찌아[Bava Metzia] 33a). 미쉬나는 게마라의 기초가 되므로, 랍비 예후다 하나시는 사람들에게 게마라가 모든 과목들 중 가장 큰 것이긴 하지만 미쉬나 역시 무시해서는 안 된다고 훈계했다. 마찬가지로 랍비 노쏜은 이런 이유로 자신의 주석에서 "미쉬나에 충분한 시간을 들이지 않는다면 이는 '여호와의 말씀을 멸시하는 것'(민 15:31)이다"라고 했다(산헤드린[Sanhedrin] 99a).

고 하였다.

또 람밤은 이렇게 가르쳤다. "이는 배움을 처음 시작하는 사람을 위한 것이다. 그러나 지혜가 더하여 더 이상 성문 토라도, 구전 토라[의 미쉬나 구절들]도 배우지 않아도 될 때에는 때때로 성문 토라와 구전 토라[의 텍스트]를 배워 토라의 율법 중 그 무엇도 잊지 않도록 하라. 그러나 매일 마음과 생각을 다하여 탈무드만을 배우도록 하라"(ibid. 12)고 가르쳤으며, 더 나아가 레마는 "혹자는 말하기를 사람은 자기 의무를 다 할 수 있으니…(중략) 성문 토라와 미쉬나, 게마라를 모두 담은 탈무드 바블리[Talmud Bavli]를 배움으로 할 수 있다고 하였느니라"고 가르쳤다(힐코트 탈무드 토라[Hilchos Talmud Torah], 요레 데아[Yoreh Deah] 246:4).

제한된 산업 활동

하시드 야베쯔는 토라를 얻기 위해 따라야 하는 열네 개의 긍정적인 행위들로 본문이 시작하고 있다는 점을 지적하고 있다. 그 후에 본문은 배움을 방해하므로 삼가야 하는 여섯 가지[20]의 것들에 대해 다루고 있다.

이스라엘 백성들에게 말씀을 전하며 모세는 "오늘 내가 네게 명령한 이 명령은…(중략) 하늘에 있는 것이 아니니… 바다 밖에 있는 것이 아니니"라고 했다(신 30:11-13). 랍비 요하난은 이에 대하여 토라는 가장 많은 시간을 직업에 할애하는 "상인들과 무역상들 사이에 있는 것이 아니다"(에이루빈[Eiruvin] 55a)라고 가르쳤다. 이전에 배운 것과 같이, "그 누구도 자기 일에 빠져 살면서 지혜를 얻을 수는 없다"(2:6). 때문에 "사업 활동을 줄이고 토라 연구에 전념"해야 하는 것이다(4:12).

---

[20] 일부 판본에 따르면 다섯 가지이다.

람반 가말리엘은 "일과 함께 하지 않는 토라는 시간 낭비이며 죄로 이어진다"(2:2)고 가르쳤으나, 이는 최소한 자신의 생계를 유지하는 정도까지는 일을 줄인다는 전제 하에서 전해진 가르침이다. 생계까지 얻지 못할 정도로 일을 포기한 사람은 지식을 잃을 뿐만 아니라 자기 소유도 잃을 것이다. 그러므로 현자들은 말하기를 "이전의 세대는 토라를 삶의 최우선으로 여겼으며 일을 부차적인 것으로 여겼으므로, 토라와 소유를 모두 얻었다. 반면 그 이후의 세대는 일을 삶의 최우선으로 여겼고 토라를 부차적인 것으로 여겼으므로, 토라와 소유를 모두 잃었다"(버라호트[Berachos] 35b)라고 함과 같다.

제한된 성적 활동

분명히 본문은 여기서 데레크 에레쯔를 멀리 하라고 가르치지만, 이는 우리에게 알려진 대로 '공경과 예절'을 뜻하는 것이 아니다. 반대로 토라를 연구하는 사람이라면 하나님의 이름을 더럽히는 죄를 범하지 않도록 '공경과 예절'이라는 의미의 데레크 에레쯔를 가장 먼저, 또 가장 많이 실천해야 한다. 그렇다면 이 구절에서 데레크 에레쯔는 무슨 의미인가?

라쉬와 마하랄은 데레크 에레쯔란 생계를 유지하고 사람들과 교제하는 등 일상적인 일들을 뜻한다고 하였다. 빌나 가온은 데레크 에레쯔가 사회적 관계를 뜻한다고 하며 이 구절은 사람들과의 교제까지도 줄여야 한다는 뜻이라고 주장하였다. 주위 사람들과 원만한 관계를 유지해야 하는 것은 사실이나, 여기에 너무 빠져서 배움을 게을리 해서는 안 된다는 것이다. 랍비 이스라엘 살란터[R' Israel Salanter]가 말한 대로, 다른 사람들과 함께 하는 공동체의 삶이 바로 토라의 길이다. 그러나 필요에 따라서는 사람들을 멀리 해야 할 때도 있다. 즉 지혜롭게 사람들과의 관계를 가까이 하기도, 멀리 하기도 하면서 이를 조절해나가야 한다는 것이다.

반면 미드라쉬 슈무엘은 데레크 에레쯔는 오만의 정반대인 부끄러움이라고 해석했다. 부끄러움, 즉 겸손은 권장할 만한 성질이기는 하나, 이 부끄러움을 멀리하는 사람만이 토라의 지식을 얻을 수 있다. "쉽게 부끄러움을 타는 사람은 배울 수 없다"(2:6)고 하였는데, 이는 이런 사람들은 무언가 이해하지 못하는 부분이 있더라도 부끄러움 때문에 차마 질문을 하지 못하기 때문이다.

하지만 대다수의 주석가들은 데레크 에레쯔를 문자 그대로 결혼 관계를 뜻하는 '땅의 길'로 해석하고 있다. 롯의 딸들은 똑같은 용례를 사용하여 아버지 롯에게 "우리 아버지는 늙으셨고 온 세상의 도리를 따라 우리의 배필 될 사람이 이 땅에는 없으니"(창 19:31)라고 불평했다. 마찬가지로 아가다는 "데레크 에레쯔로부터의 분리"에 대해 말하고 있는데, 현자들은 이를 설명하기를 이집트인들의 핍박으로 인해 가족관계가 무너졌다고 설명하였다.

배움에 온 힘을 쏟고자 하는 사람은 "거룩해야" 한다(레 19:2). 즉, (현자들의 가르침에 의하면)필요한 것은 취하고 지나친 것은 피하면서 "자신에게 허락된 것들로 (스스로를)정결케 해야 한다는 것이다"(예바모트[Yevamos] 20a).

제한된 쾌락

하나님께서는 사람을 창조하실 때에 육체를 보존하기 위해 필요한 다양한 욕구들을 함께 창조하셨다. 그러나 건강한 삶을 유지하기 위해 필요한 행동인지, 그저 쾌락을 얻기 위한 행동인지를 구분하는 일은 우리 인간이 스스로 하도록 남겨두었다. 현자들은 "토라가 몸에 깃들기를 기도하기 전에 먼저 연약함이 몸에 들어오지 못하도록 기도하라."(탄나 더베이 엘리야후[Tanna DeVei Eliyahu] 26)라고 가르쳤다. 피조세계의 만족과 토라는 함께 할 수 없는 것이다.

하나님을 더욱 온전히 섬기기 위한 수단으로 이 세상의 기쁨을 추구할 수는 있다(람밤, 피르케이 아보트 서론 5장). 그러나 이 구절은 기쁨을 완전히 없애라거나, 기쁨 자체를 느끼지 말라고 하지는 않는다. 그보다는 기쁨을 멀리하라(문자 그대로는 최소화하라 – 역자 주)고 가르치는데, 이는 소수의 사람들만이 랍비 예후다 하나시와 같은 수준에 이를 수 있기 때문이다. 랍비 예후다 하나시는 "새끼손가락만큼의 기쁨도 얻지 아니함으로"(커투보트[Kesubos] 104a) 자신이 어떤 사람인지를 증명했다.

기쁨을 줄이는 사람은 평안을 얻는다. 이 평안은 토라를 배우기 위해 필요한 상태이다. 이런 점에서 이전 구절에서는 토라를 얻기 위해 필요한 것들이 "소금과 함께 빵을 먹어라... 조금씩 물을 마셔라... 궁핍한 삶을 살아라"고 했으나, 이를 가장 이상적인 인생의 모델이라고는 말하지 않았다. 오히려 생존에 필수적인 것들 이상은 가지지 못하는 사람도 자신이 가진 것으로 만족할 줄 알아야 하며, 토라를 배우는 데에 온 힘을 쏟아 물질의 창고를 더욱 늘리는 데에 힘을 쏟지 않도록 해야 한다고 가르치고 있다(미드라쉬 슈무엘[Midrash Shmuel]).

"이 세상의 기쁨을 삼가는 사람은 장차 올 세상에서 기쁨을 얻느니라"(피르케이 아보트 데랍비 노쏜[Pirkei Avos DeRabbi Nosson] 28:5)고 했으므로, 물질의 축복을 받은 사람은 최대한 물질적 기쁨에 의존하는 모습을 버려야 한다.

제한된 잠

잠은 없어서는 안 될 것이기는 하지만, "잠은 6분의 1의 죽음이다."(버라호트[Berachos] 57b)라고도 할 수 있다. 그러므로 사람은 잠을 줄이고 그 시간을 진정한 삶을 얻는 데에 투자해야 할 것이다. "너는 잠자기를 좋아하지 말라 네가 빈궁하게 될까 두려우니라 네 눈을 뜨라 그리하면 양식이 족하리라"(잠 20:13).

람밤 역시 이런 개념을 수로 나타내어 "하루는 스물네 시간이다. 잠을 자는 데에는 하루 3분의 1 정도인 여덟 시간으로 충분하다"(힐코투 데이오트[Hilchos Deios] 4:4)고 가르쳤다. 그럼에도 불구하고 이전에 있었던, 또 지금도 현존하는 수많은 토라의 거장들 중에서는 하루 여덟 시간도 자지 않는 사람들이 많다. 즉 이 규칙은 가장 큰 역량을 발휘하기 위하여 사람이 반드시 취해야 할 최소한의 수면 시간을 현실적으로 규정해준 것으로, 이는 사람마다 다를 수도 있다.

야간학습: 밤에 토라를 배운다

밤에 토라를 배우는 것은 특별한 가치가 있는데, 바로 밤은 사람의 정신이 별다른 방해를 받지 않는 자유로운 시간이기 때문이다. 이 귀한 시간을 자거나 친구들과 노는 데에 허비하지 말고, 온전히 토라를 배우는 데에 투자해야 하는 것이다.

람밤은 말하기를 "비록 밤낮으로 배우라는 계명이기는 하나, 지혜는 대부분 밤에 얻는다. 그러므로 토라의 왕관을 얻고자 하는 자는 잠을 자고, 먹고 마시며, 잡담을 하는 것으로 한 시간도 허비하지 말며, [대신 그 시간을]토라와 지혜의 말씀을 배우는 데에 활용하라"(힐코트 탈무드 토라[Hilchos Talmud Torah] 3:13)고 가르쳤다.

람밤은 레이시 라키쉬[Reish Lakish]의 말을 인용하며 가르치기를 "밤에 토라를 배울 때에 홀로 찬양받으실 거룩하신 주님께서 선하심의 실을 그 머리 위에 낮 동안 내려주신다. 기록된 바 '낮에는 여호와께서 그의 인자하심을 베푸시고…'(시 42:8)라 함과 같다"고 했다. 그 이유는 무엇인가? 바로 "밤에는 [토라를 공부하는]주님의 노래가 함께 하기" 때문이다(ibid.)(하기가[Chiagigah] 12b). 또 레이시 라키쉬는 주장하기를 "밤은 오직 공부를 위하여 창조되었다"(에이루빈[Eiruvin] 65a)라고도 했다. 더 나아가 현자들은 "초저녁에 일어나 부르짖을지어다"(애 2:19)라는 말씀에서 "하나님께서는 밤에 토라를 공부하는 자의 앞에 서 계신다"(타미드[Tamid] 32b)라는 가르침을 얻었다.

그러므로 밤에 토라를 공부하면 더욱 특별한 가르침을 얻을 수 있다는 사실은 널리 받아들여졌다(쉐모트 라바[Shemos Rabbah] 47:5). 이런 점에서 미드라쉬 슈무엘은 거룩한 조하르[Zohar]의 말을 빌려 한밤중에 토라를 배우기 위해 일어나야 한다고 했다. 기록된 바 "친구들이 네 소리에 귀를 기울이니 내가 듣게 하려무나"(아 8:13)라고 한 것과 같다. 한밤중에는 하나님께서 의인들과 함께 천국의 동산에 앉으셔서 토라를 배우는 사람들이 말씀을 낭독하는 소리를 들으신다고 했다.

공부가 부족하면 재난이 뒤따른다. 현자들이 훈계한 것과 같이, 밤 동안 토라를 배우지 않는 자는 세상에서 제하여질 것이다(타니트[Taanis] 31a;

바바 바스라[Bava basra] 121b). 이런 면에서 슐칸 아루크[Shulcan Aruch]가 저서 '토라를 배우는 귀한 밤 시간'(Setting Time of Torah at Night)에서 특별히 장을 할애하여 "낮보다 밤 시간에 토라를 배우도록 신경 써야 하며, 또 누구든 밤에 배움에 실패하는 자는 큰 징계를 당할 것이다"라고 한 것은 그리 놀랍지 않은 것이다(오라흐 하임[Orach Chaim] 238).

제한된 예화

슈마의 첫 구절에서 하나님께서는 토라의 말씀과 율법을 마음에 새기고 이를 자녀들에게 가르치며 "(혼자)강론할 것이며"라고 명령하신다. 즉 토라의 말씀을 말해야 한다는 것이다(신 6:7)(요마[Yoma] 19b). 이는 사사로운 수다를 절제하지 못하는 것은 긍정계명을 범한 것이라는 의미이다. 말의 선물을 받고 싶다면 토라를 배우는 것만이 그 길인 것이다.

현자들은 가르치기를 "네 기름이 향기로워 아름답고…"(아 1:3)라는 말씀은 곧 토라의 말씀을 뜻한다고 하였다. "물방울 하나가 기름으로 가득 찬 그릇에 떨어지면 기름과 섞이지 않고 오히려 기름을 밀어낸다. 이와 같이 토라의 말씀이 사람의 마음에 떨어지면, 조롱하는 말을 밀어낸다." 반대로 "조롱하는 말이 마음에 들어오면, 토라의 말씀을 밀어낸다"(얄쿠트 시모니[Yalkut Shimoni], 쉬르 하시림[Shir Hashirim], 레메즈[remez] 981).

'조롱의 말'은 특별히 사사로운 잡담을 뜻하는데, 이는 이런 잡담이 토라 연구를 방해하기 때문이다(샤보트[Shabbos] 30b). 때문에 랍비 쉬므온은 선포하기를 "나는 몸에서 침묵보다 더 나은 것을 찾지 못하였다"(1:17)라고 고백하였던 것이다.

그러므로 토라를 얻기 위해서는 가능한 한 사사로운 잡담을 피해야만 할 것이다.

제한된 웃음

솔로몬 왕은 "내가 웃음에 관하여 말하여 이르기를 그것은 미친 것이라 하였고 희락에 대하여 이르기를 이것이 무슨 소용이 있는가 하였노라"(전 2:2)고 말했으며, 랍비 아키바는 "웃음과 경솔함은 사람을 방탕하게 한다"(3:13)며 더욱 자세히 가르쳤는데, 이는 웃음과 경솔함이 매혹적이면서도 지극히 위험한 것이기 때문이다. 깨어 있는 정신과 강도 높은 집중력을 필요로 하는 토라 연구에 이런 웃음은 가장 큰 위협요소들 중 하나인 것이다(샤보트[Shabbos] 30b).

그러므로 랍비 쉬므온 벤 요하이는 "이 세상에서 웃음으로 그 입을 채우지 말라. 기록된 바 '그 때에 우리 입에는 웃음이 가득하고 우리 혀에는 찬양이 찼었도다'(시 126:2)라고 했으며, 그 후(후일에) '그 때에 뭇 나라 가운데에서 말하기를 여호와께서 그들을 위하여 큰 일을 행하셨다'(ibid.)라고 하였느니라"(버라호트[Berachos] 31a)고 가르쳤다.

그러나 본문은 웃음을 완전히 없애라고 말하고 있지는 않다. 마찬가지로 랍비 쉬므온 역시 '웃음으로 입을 가득 채우지 말라'고 할 뿐, 완전히 웃지 말라고 가르치지는 않는다.

웃음이 선한 목적을 위해 사용될 수도 있다. 마음을 풀어주고 영을 자유롭게 하여 더욱 배움에 집중할 수 있도록 하는 것이다. 그러므로 랍비와 다른 현자들은 밝은 분위기를 만들기 위해 강의 전 가벼운 농담으로 분위기를 전환하기도 했다(샤보트[Shabbos] ibid. 라쉬를 참고하라). 이런 웃음은 '율법의 기쁨'의 범주에 들어간다고 볼 수 있다.

화내기를 더디 함

토라를 배우기 위해서는 선생님이나 학생이나 모두에게 인내와 관용이 필요한 법이다. 선생님이 퉁명스러운 태도 대신 참을성 있게 질문에 답해 준다면, 이는 학생뿐만 아니라 선생님 본인에게도 도움이 되는 일이다. 학생에게 제대로 대답을 해주지 않으면 더 이상 질문이 막혀버리고 말 것이며, 이로써 '학생들과의 날카로운 토론'이라는 토라를 얻는 길을 잃어버리고 마는 것이다. 뿐만 아니라 인내로 인해 얻을 보상을 스스로 발로 차버리는 것과도 같은 것이다.

또 학생에게는 겸손과 인내가 요구되며, 선생님께 꾸지람을 듣더라도 이를 화로 응수하기보다는 스스로 절제하는 자세를 길러야 한다. 더 나아가 무언가 이해하지 못한 부분이 있다면 참을성을 가지고 그 부분을 깊이 묵상해야 한다.

이에 더하여 토라를 배우는 사람이 성공적으로 배움을 이루고자 한다면, 열린 마음을 가지고 분을 품지 말아야 한다. "노는 우매한 자들의 품에 머무름이니라"(전 7:9)고 했는데, 이는 분노로 인해 자기가 배운 것을 잊어버릴 뿐만 아니라 어리석은 사람으로 점차 변하게 되기 때문이다(너다림[Nedarim] 22b).

선한 마음

랍반 요하난 벤 자카이는 다섯 명의 제자들에게 "나가서 사람이 마땅히 따라야 할 옳은 길이 무엇인지를 보고 오너라"고 했는데, 이 때 랍반 요하난에게 가장 적절한 답변이라고 평을 들은 답은 바로 랍비 엘라자르 벤 아라크의 "선한 마음"(2:13)이라는 답이었다. 심장, 즉 마음은 다른 장기들을 다스리는 기관이다. 선한 마음을 가지고 있을 때에, 즉 선한 일을 행하고자 하는 열망이 마음속에 있을 때에는 몸의 모든 장기들이 이를 따른다. 이 때는 생각조차도 마음의 열정을 받아들인다.

그러므로 "지혜로운 마음이 있는 모든 자에게 내가 지혜를 주어."(출 31:6)라고 했으며, 또 "지혜는 명철한 사람의 마음에 머무른다"(잠 14:33)고도 했다. 마음에 지혜의 자리가 있으며, 그곳에서 사람의 행동과 생각이 나타난다. 지혜롭고 분별력 있는 마음을 가진 사람이라면, 지혜를 얻고 하나님의 뜻을 이해하고자 한다면, 마땅히 더 많은 지혜를 추구할 것이다.

반대로 "미련한 자는 무지하거늘 손에 값을 가지고 지혜를 사려 함은 어찜인고"(잠 17:16)라고 했다. 선한 마음이 없는 사람은 토라의 지식도 얻을 수 없다. 마하랄은 설명하기를 '선한 것'(토라 외에는 선한 것이 없노라. [아보다 자라(Avodah Zarah) 19b)이라고 불리는 토라는 악한 사람의 마음에는 자리를 잡지 못한다고 했다. 또 이는 '선한 마음'이 토라를 얻기 위해 필요한 기본적인 마음의 상태이므로, 성경은 "무릇 지킬 만한 것 중에 더욱 네 마음을 지키라 생명의 근원이 이에서 남이니라"(잠4:23)고 명령하고 있다고 했다.

현인들에 대한 믿음

현인들에 대한 믿음은 우리에게 현인들의 말씀을 즉각적으로, 또 절대적으로 받아들일 것을 요구한다. 곧 "그들이 네게 보이는 판결을 어겨 좌로나 우로나 치우치지 말 것이니라"(신 17:11)고 한 바와 같은데, 이는 "비록 [현자들이]왼쪽더러 오른쪽이라 하고 오른쪽더러 왼쪽이라 하더라도"(시프레이[Sifrei] ibid., 예루샬미, 호라요스[Yerushalmi, Horayos] 1:1, 쉬르 하쉬림 라바[Shir Hashirim Rabbah] 1:2) 그렇게 해야 한다는 말이다.

계명은 "그에게 의지하면"(신 11:22)이라고 명령하고 있는데, 히누크[Chinuch]의 저자(434번째 계명)는 이에 대해 말하기를 "하나님께서는 우리에게 토라의 현인들과 함께 하며 또 그들에게 충성하라고 명령하고 있다"고 했다. 현인들은 우리와 시내산을 연결해 주는 사람들이며, 또 하나님과 연결해 주는 사람들이다. 선생님으로부터 토라를 배우는 것은 곧 선생님의 스승으로부터 토라를 배우는 것과 같으며, 그렇게 그 대를 따라가 보면 하나님께 직접 말씀을 배운 모세에게로 이어지는 것이다.

랍비의 계명을 실천하기 전 먼저 우리는 하나님께 "우리에게 명령하신...(중략) 주님"이라는 말로 감사의 기도를 드린다. 그러나 현자들이 공표한 계명들을 어떻게 하나님께서 명령하신 것이라고 말할 수 있는가? 바로 하나님께서 우리에게 현인들의 말씀을 따르라고 명령하셨기 때문이다. 말씀에는 "그들이 네게 보이는 판결을 어겨 좌로나 우로나 치우치지 말 것이니라"(신 17:11)고 했으며, 또 "네 어른들에게 물으라 그들이 네게 말하리로다"(신 32:7)라고 했다(샤보트[Shabbos] 23a).

즉 우리는 다음의 두 가지 이유로 현인들의 말씀을 따라야 하는 것이다. 하나님께서는 우리에게 지식과 지혜를 가진 현인들에게 순종하라고 명령하셨다는 것이 첫 번째 이유이며, 또 전통이 세대와 세대를 거쳐 스승으로부터 제자에게 이어져왔으므로, 현인들이 토라로 향하는 유일한 길을 가지고 있기 때문이다.

제자가 겸손과 믿음으로 현인들의 말씀을 받아들일 때 그 말씀들이 마음에 새겨지고 비로소 본인의 것이 된다. 바로 이를 두고 전통이 이어진다고 하는 것이다. 곧 현인들이 말한 바 "현자들을 두려워하는 자는 현자가 되리라"(샤보트[Shabbos] 23b)고 한 것과 같다.

고통을 받아들임

하나님께서는 이스라엘에게 고난과 노력으로만 얻을 수 있는 세 가지 선물을 주셨으니, 바로 토라, 이스라엘 땅, 그리고 장차 올 세상이다(버라호트[Berachos] 5a). 이전 구절에서는 "이것이 토라의 방법이다"라고 가르치며 이 주제를 언급했다. 곧 야곱이 잇사갈을 축복할 때 "어깨를 내려 짐을 메고…"(창 49:15)라고 했는데, 라쉬의 해석에 따르면 이는 바로 토라의 짐을 뜻하는 것이다.

토라를 얻기 위하여 고난을 받을 준비를 해야 한다는 개념은 다음의 구절에서도 나타나고 있다. "여호와여 주로부터 징벌을 받으며 주의 법으로 교훈하심을 받는 자가 복이 있나니"(시 94:12) 즉 주님께서 징계를 내리시더라도 이를 불평하지 않고, 남을 탓하지도 않으며, 하나님께 대항하지도 않고 묵묵히 토라를 배우는 자는 "복이 많은 사람"이라는 것이다.

고난을 더 높은 곳으로 올라갈 기회로 삼기 위해서는 위 구절의 일부인 '주님의 토라로 친히 가르치시는 사람'이라는 말씀을 마음속에 새겨야 할 것이다. 즉 고난을 받는 것뿐만 아니라 고난 중에 토라를 배우기까지

해야 한다는 것이다. 기꺼이 고난을 받아들이는 수준에 이르기 위해서는 먼저 토라 연구를 깊이 사랑하는 마음을 길러야 한다.

그렇다면 왜 고난을 '즐거워'해야 한다는 것일까? 고난은 속죄의 수단이므로, 계명을 실천함으로 얻을 보상을 즐거워할 수는 있다. 때로는 고난이 자기 행실을 되돌아보도록 하는 기능을 하기도 한다. 다윗 왕이 "인자하심을 영원히 세우시며…"(시 89:2, 직역)라고 선포한 것과 같이, 견디기 힘든 고난의 시간도 하나님의 선하심으로 표현되는 것이다. 이 모든 것들을 깨닫는다면 고난이 오는 이유를 이해하고 이를 기쁨으로 받아들일 수 있을 것이다.

뜨거운 열정으로 토라를 배우는 데에 최선을 다하는 사람은 더 이상 어려움을 느끼지 않는다. 진실로 고난을 즐기는 것이다. 또 이런 사람은 토라를 배우는 것으로 죄가 씻겨지며 더 높은 곳으로 올라가기 때문에 토라를 더욱 깊이 이해할 수 있게 된다(마할랄[Maharal]).

사랑으로 오는 고난

때때로 하나님께서는 죄가 없는 사람도 고난을 받게 하신다. 곧 성경에서 "여호와께서 그 사랑하시는 자를 징계하시기를 마치 아비가 그 기뻐하는 아들을 징계함 같이 하시느니라"(잠 3:12)라고 한 것과 같다. 그 이유는 무엇인가? 바로 "장차 올 세상에서 그가 받을 보상을 더 키우시기 위함이다"(라쉬[Rashi] ibid.). 이 때문에 고난을 사랑으로 받아들여야 하는 것이다. "홀로 찬양받으실 거룩하신 주님께서 원하시는 사람마다 고난을 주신다. 기록된 바 '여호와께서 그에게 상함을 받게 하시기를 원하사'(사 53:10)라고 한 것과 같다. 그러나 오직 '스스로를 죄가 있다고 여길 때'(ibid.)에만 그렇게 하실 것이다. 그리하여 그는 '그가 씨를 보게 되며 그의 날은 길 것이요'(ibid.). 또 그 배운 것이 오래 남아 '여호와께서 기뻐하시는 뜻을 성취하리로다'(버라호트[Berachos] 5a).

이런 사랑의 고난에 대해 현자들은 "토라를 배우는 것을 방해하지 않으며...(중략) 기도할 수 없을 정도까지도 아니다"(ibid.)라고 가르쳤다. 사랑의 고난을 겪은 인물로는 랍비 쉬므온 바르 요하이의 아들 랍비 엘아자르를 들 수 있을 것이다. 그는 무고한 사람의 죽음을 야기했다는 죄책감을 가지고 있었는데, 하늘나라에서 그가 죽을 만한 사람이었다고 선포하였음에도 그 죄책감을 떨치지 못하였다. 이에 랍비 엘아자르는 고난을 받기를 스스로 청하였다.

이로 인해 매일 밤 그는 고난을 받았는데, 오히려 그는 그 고통을 "내 형제들과 친구들이여!"라고 불렀다. 아침에는 육십 장이나 되는 시트가 피로 적셔져 있었으며, 몸에서는 고름이 새어 나왔다. 그러나 그는 아침에는 고난에게 "가거라, 가서 내가 토라를 연구하는 것을 방해하지 말라"고 했다고 한다(바바 메찌아[Bava Metzia] 84b).

사람의 위치를 인지함

토라를 얻기 위한 마흔여덟 가지의 것들 중에서 처음 스물네 가지의 것들은 토라를 얻는 데에 도움이 되는 것들이었다. 이제 본문은 나머지 스물네 가지의 것들에 대해 말하기 시작한다. 곧 얻은 토라를 오래도록 마음에 새기고 이를 자신의 것으로 만들기 위해 필요한 것들에 대해 말하고 있는 것이다.

이 나머지 스물네 가지 자질들 중 제일 먼저 소개되는 자질은 바로 "사람의 위치를 인지함"에 대한 것이다. 즉 먼저 자신의 장점과 단점을 올바르게 평가할 줄 알아야 한다는 것이다. 자기가 무엇을 아는지, 무엇을 중요하게 여기는지, 또 무엇을 모르는지를 인식하고 자기계발과 토라를 아는 지식을 함께 도모해야 할 것이다.

토라는 진리이므로, 거짓과 함께 할 수 없다. 또 물이 흐르지 않고 위에 고여 있을 수 없듯이 토라는 교만한 사람에게 있을 수 없다(타니트[taanis]7a). 지식을 얻고자 하는 욕망으로 불어난 교만으로 인해 자신의 잠재력을 최대한으로 끌어낼 수 없기 때문이다. 허영심으로 인해 자기가 토라에 대한 지식이 많다고 착각한다면, 그 토라의 지식이 오히려 그를 떠나고 말 것이다.

라쉬와 랍비 이삭 벤 랍비 슐로모[R' Yitzchak ben R' Shlomo]는 이 구절에서 '자기 자리'가 물리적인 장소를 뜻하는 것이라고 해석했다. 즉 한 장소에서 정기적으로 토라를 배우는 것이 권장된다는 것이다. 이러한 점에서 현자들은 "머리는 순금 같고 머리털은 고불고불하고 까마귀 같이 검구나"(아 5:11)는 구절을 토라의 말씀은 학당에 일찍(샤카르) 가서 늦게 (에레브) 떠나는 사람에게 주어진다는 뜻이라고 해석했다(에이루빈[Eiruvin] 21b, 라쉬). 공부할 자리를 찾는 사람에게는 배움의 자세가 마음에 자리를 잡는 법이다.

'사람의 위치를 인지함'이라는 말은 곧 토라를 아는 자라고도 해석할 수 있다. 즉 이런 사람은 열심히 토라를 배우므로 마음에 견고한 자리를 잡은 것이며, 흠잡을 데 없는 논리와 의심의 여지없이 견고한 근거들로 자신의 주장을 지지할 수 있을 것이다. 이런 수준에 이르기 위해서는 결국 꾸준히 배우고 지식의 폭을 넓히는 수밖에 없으며, 또 완전히 이해할 때까지 복습하고 또 복습하는 것밖에는 방법이 없다. 이런 방법으로 자기 속에 토라가 거할 자리를 만드는 것이며, 그 후에야 본인 자체가 토라의 자리가 될 수 있는 것이다.

사형 죄를 다스리는 재판에서 나타나는 특이한 제도를 이런 원리로 설명할 수 있다. 사형 죄를 다루는 재판에서 만일 판사가 피고에게 죄질이 무겁기 때문에 유죄를 선고해야 한다는 쪽으로 마음이 기울면, 판사는 바로 형을 선고하지 않고 다음날까지 판결을 유예한다. 그리하여 충분한 시간 동안 동료들과 이에 대해 논의하여 피고가 목숨을 구할 여지를 조금이라도 남겨두는 것이다. "다음날이 되면, (판사는)법정에 일찍 나온다. (이전에)무죄를 주장하였던 이(판사)는 '무죄를 외쳤던 나의 주장을 관철하겠소.'라고 말할 것이며, 또 (이전에)유죄를 주장하였던 이(판사)는 '유죄를 외쳤던 나의 주장을 관철하겠소'라고 할 것이다"(산헤드린[Sanhedrin] 40a). 즉 무죄를 주장하는 판사가 먼저 말을 하도록 하여 다른 판사들이 무죄에 조금 더 마음이 쏠리도록 유도하는 것이다.

'나의 주장을 관철하겠소'라는 말의 원문은 '나의 자리를 지키겠소'이며, 이를 히브리어 문자 그대로 번역하면 '나는 내 자리에 서있겠소'라는 뜻이다. 즉 자신의 자리(주장)에 절대적 확신을 가지고 이를 관철하겠다는 것이다.

교훈적 해석으로 '사람의 위치를 인지'하는 자는 곧 이 세상에서 영원히 살 거처를 찾지 않는 사람을 뜻한다. 사람의 몸은 결국 "흙과 벌레와 구더기의 장소로"(3:1) 돌아가므로, 장차 올 세상에서 영생을 누릴 진정한 장소인 "연회장"(4:21)으로 들어갈 준비를 해야 하는 것이다.

토라를 배우는 자들은 '사람의 위치를 인지'해야 한다. 자신의 교만함을 꺾고 머리에 월계수를 쓰려 하기 보다 토라와 지혜를 더욱 얻고자 추구해야 하며, "시온에서 하나님 앞에 각기 나타나리이다"(시 84:7)는 말씀을 이루는 길로 나아가야 한다.

사람의 몫에 행복해 함

토라를 오래도록 마음에 간직하고자 하는 자는 먼저 '사람의 몫에 행복해 하는'자가 되어야 한다. 이 물질의 세계에서 손에 든 것으로 만족할 줄 아는 사람만이 제대로 배움에 투신할 수 있는 것이다. 그럴 때에 그 마음은 다른 세속적인 걱정으로부터 벗어나 온전히 토라를 얻는 데에 온 정신을 쏟을 수 있을 것이다.

일부 주석가들은 이 구절이 '토라를 가진 것'을 말한다고 해석하기도 한다. 즉 토라를 배운다는 사실만으로도 기뻐하는 사람을 뜻한다는 것이다. 한 권을 다 끝낸 후에 드리는 기도문에서 우리는 "감사합니다 주님…(중략) 학당에 앉은 자들 중에서 제가 가질 것을 저에게 주시고, 길거리에 앉은 자들에게 주지 않으심에 감사합니다."라고 기도한다. 토라를 배울 수 있다는 사실에 기뻐하고 이에 감사할 줄 아는 사람은 토라를 마음속에 오랫동안 품을 수 있을 것이다.

그러나 '몫'(원문은 지분(portion), 역자 주)이라는 단어는 아직 완전하지 않은 것을 뜻한다. 그렇다면 아직 완전하지도 않은 것을 '몫'으로 즐거워할 수 있는가? 하나님을 섬기는 사람이라면 지식이 충만하고 인성이 온전함을, 즉 완전함을 바라는 것이 당연하지 않은가?

다른 사람들을 질투하지 않는 사람은 실망하지 않으므로, 토라를 배우는 데에 시간과 에너지를 투자하더라도 결국 그 투자한 모든 것들이 자신에게 돌아온다. 이를 위해서는 먼저 자기 자리를 알아야 한다. 즉 그 어떤 어려움을 맞닥뜨린다 하더라도, 이 세상에서 수고한 것으로 올 세상에서 받을 보상이 크다는 사실을 반드시 알아야 한다는 것이다.

마지막으로 '사람의 몫에 행복해 함'이라는 구절은 토라를 배울 때에 한꺼번에 모든 것을 다 알려고 하지 말고, 조금씩 자신이 배운 것으로 만족해야 한다는 가르침을 전해준다.

그의 개인적인 일에 울타리를 두름

토라를 아는 지식을 마음속에 깊이 새기고자 하는 자는 반드시 "그의 개인적인 일에 울타리를 둘러야 한다." 즉 너무 많은 것을 말하지 않도록 조심해야 한다는 것이다. "지혜에 대한 울타리는 침묵이다"(3:17)라고 함과 같이 이런 사람은 지혜를 얻을 것이다.

토라에서 '울타리'는 곧 자기가 배운 것을 끊임없이 복습하여 마치 울타리를 치듯 배운 것이 빠져나가지 않도록 하는 것(지키는 것)을 뜻한다. 또한 울타리를 두르라는 말씀은 곧 자신이 이해하지 못하는 분량까지 한꺼번에 배우려하지 말라는 가르침이기도 하다. 받아들일 수 없는 분량까지 억지로 배우려 하다보면 결국 자신이 이미 배워 가지고 있는 것까지 잃을 수 있기 때문이다.

셋째, 자신의 말에 울타리를 두른다는 것은 곧 분명하게 배우고 그 배운 것을 정리하라는 의미이다. 이런 면에서 현자들은 가르치기를 "예후다의 사람들이 말에 조심했으므로, 토라가 그들에게 남았다. 반면 갈릴리의 사람들은 말을 조심하지 아니하였으므로 토라가 그들에게 남지 않았다"(에이루빈[Eiruvin] 53a)라고 하였다. 마할랄은 이런 가르침을 다음과 같이 해석했다. "예후다의 사람들은 배운 내용을 똑같이 복습하였으므로 오랫동안 기억하였으며…(중략) 반면 갈릴리의 사람들은 복습할 때 단어 하나하나 조심하여 복습한 것이 아니므로 오랫동안 기억할 수 없었다"(데레크 하하임[Derech Hachaim]).

하시드 야베츠쯔 더 나아가 말에 울타리를 두르는 것이란 곧 말할 때에는 분명하게 말하여 상대방이 잘못 이해하지 않도록 해야 한다는 가르침이라고 하였다. 이전 구절에서 "현자여, 네 말을 조심하라"(1:11)고 가르친 것과 같다.

'자신의 말'(데바라브)이라는 단어는 '자신의 것'으로도 해석이 가능하다. 이런 해석을 따를 경우 이 가르침은 이 땅에서의 노력에 울타리를 두르라는 가르침으로 이해할 수 있다. 즉 죄에서 멀어지기 위하여 이 땅에서 할 수 있는 일이라도 거리를 두어야 한다는 것이다. 곧 현자들이 "토라의 주위에 울타리를 둘러라"(1:1)고 꾸짖은 것과 같이 토라가 허락한 활동이라도 울타리를 둘러 혹시라도 모르는 사이에 토라가 정한 범위에서 벗어나지 않도록 해야 한다는 것이다. 죄와 계명의 경계까지 가지 않는 사람은 죄와 계명을 쉽게 구분할 수 있다. 그 영혼은 계속 그 순결함을 유지할 것이며, 토라 역시 영원히 그 안에 남을 것이다. 이러한 사람은 영적인 위상을 깎아내릴 수 있는 행동은 일절 하지 않으므로, 즉 토라가 요구하는 것보다 더 많은 것을 행하는 사람이므로 "선한 행실이 그의 지혜보다 더 큰"(3:12)사람이라고 할 수 있으며, "그의 지혜는 오래도록 남을 것이다"(ibid.).

자신을 위해 공적을 주장하지 않음

토라를 아는 지식을 굳게 지키고자 하는 자는 많은 것을 이루었다는 생각에 사로잡혀서는 안 될 것이다. 만일 자신의 교만을 맘껏 충족시킨다면 이미 많은 것들을 배우고 이루었다는 생각에 배움을 그만 둘 여지가 크다. 이런 점에서 현자들은 가르치기를 "장차 올 세상에 들어갈 자 누구인가? 겸손하고 온유하여 조용히 들어가고, 조용히 나가며, 꾸준히 토라를 배우고, 자신의 공로를 구하지 않는 자이다"(산헤드린[Sanhedrin] 88b)라고 했다.

자신의 공로를 추구하지 않는 자는 지식으로 공을 얻으려 하지 않으며, 그저 하나님의 도움이 없었더라면 아무것도 이룰 수 없었음을 깨닫고 이를 깊이 묵상한다. 곧 현자들이 말한 바 "토라를 배울수록 자신의 공로를 찾지 말라, 이는 네가 피조물이기 때문이니라"(2:9)고 한 것과 같다.

이 구절을 더욱 문자적으로 "자신을 위해 선한 것은 무엇도 구하지 않는다"로 해석이 가능하다. 일부 주석가들은 여기서 '선한 것'이 곧 토라를 뜻한다고 말하고 있다. "내가 선한 도리를 너희에게 전하노니 내 법을 떠나지 말라"(잠 4:2)에서 토라를 선한 도리라고 표현한 것과 같으며, 이 구절에서 말하는 사람은 곧 다른 사람과 자신의 지식을 나누는 사람을 뜻한다. 이런 점에서 "사람은 고생을 위하여 났으니 불꽃이 위로 날아가는 것 같으니라"(욥 5:7)는 구절에서 사용된 단어 '레아말'(l'amal, 고난을 겪다)은 '릴모드 알 메나스 라라메드'[lilmod al m'nas l'lamed], 즉 '가르치기 위해 배운다'는 문장의 두문자어라고 해석할 수 있는 것이다.

다른 사람들을 가르칠 때에는 이는 자신이 가르치는 내용을 더욱 잘 기억할 수 있을 뿐만 아니라 자신이 개인의 유익이 아닌 온 민족을 위해 토라를 배운다는 것을 나타낸다는 점에서 가르치는 자 본인에게도 큰 유익이 된다고 할 수 있다.

사랑받게 됨

토라를 얻기 위해서는 '사랑받아야' 한다. 또 '자기 공로를 추구하지 않는' 사람, 다른 사람들보다 자신을 낫다고 여기지 않는 사람은 다른 사람들에게도 사랑받는다.

또 다른 사람들에게 사랑받는 자는 하나님께서도 사랑하시는데, 이는 "만약 사람의 동료들의 영이 그를 기뻐한다면, 편재하시는 하나님의 영이 그를 기뻐할 것"(3:13)이기 때문이다. 다른 사람들에게 '사랑받는다'는 것은 곧 자신의 선한 성품을 증명하는 것이요, 이로써 토라의 왕관을 받을 만한 가치가 있음을 증명하는 것이다. 그러나 이보다 더 큰 것은, 하나님께서 지혜의 축복을 이런 사람에게 내려주신다는 점이다(데레크 하하임 [Derech Hachaim]).

더 나아가 다른 사람들과 사귀기를 즐기는 사람은 다른 사람들로부터 뛰어난 스승으로 쉽게 받아들여질 것이며, 걸출한 동료들과 교우를 맺고 수많은 제자들과의 활발한 토론에 참여하게 될 것이다.

편재하시는 분을 사랑함

토라를 배우고 다른 사람들로부터 사랑받는 자는 또 하나님을 사랑하는 사람이다(요마[Yoma] 86a). 현자들은 이런 사람을 두고 말하기를 사람들이 하나님의 종을 사랑하고 존경하도록 함으로써 "하늘나라의 이름이 (그를 통하여)널리 사랑받도록 해야 한다"(ibid.)고 했다. 진심으로 누군가를 사랑하는 사람은 다른 사람들도 그를 사랑하도록 만들고 싶어 한다. 그러므로 이스라엘 백성들 역시 진심으로 하나님을 사랑한다면 다른 민족들도 하나님을 사랑하도록 인도해야 하는 것이다. 그럴 때에야 "주 너의 하나님을 사랑하라"(신 6:5)는 계명을 실천한 것으로 여김을 받을 것이다.

하나님을 사랑하는 사람은 하나님의 뜻을 실천하고자 토라를 '그 자체를 위해' 배우게 된다. 또 토라의 말씀이 그의 일부가 되어 그가 누구인지를 나타낼 것이다. 다윗 왕이 "나의 하나님이여 내가 주의 뜻 행하기를 즐기오니 주의 법이 나의 심중에 있나이다"(시 40:8)라고 고백한 것과 같다.

누군가를 사랑할 때면, 사랑하는 사람의 모든 것을 다 알고 싶어 하는 법이다. 하나님을 사랑하는 사람 역시 하나님에 대해 말하고 하나님께서 세상을 다스리는 법에 대해 말하고 있는 토라를 기쁨으로 배우는 법이다. 람밤의 말을 빌리자면, "토라 전체가 홀로 찬양받으실 거룩하신 주님의 이름으로 되어 있다"(토라 주석, 서론). 토라에서 우리는 하나님께서 이 세상에 어떻게 역사하고 계시는지를 직접 볼 수 있는 것이다.

의로운 방법들을 사랑함, 정의를 사랑함, 질책을 사랑함

'의로운 방법'은 곧 어려운 이들을 돕는 것을 말한다. 이 구절의 원문은 '방법들', 즉 복수 표현을 사용하고 있는데 이는 토라를 얻는 사람이란 어려운 이들을 도움으로써 의의 길을 따를 뿐만 아니라 다른 사람들도 그 길을 따르도록 이끈다는 점을 가르치기 위함이다(야베쯔[Yaavetz]). 즉 이런 사람은 다른 사람들을 의의 길로 인도함으로써 다른 이들을 돕는 것이며, 스스로를 자랑하기 위하여 타인을 돕는 것이 아님을 나타내는 것이다.

'정의를 사랑하고'라는 구절에서 '정의' 역시 원문에서는 '정의들', 즉 복수 표현이 사용되었는데, 여기에는 세 가지 의미가 담겨 있다.

첫째, 꾸짖음을 받아들이는 것을 넘어서 정의를 바라고 이를 찾아다니라는 것이다.

둘째, 꾸짖음을 기꺼이 받아들이고 남에게도 질책하기를 주저하지 말라는 것이다.

셋째, 질책에는 두 가지 종류가 있다는 것이다. 곧 다른 사람에게 듣는 질책과 스스로에게 하는 질책이다. 스스로에게 하는 책망이 다른 사람들로부터 듣는 질책보다도 더 그 영향이 큰데, 이는 스스로를 채찍질함으로써 본인이 더욱 발전해야 한다는 필요성을 절실히 깨닫고 이를 마음에 새기게 되기 때문이다. 곧 기록된 바 "한 마디 말로 총명한 자에게 충고하는 것이 매 백 대로 미련한 자를 때리는 것보다 더욱 깊이 박히느니라"(잠 17:10)고 한 것과 같다. 그러나 대부분의 사람들은 "스스로의 잘못을 받아들이지 못하므로"(샤보트[Shabbos] 119a), 다른 사람들로부터의 책망을 기꺼이 받아들여야만 한다.

토라를 배우는 자는 반드시 '의로운 방법'을 사랑해야 한다.

토라를 배우는 사람이라면 인생의 모든 영역에서 반드시 의로운 방법으로만 가야 한다. 입 밖으로 나오는 모든 말과 실생활에서 맺어지는 모든 관계가 진실함으로 이루어져야 하며, 의로운 방법으로 가는 사람들과 함께 머무르도록 스스로 노력해야 한다.

진실을 사랑하는 마음은 토라를 배우는 것과도 연관되어 있다. 즉 오직 진리를 얻고자 하는 목적으로 배움을 실천해야 하는 것이다.

그렇다면 이 세 가지 성품이 토라를 배우는 데 도움이 되는 이유는 무엇인가?

마하랄은 이 세 가지 성품이 각각 세 가지의 율법의 종류와 연관되어 있다고 설명하며 그 이유를 제시하고 있다. 이 세 가지 율법의 종류란 바로 자선, 선행, 부모를 공경하는 것과 잃어버린 물건을 돌려주는 것 등의 계명이 '의로운 방법'에 대응한다.

또 꾸준히 정직한 길을 가는 것과 더불어 사람 대 사람의 관계, 하나님과의 관계 등에 대해 말하고 있는 수많은 전통들이 '정의'에 해당한다.

마지막으로 율법에서는 많은 행위들을 금지하고 있는데, 이는 하나님의 뜻을 어기고 죄를 범하지 못하게 하려는 데에 그 목적이 있다. 이러한 의미에서 토라에 나오는 많은 금지 계명들은 '질책'에 해당한다.

책망의 가치

많은 위대한 토라의 거장들은 자신을 꾸짖는 동료를 미워하기보다 오히려 그들을 섬겼다.

이런 점에서 17세기를 살았던 그 유명한 크라카우의 랍비, 랍비 여호수아 헤첼[R' Yehoshua Heschel]의 일화는 특기할 만하다. 랍비 여호수아 헤첼은 사람들의 영적 상태가 어떤지 직접 알아보기 위하여 자신의 관할 하에 있던 근처 마을들을 여행했다.

어느 날 저녁 그는 한 마을에 묵게 되었는데, 지방 여관에서 유대인 주민들에게 음식을 대접받게 되었다. 그 곳에서 랍비 헤첼은 사람들에게 토라의 말씀을 전했다.

그날 저녁, 늦은 시간에 교사(멜라메드[melamed])가 여관에 들어왔다. 이 경건한 교사는 새벽에 성전의 파괴를 슬퍼하는 기도인 티쿤 하조트[Tikun Chatzos]를 드리기 위하여 일찍 잠자리로 들려 했다.

상석에 누가 앉아 있는지, 음식을 대접하는 이유가 무엇인지 묻지도 않은 채 교사는[21] 다짜고짜 랍비 헤첼에게 걸어오더니, 티쿤 하조트 기도문을 인용하기까지 하며 그를 꾸짖기 시작했다. "라마의 목소리가 들리노라. 하늘에서 주님이 외치시며, 주님의 거룩한 처소에서 주님이 외치셔서 사자와 같은 그 소리에 온 땅이 떨린다. 내가 울부짖으며, 나의 눈에 눈물이 흐른다. 기도문에 이렇게 말하고 있습니다. 거룩하신 하나님께서

---

[21] G. 소페르(G. Sofer)의 마아세이 아보스(Maasei Avos)는 그를 오를레앙의 리(Ri of Orleans)라고 한다.

도 울고 계시거늘, 어찌 여기 앉아서 웃으며 먹고 마시는 것입니까?"

그러자 랍비 헤첼은 급히 환담을 마무리하고 황급히 식사를 끝냈다.

다음날 아침, 랍비 헤첼은 그 교사를 불러 물었다. "교사로 일하면서 얼마나 버십니까?" 자신의 수입을 답하자, 랍비 헤첼은 그에게 "저와 같이 크라카우로 갑시다. 제가 실수하고 잘못된 행실을 할 때마다 절 꾸짖어주시는 조건으로, 두 배의 수입을 드리겠습니다."라고 요청했다.

교사는 이에 동의하였고, 랍비 헤첼과 함께 크라카우로 향하여 그 곳에서 오랫동안 맡은 의무를 다하였다.

어느 날 밤, 랍비 헤첼은 이해하기 어려운 탈무드의 구절을 연구하는 데에 푹 빠진 나머지 아침이 오는 것도 깨닫지 못했다. 아침기도(샤하리트)에 늦은 것을 깨달은 그는 서둘러 학당으로 달려갔으나, 그 곳에서는 이미 교사가 그를 기다리고 있었다. 랍비 헤첼은 다가가며 교사가 자신을 꾸짖을 것이라고 생각하였지만, 교사는 정작 아무 말도 하지 않고 랍비 헤첼의 뒤를 따라 학당으로 함께 들어갈 뿐이었다.

그 후 교사는 랍비 헤첼에게 가서 의무를 다하라고 요청하였다.

랍비 헤첼은 교사가 화가 난 줄 알고 "용서해주시오. 절대로 당신의 말을 무시해서 늦은 것이 아닙니다. 배움에 너무 깊이 빠져있다 보니 아침이 오는 줄도 몰랐습니다."

그러자 교사가 답하였다. "오늘 아침 기도하러 오실 때 토사포트를 쓴 저자들 중 한 명의 영이 당신과 함께 있는 것을 보았습니다. 때문에 위대한 학자의 영이 당신과 함께 할 정도라면, 굳이 제가 당신을 꾸짖을 필요가 없다고 생각했습니다."

그 날로 교사는 자신이 살던 마을로 돌아가 교사로서의 일에 전념했다고 한다.

현자들은 다음과 같이 가르친다. "사람이 마땅히 정해야 하는 정의로운 길은 무엇인가? 정의로운 길을 가는 자는 마땅히 꾸짖음을 사랑해야 하니, 이는 이 땅에 꾸짖음이 있는 한 평안도 함께 있음이라. 선함과 복은 이 세상에 찾아오고 악이 세상에서 떠나리라. 곧 기록된 바 '오직 그를 견책하는 자는 기쁨을 얻을 것이요 또 좋은 복을 받으리라'(잠 24:25)고 함과 같다"(타미드[Tamid] 28a).

다른 사람을 꾸짖는 것도 쉬운 일은 아니다. 상대방이 억울함을 느낄까 두렵기 때문이다. 그러나 현자들은 이에 대하여 다음과 같이 가르치고 있다. "하늘나라를 위하여 동료를 꾸짖는 자는 찬양받아 마땅하신 거룩하신 주님의 기업을 받을 것이다. 기록된 바 '사람을 경책하는 자는 혀로 아첨하는 자보다 나중에 더욱 사랑을 받느니라'(잠 28:23)고 하였으니, 이런 자는 찬양받아 마땅하신 거룩하신 주님의 길을 걷는 자이다. 뿐만 아니라 선함의 끈이 그의 머리 위에 내리리라. 기록된 바 '아첨하는 사람보다 칭찬을 듣는다'(ibid.)라 함과 같다"(타미드[Tamid] ibid.)

존경으로부터 멀리 떨어져 있음

토라를 얻은 후에도 명예욕에 빠져서는 안 된다. 명예욕의 유혹은 강하지만, 그 위험은 너무나 강하다. 그 욕망에 빠져든 사람은 결국 이 세상에서 쫓겨날 것이다. 사람들이 돌리는 명예와 존경을 불쾌하게 여겨야만 한다. 토라를 제대로 배운 사람이라면, "토라 외에는 명예로운 것이 없으므로 결국 (한 명의 개인으로서가 아닌, 토라를 대표하는 대표자로서)명예가 찾아올 것이다"(너다림[Nedarim] 62a).

어떤 이들은 존경과 거리를 두는 모습을 보여주기는 하지만, 그 속에는 속물적인 욕망을 감추고 있기도 하다. 어느 날 메치리치의 막기드[The

Maggid of Mezeritch]는 길을 지나가다가 한 학생이 모자를 쓰고 의기양양한 모습으로 걸어 다니는 모습을 보았다. "무엇 때문에 그리 행복해하느냐?"

"오늘 여섯 페이지나 배웠습니다!" 학생이 당당하게 답하자, 막기드가 이렇게 답하였다. "게마라 여섯 페이지를 배워서 모자를 쓰고 이렇게 당당하게 돌아다니거늘, 몇 페이지를 더 배워야 모자가 땅에 떨어지겠느냐?"

그 말을 들은 학생은 눈물을 쏟았다. 그 날부터 그 학생은 메치리치의 막기드를 따라다니며 배웠다고 한다(드미요스 호드[Dumiyos Hod]).

그의 배움으로 거만하지 않음

현자들은 가르친다. "너무 자기 확신에 찬 사람은 영적으로 어리석고 사악하고 그리고 거만하다"(4:9). 이런 사람은 자기 잘못을 고치지 않으면서도 자기가 모든 것을 다 알고 있다고 믿는다는 점에서 '어리석다'고 할 만하다.

"그의 배움으로 거만하지 않고"라는 구절은 진지하고 깊은 고민 없이 전통을 정할 수 있다고 확신하지 말라는 가르침이기도 하다. 과거의 전례가 있다 하더라도 문제를 깊이 고민하고 또 심사숙고한 후에야 무언가를 결정할 수 있다는 것이다.

마할랄은 "배운 것으로 오만해지지 않고"라는 본문을 겸손과 연관지어 설명하고 있다. 말씀은 "겸손한 자에게는 지혜가 있느니라"(잠 11:2)고 가르친다. 즉 겸손한 사람은 지혜를 그 안에 숨기고 있으면서도 이를 성급하게 겉으로 드러내지 않는다는 것이다. 반면 "지혜로운 사람이 자만하면 그 지혜가 오히려 그를 떠난다"(페사힘[Pesachim] 66b).

할라카적인 의사결정을 즐기지 않음

"그의 배움으로 거만하지 않는" 사람은 "할라카적인 의사결정을 즐거워하지" 않는다. 이런 사람은 자기가 토라를 완전히 다 익혔다고 감히 상상하지 않으며, 배운 사람으로서 자신의 어깨에 얼마나 무거운 책임을 지고 있는지를 통감한다.

현자들은 법을 세울 때에 자신의 부족함과 미약함과 동시에 "그의 크심은 땅보다 길고 바다보다 넓으니라"(욥 11:9). 토라의 위대함을 마음속에 새긴다. 이를 통해 법을 세움으로 즐거움을 취하기보다는 경외와 두려움으로 법을 세우며 실수를 범하지 않도록 하는 것이다.

현자라도 전통에 관한 문제를 자기보다 더 뛰어난 사람들과 논의하지 않고 혼자 결정한다면 "악에 악이 그 위에 더한다"(예바모트[Yevamos] 109b)는 것이 현자들의 가르침이다. 다른 토라 현자들과 논의하지 아니하였으므로 법을 세울 때에는 두려움으로 하라는 계명을 어긴 것이 되기 때문이다.

아직도 배워야 하는 것이 얼마나 더 많이 남았는지를 깨닫는다면, 꾸준히 공부에 공부를 거듭할 수밖에 없을 것이며, 날로 토라의 지식도 늘 수밖에 없을 것이다.

그의 동료의 멍에를 나눔

"그의 동료의 멍에를 나누는" 사람은 다른 사람의 아픔에 공감할 줄 알며 동료의 성공을 자신의 성공만큼 바라고, 동료의 실책을 지켜보지 않는 사람이다.

그렇다면 이런 성품이 토라를 얻는 것과 어떤 연관이 있는가?

그 답은 토라는 어느 개인이 아닌, 이스라엘 백성 전체에게 주어진 것이라는 점에 있다. 이스라엘 전체가 토라를 받았으므로, 개인이 토라를 얻기 위해서는 이스라엘이라는 공동체의 일원이 되어야 한다는 것이다.

더 나아가 "그의 동료의 멍에를 나누는" 사람은 자신의 의견에 반대하는 동료의 시각을 철저히 파헤치고 그 이유를 이해하려 노력에 노력을 거듭한다. 그러므로 탈무드에서는 아모라가 자신의 반대편에 있는 사람에게 주어진 질문을 대신 해결해 주는 경우를 발견할 수 있다. 일례로 "아바예[Abaye]는 라바[Rava]의 견해에 따라 해석했다"(샤보트[Shabbos] 52b 등)라는 사례와 "슈무엘[Shmuel]은 라브[Rav]의 견해에 따라 바라이사[baraisa]를 해석했다"(루아흐 하임[Ruach Chaim])라는 사례를 들 수 있을 것이다.

이집트에서 민족의 짐을 나누어진 이스라엘

모세는 파라오의 궁전에서 왕자의 특혜를 누릴 때에도 '그의 동료의 멍에를 나누는' 사람의 예를 보여 주었다. 이스라엘 백성들에게 불리하게 발표된 칙령을 배울 때에 모세는 언제나 파라오의 의심을 피하면서도 최대한 동족을 도우려 했다. 그리하여 그는 마침내 이스라엘 백성들의 노동을 감독하는 감독관의 직위를 얻을 수 있었다.

같은 동족인 이스라엘 백성들이 "고되게 노동하는 것을"(출 2:11) 본 모세는 그들을 돕기 위해 다가가 말했다. 차마 남의 눈을 피할 수 없었던 그는 마치 꾸짖듯이 "그따위로 일하다니! 내가 어떻게 일하는지 보여줄 테니 잘 보고 배우거라!"고 말하며 다른 백성들을 도왔다.

"그가 그것을 보려고 돌이켜 오는 것을 보시고"(출 3:4) 하나님께서는 모세가 자신의 개인적인 일까지 제쳐두고 이스라엘 민족의 어려움에 관심을 둔다는 것을 아셨다. 그리하여 "하나님이 떨기 가운데서 그를 부르셨으며"(ibid.). 그곳에서 "네가 제 일을 다 제쳐두고 이스라엘 백성들의 어려움을 보며 그들을 네 형제처럼 대하였기 때문에, 나도 온 세상의 일을 다 제쳐두고 너에게 말하노라"(쉐모스 라바[Shemos Rabbah] 1:27)고 말씀하셨던 것이다.

후일 모세는 이스라엘 백성들의 지도자가 되어서도 그 멍에를 놓지 아니하였으며 백성들의 어려움을 항상 통감하며 살았다. 그러므로 이스라엘 백성들이 아말렉에게 공격을 받았을 때, "(아론과 훌이) 돌을 가져 와서 모세를 앉게"(출 17:12) 하였는데, 이스라엘 백성들이 위기에 처하면 모세는 편한 자리에 앉기를 거부했다고 한다(타니트[Taanis] 11a). 또 첫째 성전이 파괴될 당시의 일이다. 이스라엘 백성들이 바벨론의 포로로 끌려가게 되었던 그 때 예레미야 선지자는 바벨론의 왕이 예루살렘에 남는 것을 허락했음에도 불구하고 나머지 이스라엘 백성들과 함께 바빌론으로 끌려가는 편을 택했다고 한다(페시크타 드'에이하 라바[Pesichta D'Eichah Rabbah] 34, 렘40:4-5).

공동체의 짐을 함께 나누어 질 때에야 공동체의 일원이 된 것처럼 느낄 수 있으며, 또 이스라엘 백성 전체에게 주어진 토라를 얻을 수 있게 되는 것이다.

호의적으로 그를 판단함

공동체의 유익을 바라는 사람은 '호의적으로 판단'한다. 모세가 그 모범을 보여주었다고 할 수 있는데, 엘닷과 메닷이 "모세는 죽고 여호수아가 이스라엘을 약속의 땅으로 이끌 것이다"라고 예언했을 때(민 11:26-29, 라쉬), 분노한 여호수아는 그들의 행위를 반역으로 여기고 모세에게 그들을 가두라고 권하였다. 그러나 모세는 오히려 "네가 나를 두고 시기하느냐 여호와께서 그의 영을 그의 모든 백성에게 주사 다 선지자가 되게 하시기를 원하노라"(민 11:29)라고 대답했다.

토라를 배울 때에도 함께 토라를 배우는 자를 좋게 판단하고 동료의 말을 깊이 생각하고 그 말이 맞는지를 진지하게 판단해 주어야 한다. 이를 위해서는 동료의 말을 집중해 듣고 깊이 이해해야 한다. 전통을 세우는 것에 대하여 미드라쉬 슈무엘은 "그의 배움으로 거만하지 않는다", 판사는 "할라카적인 의사결정을 즐기지 않는다"라고 했으며, 이로 인해 홀로 판결을 내리려 하지 않으며(4:10에서 가르친 것과 같이) 오히려 "동료들과 그 멍에를 나누어 짊어지고"(다른 판사들과 함께 판결하고), 또 동료들을 (소송 당사자들을) "호의적으로 판단한다"고 가르쳤다.

신뢰가 가는 방향에 그를 놓음, 평화로운 방향에 그를 놓음

토라를 이해하는 것뿐만 아니라 세상에서 가장 높은 가치인 진리를 따르는 진리의 길로 다른 이들을 인도하는 것도 토라 그 자체를 위하여 배우는 사람의 목적이다. 누군가 인생에서 잘못된 길을 택하는 것을 본다면 당연히 올바른 길로 다시 데려와야 하는 것이다.

선생님은 학생이 실수를 하거나 잘 알지 못한다고 하여 창피를 주거나 무시하기보다는, 학생의 질문에 답해줌으로써 학생을 진리의 길로 인도할 수 있다. 그러나 다른 이를 진리의 길로 인도할 때에라도 화를 내서는 안 되며, 할 수 있는 한 매우 부드럽고 조심스럽게 하여야 한다. '신뢰가 가는 방향에 그를 놓음'이라는 말씀은 '평화로운 방향에 그를 놓는' 방법으로 이루어져야만 하는 것이다.

현자들은 함께 토라를 배우는 동료들도 토론에 참여하는 순간 적이 된다고 했다. "심지어 아버지와 아들, 랍비와 제자라도 적이 되었으나, 그들이 서로 사랑한다는 점은 변치 않았다"(키두쉰[Kiddushin] 30b]). 논쟁이라 하더라도 그 목적이 진리를 얻는 것에 있다면, 그 어느 쪽도 함부로 타협하지 못할 것이다. 그러나 아무리 격렬한 논쟁이더라도 진리를 얻는 것이 목적이라면 그 논쟁이 개인적인 적대감으로 번지지 아니할 것이며, 평화로운 길 위에서 이루어질 것이다.

그의 연구를 신중하게 생각함

그 다음으로 본문은 토라 학자들이 '신중하게 생각하는 자세'로 배워야 한다는 점을 가르치고 있는데, 여기에는 여러 가지 의미가 숨어 있다. 먼저 토라를 배울 때에는 시간과 장소를 정해야 한다는 가르침이다.

둘째, 어느 주제에 대해 잘 아는 토라 현자는 그 주제를 잘 모르는 사람에게 화를 낼 우려가 있다. 이럴 때 그 화를 억누르고 이겨내야 한다는 것이다.

셋째, '신중하게 생각하는 자세'로 배운다는 것은 곧 배움의 높은 경지에 이른 사람이라도 성급하게 결론을 내려서 실수를 하지 말라는 것이다. 많이 배운 사람일수록 더 많이 배우고 또 복습하여 토라의 말씀이 그 마음에 오래 남도록 해야 한다. "금 그릇과 순금과 같이 얻기 힘드나, 유리그릇처럼 잃기는 쉽기 때문"이다(하기가[Chagigah] 15a).

넷째, 이 구절에 대한 세파트 에메트[Sefas Emes]라고도 하는 게르의 랍비 예후다 아르예 레이브[R' Yehudah Aryeh Leib of Ger]는 하시디즘적 견해에 따라 걱정과 불안이 가득한 사람이라도 토라를 배울 때에 그 마음이 평온해진다면, 그것이 바로 진정으로 하나님을 붙들고 있다는 증거라고 가르쳤다.

마지막으로, 학생들은 토라를 배우는 중에 이해하기 어려운 구절을 맞닥뜨리면 바로 다른 학자들의 해석을 찾는 경향이 있다. 이런 자세가 잘못된 것이 아니지만 이 구절은 먼저 '신중하게 생각하는' 자세로 더 많은 시간을 들여 자신이 직접 그 구절을 해석해 보도록 하라고 권면하고 있다. 자신이 직접 수고하여 얻은 것은 평생 남는 법이기 때문이다.

하지만 이런 노력에도 불구하고 그 구절이 이해가 되지 않는다면 반드시 다음 구절에 따라 질문을 통해 답을 얻어야 할 것이다.

묻고, 답하고

미드라쉬 슈무엘은 '묻고 답하고'라는 구절을 '주제에 대해 묻고 전통에 따라 답하며'로 기록하고 있다. '주제에 대해 묻고'라는 말은 곧 무언가를 배울 때에는 그 주제만 파고 들어야 한다는 것이다. 아무리 지식의 폭이 넓더라도 혼란에 빠지지 않도록 한 주제에 대해 배울 때에는 다른 주제에 대해 생각해서는 안 된다.

또한 한 가지 주제에 대해 대화하면서 다른 주제를 물어보아서도 안 된다. 최적의 상황은, 주제에서 벗어난 질문에 제대로 된 답을 하지 않는 것이며, 가장 최악의 상황은 (질문을 받은 동료가 답을 할 수 없음으로)부끄러운 상황에 처하게 되는 것이다. 그러므로 랍비 히야[Chiya]는 라브[Rav]에게 "레베가 한 가지 글을 다루고 있을 때에는 다른 것을 묻지 말라"(샤보트[Shabbos] 3b)고 가르쳤다.

'전통에 따라 답하여'라는 구절은 지혜로운 사람은 질문의 요점을 정확히 짚어 논리적으로 적절한 답을 제시한다는 뜻이다. 더 나아가 '주제에 대해 묻고'라는 것은 곧 물어보아야 할 것과 묻지 말아야 할 것을 안다는 뜻이다. 그러므로 벤 시라[Ben Sira]는 가르치기를 "네 건너편에 있는 것은 구하지 말라. 너한테서 감춰진 것은 찾지 말라. 네가 배우도록 허락된 것을 배우라, 이는 숨겨진 것은 너와 관계가 없음이라"(하기가[Chagigag] 13a).

듣고, 토론에 기여함

현자들은 '묻고 답하며' 또 스승과 동료들과 토론한 후에는 '듣고 토론에 기여한다.' 즉 동료의 말을 듣고 난 후에는 거기에 자신의 생각을 더한다는 것이다. 곧 솔로몬이 "지혜 있는 자에게 교훈을 더하라 그가 더 지혜로워 질것이요..."(잠 9:9)라고 했고, 또 "지혜있는 자는 듣고 학식이 더할 것이요 명철한 자는 지략을 얻을 것이라"(히브리어 성경 잠 1:3, 한글성경 잠 1:5)고 한 것과 같다.

이와는 다른 해석으로, 지혜로운 사람이 '듣고 토론에 기여함'이라는 것은 곧 토라를 배우고 더 배운다는 뜻이라고 해석하기도 한다. 토라의 지식을 받아들이면 받아들일수록 지식을 더욱 키우고자 하는 욕구도 함께 커지는 법이다. 반면 배움을 "꾸준히 더하지 않는 자는 존재를 멈출 것이다"(1:13). 실로 "그의 어머니가 그를 묻을 것"이다(타니트[Taanis] 31a, 바바 바스라[Bava Basra] 121b). 배움에 배움을 더하지 않는 자는 곧 지혜를 사랑함으로 배우는 것이 아닌, 자기 자신의 유익을 위하여 토라를 배운다는 것을 나타내는 것일 뿐이다. 그러므로 자신의 개인적인 욕망을 충족시키는 순간(혹은 반대로 그 욕망이 절망으로 바뀌는 순간) 배움을 멈추고 마는 것이다. 이처럼 토라를 모욕하였기 때문에, 그에 합당한 가혹한 처벌을 받는 것은 당연한 일이다.

가르치기 위해 배움

토라를 얻기 위해서는 '가르치기 위해 배우는 자'가 되어야 한다. 또 가르칠 때에는 대가를 구해서는 안 되는데, 이는 토라는 한 개인에게 주어지는 기업이 아니라 모든 이스라엘 백성들에게 주어진 것이기 때문이다.

그리하여 모세는 백성들에게 "내가 내 하나님 여호와께서 명령하신 대로 규례와 법도를 너희에게 가르쳤나니"(신 4:5)라고 했는데, 이는 모세가 이 모든 율법이 하나님으로부터 온 것임을 다시 한 번 강조하기 위한 것이 아니었다. 당대에는 그 누구도 모세가 하나님의 말씀을 전해준다는 사실을 의심하지 않았다. 진정으로 모세가 의도했던 것은 바로 하나님께서 모세에게 아무런 대가 없이 토라를 가르치는 것처럼, 그들도 아무런 대가 없이 다른 이들에게 토라를 가르쳐야 한다는 것을 가르치는 것이었다(너다림[Nedarim] 37a). 전통에 따라 교사들이 토라를 가르친 대가를 받도록 한 것은 교사들이 토라를 가르치기 위해 자신의 생계를 포기하기까지 했기 때문에, 이를 보상해야했다.

또 "가르치기 위해 배우는 자는 배우고 또 가르칠 기회를 얻을 것이다"(4:6). 이런 사람은 자연스럽게, 또 초자연적으로도 이런 기회를 얻을 것이다. 만일 당장 누군가를 가르쳐야 하는 상황이 된다면, 당연히 가르쳐야 할 내용을 익히고 또 익힐 것이다. 즉 가르치는 것만으로도 "학생들과 날카로운 토론"을 하는 셈이다.

뿐만 아니라 토라를 혼자서만 누리지 않고 그 지식을 다른 이들과 나누는 자는 하늘나라에서 그를 돕는다. 현자들은 가르치기를 "친구에게 자비를 구하기 위해 기도하고 또 같은 것을 구하는 자는 누구든지 제일 먼저 답을 얻을 것이다"(바바 카마[Bava Kamma] 92a)라고 했다. 다른 이들을 가르치기 위해 배우는 것은 곧 다른 사람들에게도 지혜와 지식을 달라고 하나님께 간구하는 것과 같은 것이다. 그러므로 하나님께서는 이러한 사람의 기도를 제일 먼저 응답하신다(미드라쉬 슈무엘[Midrash Shmuel]).

"가르치기 위해 배우라"는 계명은 토라를 얻기 위해 지켜야 할 조건이다. 곧 현자들이 "뺨은 향기로운 꽃밭 같고 향기로운 풀언덕과 같고"(아 5:13)라는 구절을 해석하기를 오직 사람이 모든 이들이 짓밟는 풀언덕과 같이, 또 모든 이들에게 향기를 전하는 꽃밭과 같이 될 때에 그 배움이 오래도록 남는다고 한 것과 같다(에이루빈[Eiruvin] 54a).

실행하기 위해 배움

"배움은 행함으로 이어진다"(키두쉰[Kiddushin] 17a)는 말씀과 "지혜의 목적은 회개와 선행이다"(버라호트[Berachos] 17a)라는 말씀을 마음에 붙들고 '실행하기 위해 배워야' 한다. 실천으로 배우는 사람은 이론으로 배우는 사람보다 배움에 더 많은 노력과 신경을 기울여야 하므로 더욱 큰 깨달음을 얻는다. 즉 이론적인 배움은 실천이라는 결과와 감히 비교할 수 없다.

이것은 차에 탄 두 사람에 비유할 수 있다. 한 사람은 그저 창밖의 풍경을 감상하고 있는 반면, 다른 한 사람은 곧 자신이 이 길을 운전해서 가야 한다는 걸 알고 있다고 하자. 이후 운전을 배울 때에 풍경만을 감상하던 사람은 나중에야 길을 찾아갈 수 있는 반면, 후자는 알아야 하는 것에 초점을 맞추고 필요 없는 부분은 무시할 것이다. 이와 같이 자기가 앞으로 실천해야 할 것들을 배우는 사람은 더욱 집중하고 또 자세한 내용들까지 신경을 쓰며 배운 것을 또 복습하기도 할 것이다.

더 나아가 자신이 배운 지식을 실천한다는 목적을 가지고 배우는 사람은 하나님께서 그를 도우셔서 "배우고 또 가르치며, 순종하고 실천할 기회를 얻을 것이다"(4:6). 반면 실천을 염두에 두지 않고 배우는 사람은 결국 그 배운 것을 쉽게 잊고 말 것이다. 곧 현자들이 "나는 토라 외에는 아무 것도 없다고 말하는 자마다(즉 배움을 행동으로 옮긴다는 목적이 없이 배우는 자마다) 토라조차도 가지고 있지 못할 것이라"(예바모트[Yevamos] 109b)라고 가르친 것과 같다. 또 "오늘 내가 너희의 귀에 말하는 규례와 법도를 듣고 그것을 배우며 지켜 행하라"(신 5:1)는 구절로부터 "행동으로 옮기는 것은 무엇이든지 배운 것이요, 행동으로 옮기지 못하는 것은 배우지 못한 것이다"라는 가르침을 얻었다.

또 현자들은 가르치기를 '실행하기 위해 배우는 자'는 하늘나라로부터 도움을 받는다고 했다. 곧 기록된 바 "이 율법책을 네 입에서 떠나지 말게 하며 주야로 그것을 묵상하여 그 안에 기록된 대로 다 지켜 행하라 그리하면 네 길이 평탄하게 될 것이며 네가 형통하리라"(수 1:8)라고 한 것과 같다. 또 현자들은 이 구절에서 '성공'이라는 단어로 사용된 히브리어 '타스킬'[taskil]이 곧 하나님의 영이 주시는 감동이라고 하였다(바이크라 라바 [Vayikra Rabbah 35:7, 알쿠트 시모니[Yalkut Shimoni] ibid.).

그의 선생을 더욱 현명하게 만듦

토라는 "그 얻은 자에게 생명나무라 지혜를 가진 자는 복되도다"(잠 3:18). 현자들은 해석하기를 토라의 말씀은 나무와 같아서 불붙은 작은 잔가지 하나가 큰 통나무 하나를 다 태우듯 나중에 배운 현자가 먼저 배운 현자에게 영감을 줄 수 있다고 하였다(타니트[Taanis] 7a).

우리는 언제나 토라의 지식을 더욱 많이 얻을 수 있다. 그렇다면 위대한 스승은 누구에게서 토라를 배울 수 있는가? 바로 명석하고 호기심 많은 제자가 '그의 선생을 더욱 현명하게' 만드는 토라를 배울 수 있다.

미드라쉬 슈무엘은 이 구절을 다르게 해석하고 있다. 즉 누구든지 스스로 노력하여 걸출한 학자가 될 수 있지만, 그렇게 뛰어난 학자가 된 후에도 스승의 지혜를 인정하고 그 가르침을 존중해야 한다는 점에서 "선생을 더욱 현명하게 한다"는 것이다. 그러므로 교사에게서 가르침을 얻었으나 그 원전을 찾지 못하겠다거나, 교사의 가르침과는 모순되는 원전을 찾았다면 교사의 가르침이 어떤 근거에서 주어졌는지를 스스로 찾아보아야 한다. "그의 선생을 더욱 현명하게 하는 자"는 제자로서(교사가 자신보다 더 지혜롭다고 여기는 제자로서) 교사가 전한 가르침의 근거를 찾아야 한다는 것이다. 이런 존경으로 인해 토라는 더욱 더 강한 바람을 타고 다음 세대에 전달될 수 있을 것이다.

"그의 선생을 더욱 현명하게 만드는 자"는 곧 교사가 자신이 가르친 내용을 변호하도록 하는 사람을 뜻하는 말일 수도 있다. 이런 접근 방식은 현실에 적용될 때에 헤아릴 수 없을 만큼 큰 유용성을 발휘한다. 뛰어난 제자는 교사에게 가르침을 얻어 토라를 얻는 반면, 동시에 교사 역시도 제자들과의 활발한 대화에 참여함으로써 자신의 지식의 폭이 넓어지는 것을 경험할 수 있는 것이다. 그러므로 토라가 "넘치는 샘이 되고 멈추지 않는 강과 같이 되기까지" 교사와 제자가 서로에게 큰 도움이 되어주는 것이다.

이런 내용과 관련된 이야기를 현자들이 전해주고 있다. 레이시 라키쉬가 세상을 떠난 후, 그의 스승 랍비 요하난이 마음의 평안을 얻지 못하였으므로 다른 현자들이 랍비 엘라자르 벤 페다트[R' Elazar ben Pedas]를 보내 그와 함께 토라를 배우도록 했다. 랍비 엘라자르 벤 페다트는 도착하자마자 랍비 요하난의 말 하나 하나에 모두 바라이사[baraisa]나 미쉬나를 인용하여 그의 말을 지지해주었다고 한다.

그러나 랍비 요하난은 "자네가 레이시 라키쉬의 자리를 대신한다고 생각하는가? 오히려 그 반대일세! 내가 말을 꺼낼 때마다 레이시 라키쉬는 스물네 가지의 반대 의견을 제시하였고, 이에 나는 스물네 번의 답변을 해야 했다네. 반면 자네는 내가 하는 말마다 옳다고 하지 않는가? 내 말이 논리적이라는 것을 내가 모를 것이라고 생각하는가?"라며 울며 이야기했다고 한다.

교사는 어려운 질문을 받으면 이를 반드시 설명해주어야 하는 사람이다. 때문에 교사의 가르침은 토라의 생명이 되어 꾸준히 새로운 활력을 제자들에게 불어넣어 주는 것이다(바바 메찌아[Bava Metzia] 84a).

그가 배운 것에 대해 심사숙고 함

악기는 조율해야 하고 합창단은 화음을 맞춰야 하는 것처럼, 토라를 배우는 사람도 자신이 배운 것들을 조율하여 논리적이고 한결같은 논조를 유지해야 한다. 토라 전체를 분석하면서도 그 논리는 흠 잡을 데가 없어야 할 뿐만 아니라 나무랄 데 없는 결론으로 매끄럽게 이어져야 한다.

스승으로부터 배운 것은 정확히 반복하여야 하며, 설령 자기 자신의 추론이 자명한 것처럼 생각되더라도 이를 스승의 입을 빌려 말해서는 안 된다. 현자들은 "사람은 스승이 한 말을 말해야 할 의무가 있다"(에이두요트[Eiduyos] 1:3)라고 가르친다. 즉 스승의 말을 조심스럽게 배우고 이를 정확히 인용해야 한다는 것이다. 반대로 "스승의 입으로 듣지 않은 말을 하는 자는 곧 하나님께서 이스라엘 백성들을 떠나시게 만드는 것이다."(버라호트[Berachos] 27b). 아무리 명백해 보이는 것일지라도 자신의 해석을 마음대로 스승의 말에 추가한다면 스승의 말을 인용한 것이라고 볼 수 없다.

말을 한 사람의 이름으로 말을 반복함

토라를 얻기 위해 필요한 마흔여덟 가지의 것들 중 마지막은 바로 "말을 한 사람의 이름으로 말을 반복하는" 것이다. 그러나 저자의 이름을 인용한다는 것이 토라를 얻는 것과 어떤 관계가 있는지에 대해서는 바로 와 닿지 않는 것이 사실인데, 이는 인용할 때에 저자의 이름을 기재하는 것이 공부의 방법이라기보다는 그저 당연한 일에 지나지 않기 때문이다.

실제로 다른 이의 주장을 인용하면서도 저자를 기재하지 않고 자신의 주장이라고 소개하는 것은 도적과 다름없다. 현자들도 "약한 자를 그가 약하다고 탈취하지 말며 곤고한 자를 성문에서 압제하지 말라"(잠 22:22)고 하였으니, 이는 가난한 사람이 자신의 지적 재산의 권리를 보호할 수 없다는 뜻이다. "무언가를 들을 때면 반드시 지은 이의 이름을 전하라."고 가르쳤다(미드라쉬 탄쿠마[Midrash Tanchuma], 민수기 22장). 실제로 "지은이의 이름을 전하지 않는 자마다 금지 계명을 범하는 것이다"(얄쿠트 시모니[Yalkut Shimoni], 잠언, 레메즈[remez] 96).

저자의 이름을 전하는 것이 당연한 일임에도 불구하고 주석가들은 이것이 토라를 얻기 위한 일임에 동의하고 있다. 저자의 이름으로 자료를 인용할 때에 언제나 주의를 기울인다면, 단순히 다른 사람들의 말을 인용하는 것밖에는 할 줄 모른다는 부끄러움을 피하기 위해서라도 토라에 대한 자신만의 견해를 세워야 할 필요성을 절실히 느끼게 될 것이다. 반대로 다른 사람의 말을 가져다가 자신의 것으로 위장하는 사람은 이런 마음이 있을 리가 없으므로, 당연히 토라 학자가 된다고는 꿈도 꿀 수 없다.

또 주석가들은 저자의 이름을 인용하고자 노력하는 사람은 겉으로는 관련이 없어 보이는 견해들일지라도 저자의 동일성을 보아 개념적 근거를 찾아낼 수 있을 것이며, 또 마찬가지로 모순되는 것처럼 보이는 말씀들도 다양한 현자들의 관점을 나타낸다는 것을 알고 있으므로 그 모순을 능히 해결할 수 있을 것이라고 전한다(루아흐 하임[Ruach Chaim]).

지은이의 이름을 전하는 것이 토라를 얻는 길인 이유를 하나 더 찾을 수 있다. 바로 이 구절의 다음에 "여기서(마지막에서) 누구든지 지은이의 이름을 말하는 자는 세상에 구원을 이룬다고 배우느니라"고 한다는 점이다. "이새의 줄기에서 한 싹이 나며, 그 뿌리에서 한 가지가 나서 결실할 것이요... 이리가 어린 양과 함께 살며, 표범이 어린 염소와 함께 누우며... 내 거룩한 산 모든 곳에서, 해도 없고 상함도 없을 것이니 이는 물이 바다를 덮음같이 여호와를 아는 지식이 세상에 충만할 것임이니라"(사

11:1-9)는 선지자의 예언이 이루어지는 것을 우리는 구원의 날에 두 눈으로 보게 될 것이다.

메시아가 이 땅에 오실 때에 온 이스라엘 민족이 토라를 얻고 그 지혜가 내려와 마치 물이 바다를 덮음과 같이 넘쳐 흐를 것이다. 그 때에 온 세상은 하나님을 아는 지식으로 가득 차게 될 것이다. 그러므로 슈모네 에스레이[Shemoneh Esrei] 기도문의 마지막에 우리는 "이것이 주님의 뜻이니... 성전이 우리의 때에 속히 지어지게 하소서"라고 기도하고, 또 "주님의 토라에 저희의 기업을 내려주소서"라고 기도하며 마지막 날에 모든 사람들이 토라의 기업을 넘치도록 받기를 간구하는 것이다.

"말한 사람의 이름으로 말을 반복하는" 자는 곧 "물이 바다를 채우듯, 여호와를 아는 지식이 세상에 충만할 것임이니라"는 예언을 실현하는 사람이다. 즉 세상에 구원을 가져오는 자이므로 본문은 이런 사람을 마흔 여덟 가지의 자질들 중 맨 마지막에 배치하고 있는 것이다(미드라쉬 슈무엘[Midrash Shmuel]).

지은이의 이름을 전하시는 하나님

현자들은 하나님께서도 지은이의 이름을 전하신다고 가르친다. 이에 대한 예화가 있는데, 랍비 에비아살[R' Evyasar]과 랍비 요나산[R' Yonasan]이 기브아의 첩(사사기 19장 참고) 이야기를 두고 서로 대립한 적이 있었다. 논쟁이 끝난 후 엘리야 선지자가 랍비 에비아살에게 나타나 지금 하나님께서 그들이 나누는 문제에 깊이 관심을 가지셨으며, 그들의 이름을 인용하셨다고 말했다고 한다(기틴[Gittin] 6b).

또 현자들은 다음과 같이 가르치고 있다. "모세는 높이 올라갔을 때에 찬양받아 마땅하신 거룩하신 주님께서 파라 아무다([Parah Amudah], 붉은 소, 정결 의식 때에 제물로 바쳐지는 소 – 역자 주)에 대해 공부하시며 '나의 자녀 엘리에셀(대 랍비 엘리에셀)은 말하기를 소는 반드시 난 지 2년이 되어야 할 것이라'고 말씀하시는 것을 들었다. 모세는 묻기를 '온 세상의 주님, 하늘의 존재들과 사람이 다 주님의 것이며, 하늘 위나 하늘 아래나 다 주님의 것입니다. 그런데 어찌하여 앉아 살과 피로 이루어진 피조물의 이름으로 전통을 말하고 계신 것입니까?' 그러자 찬양받아 마땅하신 거룩하신 주님께서는 이렇게 답하셨다. '모세야, 붉은 소에 대한 장을 강론함으로 후일 한 의인이 일어날 것이다"(바미드바르 라바[Bamidbar Rabbah] 19:7, 탄쿠마 후카트[Tanchuma Chukkas] 8]).

하나님께서도 말한 사람의 이름을 전하신다는 것은 우리에게 막중한 책임감을 안겨준다. 토라를 주신 분, 지식을 전하신 분, 세상 모든 것뿐만 아니라 미래까지 알고 계시는 분, 또 시내산에서 모세에게 "걸출한 제자라면 모두 배우고 만들 것이다"(코헬레스 라바[Koheles Rabbah] 1)라고 말씀하신 분께서 지은이의 이름을 전하시는데, 우리가 이를 무시하고 남의 주장을 감히 도둑질할 수 있겠는가?

그렇다면 대체 하나님께서는 왜 현자들의 말을 인용하셨던 것일까?

마할랄은 설명하기를 각 사람은 각자 자신만의 토라의 몫이 있다고 했다. 즉 사람마다 토라를 보는 눈은 각자 다르다는 것이다. 모든 이스라엘 백성들의 영혼은 각자 자신에게 맞는 토라의 몫과 맞닿아 서로 공명하고 있으며, 그 이스라엘의 영혼이 토라를 만나 비로소 완전해진다.

이것이 바로 위 예화에서 하나님께서 모세에게 전하시고자 하셨던 의미이다. "후일 한 의인이 일어날 것이다"라는 말씀은 곧 한 사람이 일어나 자신만이 가르칠 수 있는 것, 즉 붉은 소에 관한 가르침을 전할 것이라는 뜻이다. 모든 지혜의 근원이신 하나님께서 랍비 엘리에셀이 무엇을 가르쳤는지 모르실 리가 없다. 그러나 하나님께서는 하나님의 지혜를 조금이나마 알 수 있는 특별한 인간을 믿고 이를 말씀하셨던 것이다.

이런 점에 미루어볼 때 다른 사람의 주장을 지은이의 이름을 전하지 않고 도용하는 행태를 도적질이라고 한 데에는 분명한 이유가 있다고 할 수 있을 것이다. 모든 견해는 그 견해를 고안한 사람의 영혼을 반영하고 있다. 즉 그 사람만의 특별한 것이다. 이러한 견해를 자신의 것인 양 포장하는 것은 곧 남의 영혼을 강도질하는 것과 다를 바가 없는 것이다.

> **왜냐하면 너희가 이것을 배웠다.**
> **누구든지 하나의 것을 말한 사람의 이름으로**
> **그것을 반복하는 사람은 세상에 구속을 가져온다.**

그렇다면 이처럼 당연하다면 당연할 일로 온 세상이 구원을 얻는다고 하는 이유는 무엇인가? 쉽게 말해 말한 사람의 이름을 인용하는 것과 같은 작은 일이라도 세상에 구원을 가져오는 사역에 참여하는 일이라는 것이다. 기쁨과 겸손으로 배우고, 토라를 그 자체를 위하여 배우며, 가르치고 또 실천하기 위해 배우라는 등 숭고한 것들에 대해 가르친 후 이제 본문은 모든 행위가 각자 그 의미가 있으며, 선한 일이라면 무엇이든지 버림받거나 무시되지 않고 하나님의 사역에 도움이 된다는 가르침을 전하고 있다. 모든 선행, 모든 선한 성품은 아무리 작은 것일지라도 토라를 얻는 도구인 것이다.

이 가르침을 감명 깊게 받은 후기 시대의 한 탄나는 자신의 글을 "너희가 이것을 배웠다…"라는 이 구절로 마무리하기도 한다.

마하랄은 이보다 더욱 심오한 의미에서 지은이의 이름을 인용하는 것과 구원의 연관성을 찾고 있다.

구원의 목적은 바로 진리를 나타내는 것이다. 즉 "여호와를 아는 지식이 땅에 충만하여" 주님께서 이 세상을 창조하시고 또 다스리심을 세상 모든 사람이 아는 것이다. 그렇다면 "말한 사람의 이름을 전하는 것" 역시 진리(진실, 즉 저자)를 나타낸다는 점에서 구원과 같은 행위를 하고 있는 것이라고 볼 수 있다. 즉 저자를 밝히는 행위로 이 세상을 그토록 원하는 마지막으로 한 발자국 더 이끈 것이므로, 이런 사람이 구원의 날을 앞당긴 사람이라고 여겨질 만한 것이다.

그렇다면 탈무드의 페이지마다 자신들의 동료들과 스승들의 이름을 인용한 수많은 탄나들과 아모라임들의 말씀들이 있는데, 구원은 왜 아직도 이루어지지 않은 것인가? 이런 의문은 온 세상의 구원이 아직 올 때가 아니라는 것으로 그 해답을 제시할 수 있다. 우주적 구원은 마지막 날에 찾아올 것이다. 그 마지막 날이 올 때까지, 우리 한 사람 한 사람은 각자 자신이 맡은 역할을 행하여 구원의 날이 조금이라도 더 빨리 올 수 있도록 앞당겨야 하는 것이다.

또 구원의 소식이 올 때에는 모르드개의 이름으로 왕에게 대언한 왕비 에스더를 통해 일어난 부림절의 기적으로 이스라엘의 구원이 나타났다는 선포가 (지은 이의 이름을 전함으로)진리를 밝히기 위해 심혈을 기울인 유대인들의 입으로 흘러나올 것이다.

성경은 다음과 같이 말하고 있다.
"에스더가 모르드개의 이름으로 왕에게 아뢴지라"(에 2:22).

아하수에로 왕을 암살하려는 빅단과 데레스의 모의를 들은 유다인 모르드개는 이를 에스더에게 알렸고, 에스더는 "모르드개가 일러주었다고 왕에게 말하였다"(에 2:21-23). 이로 인해 아하수에로는 목숨을 구했고

빗단과 데레스는 처형을 당하게 되었다. 결국 이 일로 인해 모르드개의 이름이 아하수에로에게 알려지게 되었으므로, 이는 온 이스라엘 백성들의 구원을 의미하는 하만의 몰락으로 이어지는 섭리에 있어 중요한 한 걸음이었다고 볼 수 있다. 그리고 이는 "에스더가 모르드개의 이름으로 왕에게 아뢴지라" 덕분이었다.

주석가들의 해석에 따르면 모르드개는 에스더가 자신의 보고를 자신의 이름이 아닌, 그녀 자신의 이름으로 왕에게 고하여 왕에게 더 많은 사랑을 받을 수 있기를 원했다. 그러나 에스더는 왕에게 이를 "모르드개의 이름으로 아뢴지라"(ibid.)라고 했다. 에스더는 왕이 모르드개에 대해 좋은 인상을 받기만을 바랬던 것이었다.

구르의 랍비 아브라함 모르드개 알터([R' Avraham Mordechai Alter of Gur], 임레이 에메트[Imrei Emes]라고도 함) 역시 에스더가 모르드개가 일러주었다고 말하며 왕에게 보고를 전했다는 말씀을 통해 우리가 어떤 가르침을 얻을 수 있는지에 대해 묻고 있다. 즉, 말한 사람이 따로 있기에 그 사람이 말했다고 한 것에서 어떤 위대한 영성을 발견할 수 있다는 것인가?

사실 빅단과 데레스의 계획을 하나님께서 에스더에게 미리 알려주셨다는 점에서 그 답을 얻을 수 있을 것이다. 즉 왕비 에스더는 그 계획을 미리 알고 있으면서도 자신의 예언의 은사를 숨기고 이를 자신이 아닌, 모르드개가 일러주었다고 왕에게 보고함으로써 모르드개가 왕의 목숨을 구한 사람이라는 명예를 얻도록 했던 것이다.

미쉬나 7절   משנה ז

גְּדוֹלָה תוֹרָה שֶׁהִיא נוֹתֶנֶת חַיִּים לְעֹשֶׂיהָ
בָּעוֹלָם הַזֶּה וּבָעוֹלָם הַבָּא, שֶׁנֶּאֱמַר (משלי ד:כב),
כִּי חַיִּים הֵם לְמוֹצְאֵיהֶם וּלְכָל בְּשָׂרוֹ מַרְפֵּא.
וְאוֹמֵר (שם ג:ח), רִפְאוּת תְּהִי לְשָׁרֶּךָ וְשִׁקּוּי לְעַצְמוֹתֶיךָ.
וְאוֹמֵר (שם ג:יח), עֵץ חַיִּים הִיא לַמַּחֲזִיקִים בָּהּ וְתֹמְכֶיהָ מְאֻשָּׁר.
וְאוֹמֵר (שם א:ט), כִּי לִוְיַת חֵן הֵם לְרֹאשֶׁךָ וַעֲנָקִים לְגַרְגְּרֹתֶיךָ.
וְאוֹמֵר (שם ד:ט), תִּתֵּן לְרֹאשְׁךָ לִוְיַת חֵן עֲטֶרֶת תִּפְאֶרֶת תְּמַגְּנֶךָּ.
וְאוֹמֵר (שם ג:טז), אֹרֶךְ יָמִים בִּימִינָהּ בִּשְׂמֹאולָהּ עֹשֶׁר וְכָבוֹד.
וְאוֹמֵר (שם ג:ב), כִּי אֹרֶךְ יָמִים וּשְׁנוֹת חַיִּים וְשָׁלוֹם יוֹסִיפוּ לָךְ.

토라는 위대하다.
왜냐하면 토라는 이 세상과 다가올 세상에서
토라를 실천하는 자들에게 생명을 부여한다.
성경은 다음과 같이 말하고 있다.
"그것은 얻는 자에게 생명이 되며
그의 온 육체의 건강이 됨이니라"(잠 4:22).
그리고 성경은 말한다.
"이것이 네 몸에 양약이 되어 네 골수를 윤택하게 하리라"(잠 3:8).
그리고 성경은 말한다.
"지혜는 그 얻은 자에게 생명나무라 지혜를 가진 자는 복 되도다"(잠 3:18).

그리고 성경은 말한다.
"이는 네 머리의 아름다운 관이요 네 목의 금 사슬이니라"(잠 1:9).
그리고 성경은 말한다.
"그가 아름다운 관을 네 머리에 두겠고
영화로운 면류관을 네게 주리라 하셨느니라"(잠 4:9).
그리고 성경은 말한다.
"나 지혜로 말미암아 네 날이 많아질 것이요
네 생명의 해가 네게 더하리라"(잠 9:11)
그리고 성경은 말한다.
"그의 오른손에는 장수가 있고 그의 왼손에는 부귀가 있나니"(잠 3:16).
"그리하면 그것이 네가 장수하여 많은 해를 누리게 하며
평강을 더하게 하리라"(잠 3:2).

미쉬나 7절

토라는 위대하다

본문은 '토라는 위대하다'라는 선포로 시작한다. 즉 토라를 배우는 것은 특별히 위대한 일이기 때문에 그 어떤 계명을 지키는 것들보다 더 큰 가치가 있다는 것이다. 그렇다면 그 이유는 무엇인가?

바로 뒤에 그 이유가 설명된다. 토라의 말씀은 "이 세상과 다가올 세상에서 토라를 실천하는 자들에게 생명을 부여한다." 그러나 또 다른 곳에서 우리는 다른 계명들도 실천하면 이 세상에서나 장차 올 세상에서나 생명을 얻는다고 배운 바 있다. "하나의 계명을 실천하는 자는 누구든지 선한 것을 얻고 (이 땅에서)장수할 것이며 그 '땅'(올 세상)을 물려받을 것이다"(라쉬[Rashi]).

이런 난제는 바로 토라와 다른 계명들 사이에 절대적이 아니라 상대적인 차이가 있다는 점으로 해결할 수 있다. 토라를 배운 자도, 다른 계명들을 실천한 자도 모두 이 세상에서나 장차 올 세상에서도 복을 받을 것이다. 그러나 토라를 배움으로 얻는 복이 다른 계명을 실천함으로 얻는 복보다 더욱 크다.

"대저 명령(율법)은 등불이요 법은 빛이요..."(잠 6:23)라고 했다. 등불은 잠시 동안 불을 밝히다가 꺼지는 것이다. 마찬가지로 계명 역시 사람이 이것을 실천할 때에만 사람을 지켜준다. 그러나 토라는 그 자체로 빛이다. 빛이 언제나 길을 밝혀 구덩이와 위험한 곳을 피할 수 있게 해주듯 토라 역시 언제나 사람을 지켜주는 것이다(쏘타[Sotah] 21a).

그러므로 현자들은 해석하기를 "그것이 네가 다닐 때에 너를 인도하며"(잠 6:22)라는 구절은 곧 이 세상에서 길을 인도하여 준다는 것이며, "네가 잘 때에 너를 보호하며"라는 말씀은 죽어서도 그를 지켜준다는 것이요, "네가 깰 때에 너와 더불어 말하리니"라는 말씀은 올 세상에서 토라가 말벗이 되어준다는 것이라고 하였다.

또 현자들은 말하기를 이는 어둠 속에서 길을 잃은 사람과 같다고 했다. 어둠속을 헤매는 사람은 가시와 함정, 엉겅퀴, 들짐승, 심지어 노상강도로부터 위협을 받을 수밖에 없다. 그러나 등불을 들면 가시와 함정, 엉겅퀴를 피할 수 있으며, 새벽이 되면 야생동물과 노상강도로부터 위협을 받지 않는다. 여전히 길이 어디인지는 알지 못하지만, 위험한 상황은 피할 수 있는 것이다. 그리고 마침내 샛길을 발견하게 되면, 그는 더 이상 길을 잃은 사람이 아닌 것이다(쏘타[Sotah] 21a).

이 비유에서 등불은 계명의 빛을 뜻한다. 계명은 이 세상의 문제와 위험으로부터 사람을 지켜주는 등불과 같다. 또 토라는 새벽과 같아서 죄로 유혹하는 악한 본성과 악한 사람들로부터 보호해주는 것이다. 그렇게 배움을 계속 할수록 더욱 분명하게 옳은 길이 어디인지 알게 될 것이며, 하나님께 더욱 가까이 다가가게 될 것이다. 그리고 토라가 그 길을 밝히 인도하여 줄 것이다(쏘타[Sotah] 21a)(라쉬[Rashi]와 마하르샤[Maharsha] 참고).

더 나아가 토라와 다른 계명들 사이에는 또 다른 차이도 확인할 수 있다. 현자들은 가르치기를 "죄는 계명을 취소할 수는 있으나 토라를 취소할 수는 없다. 기록된 바 많은 물도 이 사랑을 끄지 못하겠고'(아 8:7)라고 했다"(쏘타[Sotah] 21a). 사람이 죄를 지으면 그가 이전에 계명을 실천함으로 얻게 된 보상은 취소될 수 있다. 그러나 이전에 토라를 배움으로 얻게 된 기업은 취소될 수 없는 것이다.

이 세상과 다가올 세상에서
토라를 실천하는 자들에게 생명을 부여한다.

그렇다면 토라를 배움으로 얻는 복이 계명을 실천함으로 얻는 복보다 더 큰 이유는 무엇인가?

현자들은 이는 토라가 하나님의 뜻을 실천하는 방법을 가르치기 때문이라고 했다(바미드바르 라바[Bamidbar Rabbah] 14:10). 또 하나님께서 무엇을 원하시는지 아는 사람만이 무엇을 해야 할지 알 수 있기 때문에, 토라가 곧 계명을 실천하기 위한 방편이 되는 것이다. "배움이 (행실보다)더 크니, 이는 배움이 행실로 이어지기 때문이다"(키두쉰[Kiddushin] 40b.)

토라가 계명을 실천하기 위한 방편이라면, 방편이 목적보다 더 크다는 것이 이치에 맞는 것인가?

이 의문에 답하기 위해 우리는 먼저 이 구절의 어법에 주목할 필요가 있다. 본문은 "이 세상과... 생명을 부여한다"고 했는데, 그렇다면 토라만이 이 세상에서 생명을 얻을 수 있는 방편인 것인가? 먹고 마시지 않아도 토라만 배우면 이 세상에서 살 수 있는가? 즉 이 구절에서 말하는 생명은 육체의 생명이 아니라, 이 세상에서의 여러 단계들 중 하나인 영원한 영의 생명을 뜻한다고 여겨야 할 것이다.

육체는 영혼의 도구이다. 육신은 그 자체로는 큰 가치가 있다고 할 수 없으며, 그저 매 순간 죽음을 향해 달려가는 텅 빈 기차와 같은 것이다. 곧 에서가 "내가 죽게 되었으니"(창25:32)라고 말한 것과 같다. 오직 영원하고 매 순간 강해지는 영이 진정으로 살아있는 것이다.

때문에 현자들은 "이 생에서도 악인들은 죽은 자라 불릴 것이라"(코헬레트 라바[Koheles Rabbah] 9:5)고 선포하고 있는 것이다. 이들은 영적인 생명이 없으므로, 즉 영은 이미 죽었으므로 죽은 자라고 불릴 만하다. 그러나 "의인은 비록 죽어서도 살아있다고 불릴 것이다"(ibid.)라고 했는데, 이것은 의인의 영은 계속 살아서 끊임없이 성장하기 때문이다. 그러므로 현자들은 "토라 현자들은 이 세상에서도, 저 세상에서도 쉬지 않는다. 곧 기록된 바 '그들은 힘을 얻고 더 얻어 나아가 시온에서 하나님 앞에 각기 나타나리이다'(시 84:7)라고 함과 같다"(버라호트[Berachos] 64a)고 가르쳤다.

또 토라는 "내가 생명과 사망과 복과 저주를 네 앞에 두었은즉 너와 네 자손이 살기 위하여 생명을 택하고"(신 30:19)라고 선포하고 있기도 하다. 이제 본문의 생명이 영의 생명임을 알았다면, 영의 생명이 계속 살아 숨 쉬기 위해서는 영의 양식인 토라를 끊임없이 공부해야 하며 또 계명을 지켜야 한다는 것도 당연히 깨닫게 될 것이다.

바로 본문에서 "토라는 위대하다 토라를 실천하는 자들에게 생명을 부여한다"라고 선포하는 이유가 바로 이것이다. 토라를 배울 때에는 수많은 숭고한 성품들이 복으로 주어지며, 그 누구보다도 더 높은 수준에서 하나님과 만날 때까지 그 복은 끊이지 않을 것이다.

하나님께서는 영원한 생명이시다. 바로 하나님께서 "살아계신 하나님"(5:22 등)이라고 불리시는 이유이다. "진실로 생명의 원천이 주께 있사오니 주의 빛 안에서 우리가 빛을 보리이다"(시 36:9)라고 말씀이 말하고 있는 것과 같다. 온 세상에 생명을 내려주시는 분은 바로 하나님이신 것이다. 그러나 오직 주님과 연결되어 있는 사람만이 그 생명을 누릴 수 있다. 그러므로 말씀은 "오직 너희의 하나님 여호와께 붙어 떠나지 않은 너희는 오늘까지 다 생존하였느니라"(신 4:4)고 말씀하고 있는 것이다. 이 구절에 대하여 현자들은 이스라엘 백성들이 하나님을 따르기 때문에 살아 있었다는 뜻이라고 했다(마하랄[Maharal]).

그렇다면 우리는 어떻게 생명의 근원이 되신 하나님과 연결될 수 있는가? 바로 "생명의 빛을 그들에게 비추려 하심이니라"(욥 33:30)고 한 것과 같이, 토라의 빛 속에서 "생명의 빛을 받는 것"이다(욥 33:30). 이제 우리는 토라가 왜 계명보다 더 크며, 토라를 배우는 것이 다른 계명들을 실천하는 것보다 더 큰 지를 살펴 보았다. 하나님을 사랑함으로, 하나님의 뜻을 깊이 이해함으로, 또 주님과 영적으로 깊이 연결됨으로 계명을 실천하는 것은 아무런 생각 없이 계명을 실천하는 것과는 비교조차 할 수 없이 큰 차이가 있다. "천한 사람은 죄를 두려워하지 못하며, 배우지 못한 사람은 경건해지지 못한다"(2:6)라고 한 것과 같이, 죄를 두려워하고 경건한 마음을 키우기 위해서는 먼저 토라를 알아야만 한다. 토라는 사람을 더욱 높이 세워주는 것으로, 토라를 알고 계명을 실천한다면 모르고 실천하는 것과는 완전히 다른 차원을 보게 될 것이다.

또 토라를 배우는 자는 하나님께서 온 세상을 어떻게 이끄시는지 더욱 분명하게 이해할 수 있게 된다. 그러므로 토라는 토라를 "빛"이라고 하는데, 이는 토라를 배우는 자를 위해 밝은 부분이나 어두운 부분이나 모든 곳을 비추어 볼 수 있도록 하기 때문이다. 또 토라는 사람을 정결케 하며, 성품을 더욱 온전하게 하고, 영에 빛을 비춘다. 그러므로 토라는 "생명의 영약"이라고 불리는 것이다.

현자들은 이것을 설명하고자 한 비유를 전하고 있다. 한 남자가 아들을 훈계하며 때린 후에 그 상처에 붕대를 감아주며 말하였다. "아들아,

이 붕대를 상처에 두르고 있는 한 먹고 싶은 것을 먹고, 마시고 싶은 것은 마시며, 따뜻한 물이나 차가운 물이나 상관없이 목욕을 할 수 있을 것이며 그 상처가 아프지 않을 것이다. 그러나 이 붕대를 풀어버리면 그 상처가 곪고 말 것이다." 이와 같이 하나님께서는 이스라엘 백성들에게 이렇게 말씀하고 계신다. "내 아들아, 내가 악한 본성을 창조하였고 또 이를 막을 토라를 함께 창조하였다. 토라를 배우면 악한 본성의 손아귀에 빠지지 않을 것이다. 기록된 바 '네가 선을 행하면 어찌 낯을 들지 못하겠느냐'(창 4:7)라고 한 것과 같다. 그러나 네가 토라를 배우지 않으면 '죄가 문에 엎드려 있으므로'(ibid.) 악한 본성의 손아귀에 던져지고 말 것이다(키두쉰[Kiddushin] 30b).

생명의 근원이 되신 하나님을 붙잡고 있을 때에는 그 무엇도 하나님과의 관계를 끊을 수 없다. 바닷물도 그 사랑의 불길을 끄지 못하듯, 죄도 하나님과 토라를 배우는 자의 관계를 끊을 수 없다.

자연의 법칙을 넘어

토라를 배우는 사람은 이 땅에서 오래 살 것이다. 토라를 배우고 계명을 실천할수록 그 육체는 이 세상의 지배를 받지 않고 생명의 근원되신 주님으로부터 생기를 받아 오랫동안 썩지 않을 것이며 오히려 영을 더욱 높일 것이다. 그러나 토라는 끊임없는 수고와 노력, 그리고 인생의 고난으로 얻어지는 것이므로, "토라의 말씀은 자기를 죽이는 자에게만 남을 것이다"(버라호트[Berachos] 63b). 토라를 배운다는 것은 자신의 힘을 모두 쥐어짜내는 것과 같다. 토라는 '명철'(투쉬아[Tushiah])이라고 불리는데, 이는 토라가 사람의 힘을 '약하게'(타쉬[Tash]) 함을 나타내는 것이다(산헤드린[Sanhedrin] 26b). 반면 미쉬나에서 말하는 것처럼 또 토라는 사람에게 생명을 주기 때문에, 성경은 "이것이 네 몸에 양약이 되어 네 골수를 윤택하게 하리라"(잠 3:8)고 말하고 있는 것이다.

그렇다면 몸을 약하게 한다는 가르침과 몸을 낫게 한다는 두 가르침을 어떻게 이해할 수 있을 것인가?

토라를 배우는 자는 육체의 법칙을 초월한다는 점을 이해해야 할 것이다. 즉 토라를 배우기 위해 수고함으로 그 몸의 힘은 약해지지만, 반대로 몸에 생기가 넘치고 활력이 도는 것이다.

그렇다면 배움을 멈추는 자를 두고 "성경이 그를 스스로 죽음으로 향하는 자로 여길 것이다"(3:9)라고 한 가르침을 더욱 깊이 이해할 수 있을 것이다. 자연법칙을 초월하는 활력을 공급하는 토라에서 스스로 끊어진 사람은 곧 가혹한 자연의 법칙으로 내던져지고 마는 것이다.

가혹한 환경에 내던져져 메마른 빵과 적은 양의 물만을 마시고, 질병과 쇠약에 고통을 받으면서도 장수를 누린 수많은 토라 학자들이 있다. 그들이 토라를 배울 때면 토라로부터 생기를 얻는다는 것이 눈에 보일 정도였다. 그러므로 그들은 자신의 삶 자체만으로도 토라가 "실천하는 자에게 생명을 주는" 것임을 나타낸 것이다.

랍비 슐로모 하코헨([R' Shlomo HaKohen], 빌나의 위대한 랍비들 중 한 명이자 헤세크 슐로모[Cheshek Shlomo]의 저자)은 열일곱 살에 이미 탈무드를 모두 익혔으며 전통의 관례를 암송했다. 그의 어릴 적 친구인 랍비 이스라엘 메이어 카간([R' Israel Meir Kagan], 하페쯔 하임[Chafetz Chaim]이라고도 함)은 그런 랍비 슐로모에게 말 그대로 자기 자신을 희생하여 토라를 배우는 데에 전념하라고 권면했다(하카페즈 하임[HaChafetz Chaim], 하야브 우포알로 [Chayav Ufo'alo], 1장).

성년식을 치른 후 랍비 슐로모 하코헨은 중병을 앓게 되었는데, 그 병은 4년이나 지속되었다. 의사는 그에게 몸이 많이 쇠약하므로 절대로 무리하지 말라고 했으나, 그는 몸을 생각하지 않고 배움에 끊임없이 전념했다. 랍비 슐로모의 몸이 더욱 쇠약해지자 의사는 그에게 이젠 아무리 작은 일이라도 생명을 깎아먹을 정도가 되었으므로, 토라를 배우는 일까지 그만두어야 한다고 권했다. 그러나 랍비 슐로모는 의사의 조언을 단칼에 거부했다. 옆에서 그의 건강을 걱정하는 친척들에게 그는 "토라가 내 생명의 근원입니다. 토라를 배우지 않으면 결국 죽고 말 것입니다. 토라를 멀리해서 죽느니 차라리 토라를 배우다가 죽는 것이 더 나을 것입니다"라고 했다.

마침내 랍비 슐로모는 그 끔찍한 병에서 낫게 되었다. 그는 75세까지 살았으며, 큰 가족을 이루었고, 그의 자녀들과 손자들 역시 토라를 배우는 사람들이 되었다고 한다.

이븐 하에젤[Even Ha'ezel]의 저자인 랍비 이셀 잘만 메르처도 이와 비슷한 이야기를 전한다. 약 40여 년 전, 예루살렘에 살던 유명한 의사인 모세 라치밀레비츠는 랍비 이셀 잘만 메르처가 만약 여든 살이 넘도록 산다면 모든 의과대학 교과서들을 죄다 불태워버려야 한다고 말했다.

어릴 적부터 랍비 이셀 잘만은 특별히 토라에 전념하던 사람이었다. 그는 먹을 것도 최소한으로 줄이고 잠도 줄였으며, 생존에 필요한 것들에는 크게 관심을 두지 않았다. 약혼한 지 얼마 지나지 않아, 그에게 폐결핵이 찾아왔다. 몸이 이미 많이 쇠약해진 상태였으므로 의사들은 그가 회복될 가망이 전혀 없다고 고개를 저었다. 랍비 이셀 잘만은 사람을 보내어 약혼녀에게 상황을 설명하고, 약혼을 파기하더라도 아무런 말을 하지 않겠다는 말을 전했다.

약혼녀의 집안에서는 약혼을 파기하는 것에 동의하였으나, 놀랍게도 정작 약혼녀는 랍비 이셀 잘만과의 결혼을 고집했다. 어떻게 해야 할지 몰랐던 약혼녀의 집안 사람들은 하페쯔 하임에게 찾아가 지혜를 구하기로 했다. 모든 이야기를 들은 하페쯔 하임은 다음과 같이 간단한 대답을 주었다. "건강한 사람도 있고, 오래 사는 사람도 있는 법입니다." 약혼녀는 이 답을 듣고 랍비 이셀 잘만이 금방 회복될 것임을 깨달았다. 그리고 실제로 얼마 지나지 않아 그는 병에서 낫고 무사히 결혼식을 올릴 수 있었다.

랍비 이셀 잘만 메르처는 슬라보드카에서 로쉬 예시바[Rosh Yeshiva], 즉 학당의 학장으로 섬겼으며 또 슐루츠와 클레크에서 랍비 장으로 사역했다. 후에 그는 이스라엘 땅으로 건너가 그 곳에서 30년 가까이 예루살렘의 예시바 에이츠 하임[Yeshivah Eitz Chaim]의 학장으로 섬겼고 84세에 생을 마감했다.

토라를 행동으로

본문은 토라가 "토라를 실천하는 자에게" 생명이 된다고 가르치고 있다. 즉 토라를 단순히 '배우는 것'만으로는 충분하지 않으며 이를 행동으로 옮겨야 한다는 것이다. 오직 "배움이 실천으로 이어질" 때에만 "배움은 위대한 것이다"라고 말할 수 있는 것이다. 그러나 자기가 배운 것을 실천으로 옮기지 않는다면 배우더라도 그 무슨 소용이 있겠으며, 목적이 있는 배움이라고 할 수 있겠는가? 이것이 바로 토라라는 단어의 어원인 '호라'([horaah], 인도)의 의미인 것이다. 토라는 사람이 마땅히 따라야 하는 길로 우리를 인도해주는 이정표이다.

때문에 다윗 왕은 '여호와를 경외함이 지혜의 근본이라 그의 계명을 지키는 자는 다 훌륭한 지각을 가진 자이니 여호와를 찬양함이 영원히 계속되리로다'(시 111:10)라고 노래할 때 주님의 계명을 '배우는 자마다'가 아닌, '지키는 자마다'라고 말한 것이다(버라호트[Berachos] 17a).

그러므로 '토라는 위대하다.' 이는 이를 실천하는 자, 즉 하나님의 계명을 실천하기 위하여 배우는 자에게 '생명을 주기 때문이다.' "모세가 이스라엘 자손에게 선포한 율법은 이러하니라"(신 4:44)는 구절에서 '선포하다'라고 번역된 단어 '삼'(sam)은 '약'이라는 뜻도 가지고 있다. 즉 받을 만한 사람에게 토라는 생명의 영약이 된다는 것이다. 그러나 "그렇지 않으면(토라를 배우나 그 지식으로 아무 것도 하지 않으면) 이는 치명적인 극약이 될 것이다"(요마[Yoma] 72b).

그러므로 라바[Rava]는 제자들에게 토라의 말씀을 생활에 적용하지도 않고 선한 성품을 얻지도 않으면 "두 게힌놈을 물려받게 될 것이다"(ibid.)라고 훈계했다. 즉 토라를 배우지 않음으로 이 세상에서 고통을 겪을 것이요, 토라의 말씀을 등불로 삼아 자신의 갈 길을 비추지 않았기 때문에 장차 올 세상에서도 고난을 당할 것이라는 말이다.

본문의 원문은 '토라를 실천하는 자들에게', 즉 복수형 표현을 사용하고 있다. 이를 통해 본문은 두 부류의 사람을 나타내고 있는 것이다. 바로 토라를 배우는 사람과 토라를 배우는 사람들을 경제적으로 돕는 사람이다. 토라를 배우는 사람들을 지원해 주는 사람들 역시 토라를 '실천한' 것으로 여김을 받을 것이며, 토라가 그들에게 생명이 될 것이다(하시드 야베쯔[ChasidYaavetz]).

토라를 나의 것으로 만들라

"토라를 실천하는 자에게 생명을 부여한다"라는 구절은 "이를 '만드는' 자에게 생명을 주기 때문이다"로 해석할 수도 있다. 토라를 얻는 사람이란 곧 토라를 자신의 것으로 만드는 사람이며, 토라를 자신의 일부로 만들어 토라로 자기의 정체성을 나타내는 사람이라는 것이다.

그러므로 다윗 왕은 말하기를 "복 있는 사람은 악인의 꾀를 따르지 아니하며... 오직 여호와의 율법을 즐거워하여, 그의 율법을 주야로 묵상하는도다"(시 1:1-2)라고 고백했다. 이 고백에 대해 현자들은 가르치기를 토라는 처음에는 '여호와의 율법', 즉 하나님의 토라였다가 후에는 '그의 율법', 즉 이를 배우는 자의 토라가 된다고 했다. 성실하고 부지런한 모습으로 토라를 배우는 사람이 토라를 자신의 것으로 만들 수 있는 것이다.

가장 이상적인 모습은 바로 '여호와의 토라'를 얻는 것, 즉 하나님의 뜻과 주님의 지혜를 완전히 이해하고자 토라를 사랑하므로 이를 배우는 것이다. 그럴 때 토라는 피에 스며들고 뼈에 새겨져 진정한 생명의 영약이 될 것이다. 반면 잘못된 동기를 가지고 토라를 배우는 자에게 토라는 극약이 된다. 현자들은 '내 교훈은 비처럼 내리고(야로프[ya'arof])'(신 32:2)라는 구절에서 이런 가르침을 얻었다. 이 구절에서 '내리는'이라는 뜻의 히브리어 '아리파'[arifah]는 "그 골짜기에서 그 송아지의 목을 꺾을 것이요(베아르푸, v'arfu)"(신 21:4)에서의 용례와 같이 '죽음'이라는 뜻을 내포하고 있기 때문이다(타니트[Taanis] 7a).

> **성경은 다음과 같이 말하고 있다.**
> **"그것은 얻는 자에게 생명이 되며**
> **그의 온 육체의 건강이 됨이니라"**(잠 4:22).

본 구절은 일곱 가지의 잠언 구절을 인용하여 토라가 이스라엘 백성의 생명의 원천이라는 본문의 주장을 뒷받침하고 있다.

첫 번째 잠언 말씀은 바로 "이 말은(토라의 말씀은) 그것을 얻는 자에게 생명이 되며, 그의 온 육체에 건강이 됨이니라"는 구절이다. 미드라쉬 슈무엘은 이 구절이 처음에는 복수 표현을 사용하다가(원문은 '그것을 얻는 자들에게…'), 뒤에는 단수 표현('그의 온 육체에…')으로 수를 전환하고 있는데, 이는 오직 극소수의 사람들만이 토라를 완전히 익힐 수 있기 때문이라고 했다.

그렇다면 이 구절에서는 어떻게 토라의 말씀을 '찾는다'고 표현할 수 있는가? 토라는 수고와 노력으로 얻는 것이지 않은가?(하시드 야베쯔[Chasid yaavetz], 이전 구절 주석) 현자들은 이 의문에 대해 이렇게 답하고 있다. 곧 이 구절을 직역하여 '그것을 찾는 사람에게'(이모차에이헴[I'motza'eihem])라고 읽기보다는 '그것을 입으로 또박또박 말하는 사람에게'(이모치에이헤임[Imotzi'eiheim]), 즉 '토라를 배울 때에 입으로 소리 내어 이를 읽는 사람'에게라는 뜻으로 읽어야 한다는 것이다(에이루빈[Eiruvin] 54a). 토라를 숙달하기 위한 노력들 중 하나가 바로 토라의 말씀을 입으로 소리 내어 읽는 것이다. 바로 위 구절에서 토라를 얻는 방법 중 하나로 '분명한 말'을 듣는 것은 이런 이유에서이다.

말씀은 토라가 모든 사람에게 생기를 불어넣는다, 즉 "모든 사람의 육체를 치료한다"고 가르치고 있다. 이 세상의 약은 온 몸을 치료할 수는 없다. 즉 병은 낫게 하더라도 간에는 좋지 않거나 하는 등이다. 그러나 하나님의 "약"인 토라는 온 몸에 생명을 주는 생명의 영약이며(ibid.), 모든 약과 질병에 맞는 최고의 처방이다. 곧 현자들이 "머리가 아프면 토라를 배우게 하라… 배가 아프면 토라를 배우도록 하라… 뼈가 아프면 토라를 배우도록 하라… 온몸이 아프면 토라를 배우도록 하라. 기록된 바, '온 몸에 건강을 준다'(ibid.)라 함과 같다"라고 가르쳤다.

온 힘을 다하여 토라를 배울 때에야 토라는 그 안에서 살아 숨쉰다. 베루리아[Beruria]가 "[토라가]몸 248개 기관에 모두 들어오면 남을 것이요, 그렇지 못하면 남지 못할 것입니다"(ibid.)라고 한 것과 같다.

마찬가지로 토라가 온 몸 구석구석까지 파고 들도록 하려면 말 그대로 온 몸 구석구석까지 토라를 배우기 위해 전념해야 한다. 그러므로 토라는 자신의 온 힘을 다하여 이를 배우는 자에게 생명이 되는 것이다. 말 그

대로 온 몸을 다하여 토라를 배우면, 토라는 '그의 온 몸에 건강을 준다.'

티페레트 시온[Tiferes Zion]은 이 구절에 대한 다른 접근방식을 보여 주고 있다. 그의 해석에 따르면 이 세상에서 죄는 사람의 수명을 줄이고 사람에게 고난을 가져다준다. 그러나 본문은 우리에게 토라를 위해 수고 하는 자가 두 가지를 약속받을 것이라고 가르치는데, 바로 첫째는 "[토라 의 말씀이]그것을 찾는 사람에게 생명이 된다"(장수하게 한다)는 것이며, 둘째는 "그의 온 몸에 건강을 준다"(몸을 치료하고 고통을 없앤다)는 것이다.

그리고 성경은 말한다.
"이것이 네 몸에 양약이 되어 네 골수를 윤택하게 하리라"(잠 3:8).

본문에서는 이미 토라를 인용하여 토라가 사람의 몸을 치료한다고 가 르쳤음에도 똑같은 주제, "[토라가]이것이 네 몸에 양약이 되어 네 골수 를 윤택하게 하리라"는 가르침을 두고 다른 구절들을 계속 인용하고 있 는 이유는 무엇인가?

하시드 야베쯔는 본문이 첫 번째 구절을 인용함으로써 토라가 온 몸에 힘을 주는 영약임을 가르치고 있다고 해석했다. 그러나 두 번째 구절을 인용하면서는 그는 토라가 특정한 병의 근원까지도 치유할 수 있으며 사 람의 몸에 힘을 주고 새로운 생명을 불어넣어 주는 능력이 있음을 가르치 고 있다는 것이다. 바로 이 구절에서 토라를 두고 '배꼽을 치료한다'라고 표현하는 이유인데, 인간은 잉태되면서부터 배꼽으로 활력을 얻기 때문 에 배꼽은 생명의 중심을 나타낸다(쏘타[Sotah] 45b). 더 나아가 토라는 '네 골수를 윤택하게 한다.' 즉 토라의 근원에 있는 치유의 능력이 뼈를 뚫고 들어가 몸속 깊은 곳에 있는 아픔과 병까지도 제거한다는 것이다(마할랄

[Maharal]).

라쉬와 미드라쉬 슈무엘은 해석하기를 본문은 첫 번째 구절을 인용하여 이 세상을 나타내는 반면, 두 번째 구절을 인용하면서는 죽은 자의 부활을 나타낸다고 했다. 두 번째 인용구절에서 인간이 죽고 모든 것이 썩어도 남는 '뼈'에 대해 말하고 있는 이유가 바로 이것이다. 에스겔 선지자가 본 '마른 뼈'의 환상과 같이, 이사야 선지자가 "네 뼈를 견고하게 하리니"(사 58:11)라고 말한 것과 같이, 죽은 자의 뼈에는 다시 생명이 돌아올 것이다.

> **그리고 성경은 말한다.**
> **"지혜는 그 얻은 자에게 생명나무라**
> **지혜를 가진 자는 복 되도다"**(잠 3:18).

세 번째 인용구절 "그 얻는 자에게 생명나무라, 지혜를 가진 자는 복 되도다"라는 말씀은 토라가 모든 병을 치료하는 능력이 있을 뿐만 아니라 장수를 약속하기도 한다는 가르침을 전한다(마할랄[Maharal]). 물가에 뿌리를 댄 나무와 같이 토라는 끊임없이 생명을 공급해 줄 것이다. 또 성경에서 "내 백성의 수한이 나무의 수한과 같겠고…"(사 65:22)라고 함과 같이, 나무는 장수의 상징이기도 하다.

'생명나무'란 또 바다 한 가운데에서 표류하고 있는 사람이 살아남기 위해 붙들고 있는 나무판자의 상징이기도 하다(볼로진의 랍비 하임[R' Chaim of Volozhin]). 우리가 사는 이 세상은 망망대해와 같아서 수시로 욕망의 폭풍과 욕구의 높은 파도가 몰아치며 영의 생명을 집어삼킬 듯 위협한다. 이런 망망대해에서 사람을 구할 수 있는 것은 오직 토라뿐이다. 곧 토라는 나무판자와 같아서 폭풍과 같은 재앙 속에서도 사람의 목숨을 구한다. 끈질기게 이를 붙잡는 사람은 구원을 받을 것이나, 이를 놓치는 사람은 곧 생명줄을 놓는 사람과 같은 운명을 맞이하게 될 것이다.

미드라쉬 슈무엘은 본문이 두 부류의 학생들을 나타낸다고 했다. 어떤 학생들은 쉽게 이해하고 빠르게 외우지만(5:15), 또 다른 학생들은 기술이 부족하고 기억력도 떨어져 큰 노력을 더해야만 지식을 얻을 수 있다. "그들은 어렵게 배우고 쉽게 잊는다"(ibid.). 어떤 사람은 '지혜롭게' 태어나고 또 어떤 사람은 '그리 달갑지 않은'(ibid.) 재능을 받고 태어난다. 그럼에도 이 두 부류의 학생들 모두 토라를 배움으로써 큰 복을 얻는다.

첫째, 토라는 "그 얻은 자에게 생명나무이다." 즉 토라는 끊임없이 힘이 필요한 사람에게, 토라를 붙잡고 넘어지지 않으려는 사람에게, 중심을 잃지 않도록 토라를 붙들고 있는 사람에게 생명의 근원이 되어주는 것이다. 더 나아가 "지혜를 가진 자는 복 되도다"라는 구절은 "그것으로 도움을 받는 사람은 복이 있다"로 해석할 수 있다. 지혜로운 사람에게 필요한 것은 말씀을 올바르게 이해하기 위한 약간의 도움뿐이다. 즉 토라를 이해하기 위해 한 번만 들으면 된다는 것이다.

같은 인용구절에서도 이해력이 부족함에도 토라를 배우기 위하여 수고하는 자에게 다음의 약속을 전한다. "그 얻는 자에게 생명나무이다." 즉 이런 사람은 토라를 배우느라 수고하더라도 수명이 줄지도 않을 것이요, 삶이 불우해지지도 않을 것이다. 또 본문은 이 부분에서 보상을 따로 약속하고 있지 않은데, 이는 "노력에 따라 보상을 받느니라"고 한 것과 같이 이런 사람이 이미 보상을 받을 것이라는 사실이 널리 알려져 있기 때문이다(말빔[Malbim], 잠언 ibid.).

반면 별다른 노력 없이 토라를 배우는 사람, 최소한의 도움만을 받는 사람 역시도 '복이 있다'고 여김을 받을 것이다. 즉 이런 사람 역시도 이 세상에서 복을 받을 것이며, 장차 올 세상에서 역시 복을 받을 것이라는 약속을 얻을 것이다. 비록 토라를 배우는 데에 많은 노력을 들이지는 않았으나(토라를 숙달하기 위해 온 힘을 다하여 토라를 '얻지' 않더라도) 토라를 배운 것으로 행복을 얻을 것이다.

토라 학자들을 돕다

본 구절은 '돕는 사람', 즉 토라를 배우는 자들을 경제적으로 돕는 자들에 대하여 말하고 있다. 이런 자들에 대해 성경은 "오직 너희의 하나님 여호와께 붙어 떠나지 않은 너희는 오늘까지 다 생존하였느니라"(신 4:4)고 말하고 있다. 그렇다면 진정으로 하나님을 붙드는 것이 가능한 일인가? 성경은 "네 하나님 여호와는 소멸하는 불이시요"(신 4:24)라고 하고 있다. 토라 현자들은 가르치기를 토라 학자에게 딸을 시집보내거든 그 학자와 거래를 하거나 그 학자로 하여금 자기 소유로 이익을 보게 하라고 했다. 그리하면 곧 하나님을 붙든 것으로 여겨진다는 것이다(커투보트[Kesubos] 111b).

이런 관계의 전형을 우리의 조상에게서 찾을 수 있다. 바로 야곱의 아들들인 스불론과 잇사갈이다. 잇사갈은 스불론보다 형이었지만, 야곱은 자녀들을 축복할 때 스불론을 잇사갈보다 더 먼저 불렀다. 현자들은 이에 대해 설명하기를 스불론은 잇사갈과 거래를 하여 그가 토라를 배우는 것을 도와주었기 때문에 야곱이 스불론을 먼저 축복했다고 한다(버레이시트 라바[Bereishis Rabbah] 99:9).

또 모세 역시 스불론 지파에 대하여 "스불론이여 너는 밖으로 나감을 기뻐하라 잇사갈이여 너는 장막에 있음을 즐거워하라"(신 33:18)고 축복하였다. 이는 잇사갈이 스불론의 도움으로 토라를 배울 수 있게 되었으므로, 스불론이 잇사갈의 동반자로 여김을 받는다는 것이다.

"지혜는 그 얻은 자에게 생명나무라, 지혜를 가진 자는 복 되도다"라고 하였으니, "얻은 자"는 실제로 토라를 공부한 잇사갈의 지파였으며, 스불론은 이를 경제적으로 도와주었기 때문에 "돕는 사람은 복이 있다."는 말에서 돕는 사람은 스불론 지파를 뜻한다(바미드바르 라바[Bamidbar Rabbah] ibid.).

또 우리는 현자들이 탄나임 중 한 명을 아자리아의 형제 쉬므온(Shimon, brother of Azariah)으로 보고 있는데, 이는 아자리아가 쉬므온과 함께 거래하며 그를 도와주었기 때문이다(쏘타[Sotah] 21a 및 라쉬[Rashi], 바이크라 라바[Vayikra Rabbah] 25b).

그리고 성경은 말한다.
"이는 네 머리의 아름다운 관이요 네 목의 금 사슬이니라"(잠 1:9).

본문에서 인용하고 있는 네 번째 구절은 바로 "이는(토라의 말씀은) 머리의 아름다운 관이요, 네 목에 금사슬이니라"(잠 1:9)인데, 이는 토라를 배우는 자는 부자가 될 수 없다는 주장을 반박하는 것이다(라쉬[Rashi]).

"이는(토라의 말씀은) 머리의 아름다운 관이요"라는 구절은 우리에게 토라를 배우는 사람이 다른 사람의 마음을 얻는다는 것을 가르치는 것이다. 또 다른 사람들의 마음을 얻는 여러 방법들 중 하나가 바로 '부유함'이다. 그러므로 우리는 토라로 인해 풍족한 삶을 누릴 수 있다고도 볼 수 있는 것이다. 뿐만 아니라 '목의 금 사슬'(사람을 아름답게 꾸며주는 장식물)과 같이 토라 역시도 이를 배우는 사람을 명예롭게 할 것이다.

그러나 다른 주석가들은 이를 다른 방향으로 해석하고 있다.

본문은 각각 머리와 목에 착용하는 장식물에 대해 말하고 있는데, 실제로 머리와 목은 토라를 배울 때 주로 사용하는 기관이다. 생각은 머리에서 이루어지며, 목을 타고 흘러나와 말로 표현되는 것이다(미드라쉬 슈무엘[Midrash Shmuel]). 머리는 곧 하나님께서 사람에게 주신 영혼의 자리이며, 추상적인 지적 능력과 사고능력이 곧 머리에 담겨 있는 것이다. 또 목은 말의 자리이다. 말은 추상적인 지적 개념을 행위의 세계와 연결시키는 것으로, 또 영혼이 이 세상에 스스로를 표현하는 방법이다.

본문에 대한 또 다른 접근방식이 있는데, 바로 처음 세 개의 인용구절은 이 세상에서의 축복, 즉 건강과 장수에 대한 것이지만, 본문에서 인용하고 있는 구절은 영적인 보상에 대해 말하고 있다는 것이다.

토라는 "머리의 아름다운 관"으로 마음에 자리 잡고 있는 영혼을 기쁘게 하는 것이다. 또 토라는 영과 물질세계를 연합하는 것이므로, 영혼을 꾸미는 "목의 금 사슬" 즉 말이라고 할 수 있다(마할랄[Maharal]).

**그리고 성경은 말한다.
"그가 아름다운 관을 네 머리에 두겠고
영화로운 면류관을 네게 주리라 하셨느니라"**(잠 4:9).

토라가 토라를 배우는 사람에게 명예를 준다는 구절을 인용한 후, 본문은 이제 토라가 이들을 지켜주고 또 보호해준다는 구절을 제시하고 있다. 토라는 '아름다운 관을 네 머리에' 둘 뿐만 아니라 '영화로운 면류관'을 주기도 한다. 토라는 영광의 광채로 사람을 둘러싸 주위 사람들로부터 경외를 받도록 한다.

"그는 정직한 자를 위하여 완전한 지혜를 예비하시며 행실이 온전한 자에게 방패가 되시나니"(잠 2:7)라고 한 것과 같이, 위대한 토라의 지도

자들이 토라로 인해 보호를 받았다는 수많은 이야기들이 전해지고 있다. 토라는 방패와 같이 토라를 배우고 그 길을 따르는 사람들을 지켜준다. "하나님의 도는 완전하고 여호와의 말씀은 진실하니 그는 자기에게 피하는 모든 자에게 방패시로다"(삼하 22:31, 탄쿠마[Tanchuma], 레흐 레하[Lech Lecha] 11 참고).

한 번은 강도들이 빌나 가온의 집에 쳐들어와 그의 제자들에게 은과 금을 내놓으라고 협박했던 일이 있었다. 시끄러운 소리를 듣고 빌나 가온이 아래로 내려왔다. 상황을 본 그는 머리에 찬 테필린을 열었는데, 그 광경을 본 강도들이 별안간 도망치고 말았다. 그러자 빌나 가온은 게마라의 말씀을 인용하며 다음과 같이 말했다. "'땅의 모든 백성이 여호와의 이름이 너를 위하여 불리는 것을 보고 너를 두려워하리라'(신 28:10)고 했다. 여기서 사람의 머리 위에 내리는 주님의 이름은 무엇인가? 대 랍비 엘리에셀[R' Eliezer the Great]은 이를 '바로 머리에 있는 테필린이다'라고 했다"(버라호트[Berachos] 6a).

빌나 가온의 학생들은 이것에 관해 물었다. "하지만 저희는 모두 테필린을 차고 있었습니다. 그런데 강도들은 왜 우리를 보고 도망치지 않은 것입니까?" 그러자 빌나 가온은 이렇게 답하였다 한다.

"랍비 엘리에셀은 문자 그대로는 '머릿속에 있는 테필린'이라고 말하였다. 테필린을 그저 머리에 매다는 것만으로는 충분치 않다. 즉 테필린 안에 있는 내용물도 머리에 들어 있어야 한다는 것이며, 그것이 바로 너희를 지키는 영광스러운 왕관이라는 것이다."

일부 주석가들(미드라쉬 슈무엘, 마하랄 등)은 이 구절을 장차 올 세상, 즉 "먹고 마시는 것도 없으며, 출산도 없고, 일도 없으며, 질투도, 증오도, 경쟁도 없는 곳, 의인이 하나님의 광채를 받으며 머리에 왕관을 쓰고 앉아 있는 곳"(버라호트[Berachos] 17a)에서의 명예를 확증하는 말씀으로 해석하고 있다. 이 때, 장차 올 세상에서 의인의 머리에 쓰는 왕관은 그들이 이 세상에서 배웠던 토라로 이루어져 있다.

이 세상의 명예와 보호는 영원하지 않다. 그러나 토라가 주는 명예와 보호는 영원하며 또 확실한 것이다. 그렇다면 "그 지혜가 영광의 화관을 너의 머리에 씌워 주고"라는 말씀은 곧 토라가 진리와 영원한 명예를 준다는 것이며, "영광스러운 왕관"은 사람들이 토라 학자들에게 주는 명예와 공경을 뜻한다고 할 수 있을 것이다.

그리고 성경은 말한다. "그의 오른손에는 장수가 있고 그의 왼손에는 부귀가 있나니"(잠 3:16).

본문에서 인용하고 있는 다음 구절인 "그의 오른손에는 장수가 있고, 그의 왼손에는 부귀가 있나니"라는 말씀에는 본 구절을 배우는 학생들이 충분히 품을 만한 다음의 의문에 대한 답을 보여주고 있다. 그 의문이란 다음과 같다. '우리는 지금까지 토라를 배우면서도 요절한 사람들을 많이 보지 않았는가? 토라가 그들에게 장수의 축복을 주지 않았는가?'

이 의문에 대해 본문은 토라를 배우는 모든 사람들이 장수하는 것은 아님을 보여주고 있는 것이다. '장수'는 토라 그 자체를 위하여 배우는 자, 이 세상의 물질적인 현상과 자연을 초월하고 토라와 하나님을 붙들고 있는 자의 '그 오른손'에 있다.

반면 돈, 명예, 이 세상에서의 만족 등 불순한 동기로 토라를 배우는 자는 곧 이 세상에서 수고하는 다른 사람들과 같이 자연적인 방법으로 그 보상을 받을 것이다. 그러므로 부와 명예는 얻을 수 있겠으나, 장수는 얻지 못하는 것이다.

장차 올 세상에서의 삶은 진정한 의미에서 '긴 것', 즉 영원한 것이므로, 본문에서 '장수'(length of days)라는 단어는 이 구절이 올 세상에서의 삶을 표현하고 있음을 암시하고 있다.

오직 토라 그 자체를 위하여 배우는 사람, 오직 이 세상에서 벗어나는 사람, 오직 영적인 삶을 추구하는 사람만이 올 세상에서 영원한 영의 생명을 얻을 수 있다.

"그리하면 그것이 네가 장수하여 많은 해를 누리게 하며 평강을 더하게 하리라"(잠 3:2).

"여호수아 뒤에 생존한"(삿 2:7) 장로들의 이야기를 전하는 사사기의 말씀에서 배울 수 있는 대로, 장수에는 선한 것이 가득하다. 그들은 수년간을 이 땅에서 더 살았지만, 그들의 하루하루는 선한 것으로 가득했던 것이다(샤보트[Shabbos] 105b, 라쉬[Rashi]).

'삶의 해가 갈수록'이라는 말에 대해 현자들은 의문을 제기했다. "삶의 해라는 것이 따로 있으며, 다른 날들은 삶의 해, 즉 생명의 해가 아니라는 것인가?" 이에 대하여 현자들은 답을 내리기를, '삶의 해'는 곧 악한 것에서 선한 것으로 변하는 인간의 삶의 질을 뜻하는 것이라고 했다(요마[Yoma] 71a). 또 해마다 더욱 나은 삶, 즉 건설적이고 성장지향적인 변화를 누리는 것이라고도 했다.

토라를 배우는 사람은 이런 '장수'를 얻어 완전한 선함이 그 몸에 가득 차게 될 것이며, 날이 갈수록 행복한 한 해를 보내게 될 것이다. 그러나 진정으로 성공적인 삶을 살기 위해서는 또 다른 요소가 더 필요하다. 바로 '(토라의 말씀이)더욱 평안을 누리게' 하는 것이다. 현자들이 "찬양받아 마땅하신 거룩하신 주님께서는 평안 외에는 축복을 담을 그릇을 발견하지 못하셨다"(우크친[Uktzin] 3:12)라고 가르친 것과 같다. 오직 평안이 있을 때에만 하나님께서 내려주시는 다른 축복들을 온전하게 누릴 수 있는 것이다. 또 현자들은 "토라 학자들은 이 세상에 평안을 가져다준다"(버라호트[Berachos] 64a)라고 가르치기도 했다.

힘에 힘을 더하여

본 구절의 원문은 '평안을 더하게 하리라'는 표현을 사용하고 있다. 여기서 '너를 위해 늘어날 것이다'라는 말씀은 곧 사람이 노력하여 얻을 보상을 토라가 더욱 늘려준다는 것을 의미한다(이런 점에서 위에 인용된 구절인 '그 지혜가 영광의 화관을 너의 머리에 씌워 주고'는 자신이 받을 것보다 더 큰 보상을 뜻한다 [미드라쉬 슈무엘]).

그러므로 현자들은 "고되게 일하는 자는 식욕으로 말미암아 애쓰나니"(잠 16:26, 직역)라는 구절을 해석하기를, 사람이 토라를 배우는 데에 수고하면, 그가 배운 토라가 하나님께 간구하여 그가 더욱 토라를 잘 이해할 수 있도록 하므로, 토라가 그를 위해 수고하는 것과 같다고 했다(산헤드린[Sanhedrin] 99b, 라쉬).

사람이 세상을 떠나더라도 그 사람이 생전에 배운 토라는 여전히 남아 열매를 맺는다. 이에 다윗 왕은 "내가 주의 장막에 머물며 내가 주의 날개 아래로 피하리이다"(시 61:4)라고 노래했다. 그렇다면, 인간이 이 세상과 저 세상에서 동시에 사는 것이 가능하다는 것인가? 현자들은 이에 대해 설명하기를 이 구절에서 다윗 왕은 하나님께 "온 세상의 주님, (제가 죽더라도)사람들이 토라에 있는 제 말을 계속 인용하는 것이 바로 주님의 뜻이기를 구합니다"라고 간구하는 것이라고 했다(예바모트[Yevamos] 96b). 토라 학자들의 말을 인용할 때에는 말 그대로 '그 입술이 무덤으로 들어가는 것'과 같으므로, 학자가 비록 죽어서도 끊임없이 토라를 배우는 것과 같다는 것이다.

"(토라의 말씀이)평강을 더하게 하리라"는 말씀은 그의 토라의 말씀이 늘어나 영적으로 끊임없이 성장할 것이라는 의미이다. 이런 사람은 매 해마다 성공에 성공을 거듭할 것이며, 또 매 해마다 더욱 큰 생기를 얻고 더 많은 선한 것을 얻을 것이다. 이것이 바로 "이 세상에서도, 저 세상에서도 쉬지 않는 토라 학자들"의 삶이다. 곧 기록된 바 "그들은 힘을 얻고 더 얻어 나아가 시온에서 하나님 앞에 각기 나타나리이다"(시 84:7)라고 한 것과 같다.

인생의 일곱 단계

즐로코프의 하시디즘 운동을 이끈 레베[Chassidic rebbe of Zlotchov]이자 프리 하임[Pri Chaim]의 저자인 랍비 아브라함 하임[R' Avraham Chaim]은 본문의 일곱 구절이 각각 인생의 일곱 단계를 나타낸다고 하였다.

1) "그것은 얻는 자에게 생명이 되며 그의 온 육체의 건강이 됨이니라."는 말씀은 열 살 때부터 스무 살 때까지 기간을 뜻한다. 이 기간에 사람은 토라의 말씀을 "찾고" 토라를 배움으로써 얻는 열매를 처음으로 맛보게 된다.

2) "이것이 네 몸에 양약이 되어 네 골수를 윤택하게 하리라"는 말씀은 스무 살 때부터 서른 살 때까지의 기간을 뜻하는데, 이 기간에는 생계를 유지하는 데에 집중하기 시작하기 때문에 배움에 소홀해질 여지가 있다

('스무 살은 추구를 위한 나이이다', 5:25). 이 나이대의 사람은 삶의 목표를 이루기 위한 건강한 신체가 필요하며, 토라는 그 목표를 이룰 수 있도록 도움이 될 것이다.

3) "지혜는 그 얻은 자에게 생명나무라"는 말씀이 의미하는 서른 살부터 마흔 살 때까지의 기간의 사람은 생계를 책임지는 데에 온 힘을 쏟으므로 토라를 배울 시간이 크게 부족해지기 마련이다. 그럼에도 불구하고 영적인 성장을 이루지 못한다고 절망해서는 안 된다. 이 기간에 배울 기회는 적을지 몰라도, 배우는 자를 도울 기회는 많다.

4) "이는 네 머리의 아름다운 관이요"라는 구절은 토라를 배우고 또 토라를 배우는 학생들을 도운 후에는 열심히 수고한 열매를 누리면서 토라를 더욱 깊이 묵상해야 한다는 것을 의미한다. 사십대 이상의 나이에 속하는 이 단계에 대하여 현자들은 "마흔 살은 이해를 위한 나이이다"(ibid.)라고 가르쳤다.

5) "이는 네 머리의 아름다운 관이요 네 목의 금 사슬이니라."에서 말하는 사람의 왕관과 영광은 아버지로부터 물려받는 것이다. "손자는 노인의 면류관이요"(잠 17:6)라고 한 것과 같다. 자녀와 손자들이 토라를 배우는 것을 보며 깊은 만족감을 얻는 나이이다.

6) "그의 오른손에는 장수가 있고 그의 왼손에는 부귀가 있나니"라는 구절에서 사람의 나이가 예순이 되면 몸의 힘이 점점 약해지는 것이 느껴질 정도가 된다. 곧 현자들이 "예순 살은 노년을 위한 나이이다"(ibid.)라고 가르친 것과 같다. 그러므로 본문은 노인에게 장수를 약속함과 동시에 평생 토라를 배운 사람에게 부귀영화가 주어질 것이라고 약속하고 있는 것이다.

7) 인생의 마지막 단계에서 사람은 삶의 끝이 다가오는 것을 체감하게 된다. 이 때 말씀은 "너로 장수하여 많은 해를 누리게 하며 평강을 더하게

하리라"고 약속하고 있다. 평생 배워온 토라가 그에게 장수를 안겨줄 것이다. 뿐만 아니라 '삶의 해가 갈수록 더욱 평안을 누리게 할 것'이므로, 삶의 마지막 해가 그 어떤 날보다도 평온하고 행복할 것이다. 기록된 바 "그는 늙어도 여전히 결실하며 진액이 풍족하고 빛이 청청하니"(시 92:14)라고 한 것과 같을 것이다.

משנה ח משנה 8절

רַבִּי שִׁמְעוֹן בֶּן יְהוּדָה
מִשּׁוּם רַבִּי שִׁמְעוֹן בֶּן יוֹחַאי אוֹמֵר,
הַנּוֹי וְהַכֹּחַ וְהָעוֹשֶׁר וְהַכָּבוֹד וְהַחָכְמָה וְהַזִּקְנָה
וְהַשֵּׂיבָה וְהַבָּנִים, נָאֶה לַצַּדִּיקִים וְנָאֶה לָעוֹלָם,
שֶׁנֶּאֱמַר (משלי טז:לא),
עֲטֶרֶת תִּפְאֶרֶת שֵׂיבָה בְּדֶרֶךְ צְדָקָה תִּמָּצֵא,
וְאוֹמֵר (שם יז:ו),
עֲטֶרֶת זְקֵנִים בְּנֵי בָנִים וְתִפְאֶרֶת בָּנִים אֲבוֹתָם.
וְאוֹמֵר (שם כ:כט),
תִּפְאֶרֶת בַּחוּרִים כֹּחָם וַהֲדַר זְקֵנִים שֵׂיבָה.
וְאוֹמֵר (ישעיה כד:כג),
וְחָפְרָה הַלְּבָנָה וּבוֹשָׁה הַחַמָּה,
כִּי מָלַךְ יהוה צְבָאוֹת בְּהַר צִיּוֹן וּבִירוּשָׁלַיִם
וְנֶגֶד זְקֵנָיו כָּבוֹד.
רַבִּי שִׁמְעוֹן בֶּן מְנַסְיָא אוֹמֵר,
אֵלוּ שֶׁבַע מִדּוֹת שֶׁמָּנוּ חֲכָמִים לַצַּדִּיקִים,
כֻּלָּם נִתְקַיְּמוּ בְּרַבִּי וּבְבָנָיו:

랍비 쉬므온 벤 예후다는 랍비 쉬므온 벤 요하이의 이름으로 말한다.
아름다움, 힘, 부, 명예, 지혜, 노년, 백발의 나이 그리고 어린이들
이것들은 의로운 자들에게 그리고 장차 오는 세상에 적합하다.
성경은 다음과 같이 말하고 있다.
'백발은 영화의 면류관이라 공의로운 길에서 얻으리라'(잠 16:31).
그리고 성경은 말한다.
"손자는 노인의 면류관이요, 아비는 자식의 영화니라"(잠 17:6).
그리고 성경은 말한다.
"젊은 자의 영화는 그의 힘이요
늙은 자의 아름다움은 백발이니라"(잠 20:29).
그리고 성경은 말한다.
"그 때에 달이 수치를 당하고 해가 부끄러워하리니
이는 만군의 여호와께서 시온 산과 예루살렘에서 왕이 되시고
그 장로들 앞에서 영광을 나타내실 것임이라"(사 24:23).
랍비 쉬므온 벤 므나시야는 말한다.
현인들이 의로운 자들의 행위라고 생각한 이들 일곱 특성들은
비와 그의 아들들에게 모두 이해되어졌다.

미쉬나 8절

랍비 쉬므온 벤 예후다는 랍비 쉬므온 벤 요하이의 이름으로 말한다

숫자 '0'은 그 자체로 가치를 가지지 않는다. 그러나 다른 숫자의 뒤에 위치할 때에는 그 수가 열 배의 가치를 가지도록 한다. 본문에서 언급된 기질들은 모두 숫자 '0'과 같다. 아름다움과 부유함 등 본문의 기질들은 그 자체로는 가치가 없다는 것이다. 사람 역시 영적으로 '0', 즉 아무런 가치가 없으면, 그 위에 아무리 '0'을 더 하고 곱하여도 결국 '0'일 뿐이다. 그러나 가치가 있는 사람에게, 영적인 목표가 있고 또 자신의 기질들을 선한 목적으로 사용하고자 하는 사람에게, 숫자 '0'은 그 가치를 열 배나 늘려주는 것이다.

유대교에서는 본문에 열거된 기질들을 하나님을 섬기는 도구로 보고 있다. 바로 하나님께서 예루살렘에 아름다움을, 솔로몬에게는 지혜를, 아브라함에게는 노년을 주시는 등 이스라엘에 이런 기질들을 내려주신 이유가 이것이다. 또 이런 기질들을 통하여 하늘나라의 영광이 세상에 드러난다. "찬양받아 마땅하신 거룩하신 주님이 주님의 세상에 창조하신 모든 것은 오직 주님의 영광을 위하여 창조하신 것이다"(6:11).

의인이 본문에 나열한 기질들로 축복을 받는 것을 본다면 사람들은 하나님을 찬양할 것이다(하시드 야베쯔[Chasid Yaavetz]). 때문에 현자들은 "찬양받아 마땅하신 거룩하신 주님께서 강하고, 부유하며, 지혜롭고, 겸손한 사람에게만 임재하신다"(너다림[Nedraim] 38a)라고 가르쳤던 것이다.

토라는 대제사장을 '형제 제사장들 가운데서 으뜸되는' 사람이라고 말하고 있다. 현자들은 이를 대제사장은 힘에서나, 아름다움에서나, 지혜에서나, 또 부유함에서나 형제들 중에서 으뜸이 되어야 한다는 가르침이라고 해석하였다. 더 나아가 이런 기질이 없으면 그의 동료 제사장들이 그를 도와 능히 이런 기질을 가질 수 있도록 해야 할 것이라고 했으며, "형제 제사장들 가운데서 으뜸되는"이라는 표현을 곧 "형제 제사장들 중에 으뜸으로 만든"으로 해석했다(요마[Yoma] 18a). 그러므로 뛰어난 능력과 기질이 있으나 가난한 사람이 있다면 교우들이 경제적으로 도와야 한다는 것이다.

아름다움

본문에서 열거하는 첫 번째 기질은 바로 아름다움으로, 아름다움은 '의인에게도 좋으며 세상에도 좋은' 것이라고 가르치고 있다. 그러나 아름다움은 동시에 이 기질들 중에서도 가장 피상적인 것이며, 사람의 행실과는 큰 연관이 없이 하늘나라에서 선물로 주는 것이다. 그렇다면 왜 아름다움이 '의인에게도 좋으며 세상에서도 좋은' 것이라고 본문은 가르치고 있는 것인가?

선지자 말라기는 말하기를 "제사장의 입술은 지식을 지켜야 하겠고 사람들은 그의 입에서 율법을 구하게 되어야 할 것이니 제사장은 만군의 여호와의 사자가 됨이거늘"(말 2:7)이라고 했다. 의인이 깔끔한 얼굴 색으로 그 얼굴이 천사와 같이 빛날 때에 사람들은 기꺼이 그의 입에서 나오는 토라를 받아들이고 그에게서 토라를 배우게 될 것이다(하시드 야베쯔[Chasid Yaavetz]와 라베이누 이삭 벤 랍비 슐로모[Rabbeiunu Yitzchak ben R' Shlomo]).

또한 아름다움은 종종 악한 본성을 불러일으키기 때문에, 유혹을 극복하도록 동기를 부여함으로써 사람을 더욱 성장시키는 자극이 될 수도 있다. 아름다움의 유혹에 빠져버린 사람의 예로는 다윗 왕의 아들 압살롬을 들 수 있다. 성경에서는 그처럼 아름다운 청년이 또 없다고 했다(삼하 14:25). 그의 아름다운 모습은 수많은 사람들을 매료시켰으며 많은 사람들이 그를 따랐기 때문에, 자기밖에는 이스라엘을 능히 다스릴 만한 사람이 없다고 믿게 되었다. 수많은 사람들의 칭송 속에서 그는 아버지를 대적하여 반란을 일으키고 말았다. 결국 "그는 자기 머리카락에 자부심이 있었는데 그 때문에 그 머리카락에 목이 걸리고 말았다"(소타[Sotah] 9b).

반면 토라는 아름다운 외모를 가지고 있었음에도 온전히 하나님을 섬기는 데에만 집중한 또 다른 청년, 요셉에 대해서도 전하고 있다. 현자들이 전하는 이야기에 따르면, 보디발의 아내가 어느 날 친구들을 집에 초대하고 과일 깎는 칼을 주었다. 그때 요셉이 들어오자 그의 수려한 외모에 마음이 동한 여인들이 놀라 손가락을 베었는데, 그 외모를 보느라 손가락이 다친 줄도 몰랐다고 한다(탄쿠마[Tanchuma], 바에이셰브[Vayeishev] 5).

요셉의 수려한 외모에 반한 보디발의 아내는 그를 유혹하려 했으나, 요셉은 이를 거부했기 때문에 정결해졌다. 이로 인해 그는 초막절에 초막(쑤카[succah])에 들어오는 일곱 명의 거룩한 손님들 중 한명으로 여겨지게 되었으며, 또 "자비로우신 주님, 의로운 요셉의 기업으로 저희를 기억해주십시오"(대속죄일과 대속죄일 전일 기도문)라는 우리 기도에서도 등장하는 아홉 명의 의로운 인물들 중 한 명이 되었다.

처음에는 요셉도 자신의 수려한 외모에 자신감을 가지고 있었으며, 보디발의 아내에게도 그 외모를 나타내었다(탄쿠마[Tanchuma] ibid. 8). 그러나 마침내 요셉은 악한 본성의 유혹에 굴복하지 않은 경건의 상징이 되었다. 그러므로 자신의 외모가 너무나 뛰어나 악한 본성의 유혹에 쉽게 넘어질 수밖에 없었다는 변명을 하더라도, 하늘나라의 법정에서는 "네 외모가 요셉보다도 더 낫더냐?"고 꾸짖음을 당할 것이다(요마[Yoma] 35b).

위대한 대제사장이자 두 번째 성전기 초기 민족을 이끈 지도자였던 쉬므온 하차디크[Shimon Hatzaddik]는 사람들이 나실인 앞에서 고개를 숙여 존경을 표하는 모습을 거부함은 물론 자신도 그렇게 하지 않았는데, 이는 그 인사가 진정으로 존경을 표한다기보다는 두려움에 그런 관습을 따르는 것이라고 생각했기 때문이었다. 그러나 여기에도 단 한 번의 예외가 있었다. 어느 날 한 잘생긴 청년 나실인이 휘날리는 긴 머리를 하고는 토라에서 말하는 제물을 들고 쉬므온 하차디크에게 찾아왔다. 나실인으로 서약한 기간(최소 30일)이 끝나면 머리카락을 잘라야 했기 때문에, 쉬므온 하차디크는 "이보게, 이토록 고운 머리카락을 왜 상하려고 하는가?"라고 물었다.

그러자 청년이 답하였다. "저는 아버지를 위해 양치기 일을 했던 사람입니다. 어느 날 물을 길러 우물로 갔는데, 우물에 비친 제 모습이 아름다워 다른 사람들이 죄를 짓도록 할까 염려가 되었습니다. 그 즉시 저는 악한 본성에게 이렇게 외쳤습니다. '악한 녀석! 이것이 네 것도 아니거늘 어찌 이 세상에서 이를 자랑하려고 하느냐! 결국 벌레와 구더기가 되고 말 것이지 않느냐! 하늘나라를 위해서라면 이까짓 머리카락은 다 잘라버릴 수도 있다'"

이 말을 듣자마자 쉬므온 하차디크는 일어나 그의 머리에 입을 맞추고 말했다. "젊은이, 자네처럼 온전히 하늘나라를 위하여 나실인의 서약을 하는 사람들이 더욱 많아지기를 바라네"(너다림[Nedarim] 9b).

힘

다음 기질은 '힘'으로, 끊임없이 토라를 배우고 계명을 실천하도록 돕는 기질이다. 육체의 힘 역시 의인에게는 적을 대항하여 당당하게 서있을 수 있도록 하는 도구가 된다. 의인 삼손은 하나님께 받은 강한 힘을 사용하여 하늘나라의 영광을 높였으며 이스라엘 민족의 명예를 드높였다. 그러나 그가 그 힘을 잘못된 곳에 사용하기 시작하자 힘을 잃고 말았다.

현자들은 "사람을 돕는 힘이 있고 해하는 힘이 있다. 다윗에게는 돕는 힘이었으니, 성경은 그를 '내가 베들레헴 사람 이새의 아들을 본즉 수금을 탈 줄 알고 용기와 무용과 구변이 있는 준수한 자라 여호와께서 그와 함께 계시더이다'(삼상 16:18)라고 했다. 또 '사울이 죽인 자는 천천이요 다윗은 만만이로다'(삼상 18:7)라고 했으며, '온 이스라엘과 유다는 다윗을 사랑하였으니'(삼상 18:16)라고도 했다. 반면 골리앗에게는 해하는 힘이 었으니, 곧 그가 이스라엘을 모욕하고 도전하여 '너희는 한 사람을 택하여 내게로 내려 보내라'(삼상 17:8)라고 했으나, 결국 '블레셋 사람들이 자기 용사의 죽음을 보고 도망하는지라'(삼상 17:51)고 함과 같았다"(탄쿠마[Tanchuma], 미쉬파팀[Mishpatim] 8).

탈무드 예루샬미[Talmud Yerushalmi]의 편집과 편찬에 큰 기여를 한 랍비 요하난은 이스라엘 땅에 살던 위대한 아모라임들 중 한 명이었다.

어느 날, 요단강에서 멱을 감고 있던 그에게 레이쉬 라키쉬라 하는 한 도적떼의 두목이 나타나 한 번에 요단강을 뛰어넘어버리는 괴력을 보여주었다.

랍비 요하난은 레이쉬 라키쉬의 힘에 깜짝 놀랐지만, 그가 그 힘을 도적질과 폭력에 낭비하고 있다는 데에 더욱 크게 놀랐다. 이내 그는 레이쉬 라키쉬를 불러 말했다. "당신의 힘을 토라를 위해 쓰십시오!"

그러나 랍비 요하난 역시 놀랍도록 빼어난 외모를 가지고 있었기 때문에,[22] 레이쉬 라키쉬 역시 그에게 "당신의 아름다움을 여자를 꼬시는 데에 쓰십시오!"라고 응수했다. 이 말을 들은 랍비 요하난은 이 도적의 마음을 움직일 방법이 무엇인지 간파하였다. 그는 "나보다 더 아름다운 여동생이 한 명 있소. 만일 마음을 돌이켜 당신의 힘을 토라에 쓴다면, 그녀와 결혼하게 해주겠소"라고 제안하였다.

그 말이 마음에 박힌 레이쉬 라키쉬는 그 순간 완전히 회심하고 도적으로서의 길을 그만두었다. 이후 그는 다시 요단강을 한 번에 뛰어넘으려 하였으나 할 수 없었는데, 현자들은 말하기를 이는 그가 자기 힘을 토라에 쏟기로 결정하였기 때문에 더 이상 세속적인 일에 자기 힘을 쓸 수 없었다고 한다(바바 메찌아[Bava Metzia] 84a).

그 날로 레이쉬 라키쉬는 열심히 토라를 배웠다. 한 번은 꿈속에서라도 이전 세대의 위대한 현자인 랍비 히야를 보기 위해 300번이나 금식하기를(예루샬미[Yerushalmi], 킬라임[Kilayim] 9:3) 가장 뛰어난 아모라임들 중 한명이 되기까지 그리 하였다. 레이쉬 라키쉬는 랍비 요하난의 제자였다가 나중에는 그의 동료가 되었으며, 랍비 요하난의 가르침에 큰 기여를 했다(바바 메찌아[Bava Metzia] ibid.) 랍비 요하난과 레이쉬 라키쉬는 '이 세

---

[22] 그는 아담과 같은 아름다움을 가졌다고 한다(바바 메찌아[Bava Metzia] 84a, 버라호트[Berachos] 20a 참고).

상에서 두 위대한 인물'이라고 불리기까지 했다(예루샬미[Yerushalmi], 버라호트[Berachos] 8:6).

더 나아가 레이쉬 라키쉬는 그의 강한 힘을 다른 사람들을 돕는 데에도 사용했다. 언젠가 범죄자들이 랍비 아미[R' Ami]를 납치한 일이 있었는데, 이를 들은 레이쉬 라키쉬가 "끝까지 쫓을 것이다. 나나 그들 중 둘 중 한 쪽이 죽을 때까지"라고 선언하자, 겁을 먹은 범죄자들이 랍비 아미를 즉시 풀어주었다고 한다(예루샬미[Yerushalmi], 테루모스[Terumos] 8). 또 언젠가는 이웃들을 두렵게 하는 살인자 무리 중 한 명을 죽인 일도 있었다(기틴[Gittin] 47a).

선한 사람은 자신의 힘 역시 하나님과 다른 사람들을 섬기기 위해 사용하므로, 본문은 힘 역시도 "의인에게도 좋으며 세상에도 좋으니라"고 가르치고 있는 것이다.

부

본문에서 언급하고 있는 세 번째 기질은 바로 부유함이다. '돈'을 뜻하는 히브리어 '맘몬'의 수는 136인데, 이는 '사다리'라는 뜻의 히브리어 '술람'의 수와 같다. 이는 돈이 곧 사람이 오르고 내릴 수 있는 사다리와 같기 때문이다.

부는 형체가 없으며, 선한 것이 될 수도, 악한 것이 될 수도 있다(미드라쉬 슈무엘[Midrash Shmuel]). 즉 자신이 가진 부유함을 숭고한 목적을 위하여 사용할 수도, 개인적인 목적을 위해 사용할 수도, 또는 공동체를 위해 사용할 수도 있다는 것이다. 물론 더욱 좋은 환경에서 토라를 배울 수 있도록 하며, 또 필요한 곳에 기부하는 데에도 사용할 수 있을 것이다. 더 나아가 부유한 사람은 영향력도 크기 때문에 사람들이 그가 가르치는 토라와 그의 입에서 나오는 책망을 겸허히 받아들일 것이다.

그러나 부의 시험은 굉장히 크고 강력하기 때문에, 수많은 지혜로운 사람들이 부를 피해 왔다. 부유함은 권력을 탐하는 데에 가장 강력한 무기가 되며, 사람을 쉽게 타락시키고, 악한 마음으로 끌어들이며 주위를 악한 것으로 채운다. 그 예가 이스라엘 백성들의 지도자들 중 한 명이었던 고라이다. 그는 부유한 사람이었으나, 그 부유함으로 인해 자만이 넘쳤기에 결국 이 세상도, 장차 올 세상도 잃었으며, 250명의 사내들과 이스라엘 지도자들까지 모두 그와 함께 버림을 받고 말았다(산헤드린[Sanhedrin] ibid.)

그렇다면 부가 "의인에게 좋다"는 말은 "살 것은 고통의 인생이다"라는 가르침과 모순되지 않는가? 그 답은, 부유한 사람이더라도 토라를 배우기 위해서 일생의 평안과 재정적인 안정을 과감히 포기할 준비를 해야 한다는 것이다. 그러나 이는 부유함이라는 선물을 폄하하거나 부인해야만 한다는 의미는 아니다.

반대로 "이 세상에서 악인과 같이 보상을 받는 자는 복이 있다"(호라요트[Horayos] 10b)고 했다. 부유한 자는 자신에게 어려운 사람을 돕고 또 자신이 받은 축복을 건설적인 목적으로 사용할 수 있는 능력을 주신 하나님께 감사해야 하는 것이다.

명예

본 구절에서 다음으로 나열하고 있는 기질은 명예이다. '명예'를 의미하는 히브리어 '카보드'는 때때로 영혼과 동음이의어로 사용되기도 한다.

그 예시로 "내 영광아 깰지어다 비파야, 수금아, 깰지어다 내가 새벽을 깨우리로다"(시 57:8), "나의 마음이 기쁘고 나의 영도 즐거워하며..."(시 16:9)를 들 수 있다.

이 구절에서 '카보드'라는 단어는 두 가지 의미를 모두 내포하고 있는데, 이는 명예란 영을 소중히 여기는 자가 자신의 영적 성숙함을 위해 사용할 때에야 유익한 것이기 때문이다. 이런 사람은 행동으로 거룩한 영이 자기 안에 계시다는 것을 나타내므로, 마땅히 명예를 얻을 만한 사람이라고 여김을 받는 것이다.

반면 명예가 잘못 사용될 때에는 오히려 영을 파괴한다. 악인들의 헛된 명망은 그들 안에 있는 하나님의 형상을 파괴하므로, 악인에게 명예는 오히려 독이 되고 마는 것이다. 북이스라엘의 첫 번째 왕이자 느밧의 아들 여로보암이 이스라엘 백성들로 하여금 예루살렘에 가서 절기를 지키지 못하도록 막고 반대로 우상을 섬기도록 한 악행으로 이러한 거짓된 명예가 어떤 모습인지를 잘 볼 수 있다.

현자들은 이렇게 가르치고 있다.

찬양받아 마땅하신 거룩하신 주님께서 여로보암의 옷을 잡고 말씀하셨다. "회개하라, 그리하면 나와 너와 이새의 아들(다윗)이 함께 에덴동산을 거닐 것이다."

그러나 여로보암은 "그럼 누가 먼저 되겠습니까?"라고 물었다.

이에 하나님께서는 "이새의 아들이 먼저 될 것이다"라고 답하셨다.

이에 여로보암은 "그럼 저는 회개하고 싶지 않습니다"라고 답하였다 한다. (산헤드린[Sanhedrin] 102a).

그러나 의로운 사람에게 명예가 돌아가면 사람들은 그 앞에서 말을 조심하고, 하늘나라의 명예는 더욱 높아진다. 의로운 왕 히스기야는 하늘나라의 영광을 높이기 위하여 이런 방법으로 자신의 명예를 사용한 사람이었다. 그는 백성들로 하여금 윗세대로부터 내려온 우상을 모두 버리도록 하였으며 토라를 강제로 배우도록 하기까지 했다.

그 결과 "[현자들이]단에서 브엘세바까지 모두 돌아보아도 한 명의 무지한 자도 찾지 못하였다. 또 기바트[Givas]에서 안티프라트[Antipras]까지 두루 돌아보아도 정결과 부정한 것에 대한 복잡한 율법을 통달하지 않은 사람은 남녀노소 그 누구도 찾을 수 없었다"(ibid. 94b). 그러므로 히스기야의 명예는 온 백성들에게 복을 불러온 것이었다. 즉, 그의 명예는 그에게도, 또 세상에도 좋았던 것이다.

필자의 아버지 랍비 모세 하임 라우[R' Moshe Chaim Lau]는 피에트로코프의 랍비였는데, 그 곳에는 위험한 범죄자로 알려진 한 사내가 운영하는 빵집이 있었다. 유월절이 다가오던 어느 날이었다. 부정한 음식을 먹어서는 안 된다는 율법인 카슈루트[kashrus]를 지키기 위해 사람들은 그 집에 가서 빵에 누룩을 넣는지 감독을 해야 했으나, 그 누구도 그 빵집에 가기를 꺼려하였고(유월절에는 누룩이 들지 않은 빵을 먹는다 – 역자 주), 결국 필자의 아버지가 홀로 그 곳에 가기로 자청했다. 아버지는 빵집 주인을 불러다가 아무도 그 집에서 유월절 빵을 만드는 과정을 감독하지 못하도록 막으면, 그 집에서 만드는 모든 빵이 부정하다는 판결을 내리겠다고 경고했다.

그러나 며칠이 지나도 아버지의 경고는 아무런 효과가 없었기 때문에, 결국 아버지는 그 빵집에 불시에 방문하여 조사하기로 했다. 처음에는 그 누구도 아버지와 함께 그 빵집에 가려 하지 않았으나, 마침내 몇 명의 인원이 아버지를 따라나서기로 결정했다. 일부는 아버지를 보호하기 위함이었고, 또 일부는 호기심에 따라나선 것이었다.

아버지가 빵집에 들어와서 본 것은 누룩 없는 빵을 만든 흔적조차 없는 주방이었다. 그는(아버지의 기억으로는) 피에트로코프 전체에 삽시간에

퍼질 만한 소식에 놀란 모습을 보여주었다가, 이내 자기 코트의 안주머니에서 빵 조각을 하나 꺼내더니, 이를 오븐에 던져 넣었다. 그 누구도 움직이지 않았고, 빵집 주인마저도 그 자리에 얼어붙은 듯 가만히 있었다. 그 길로 아버지는 아무 말 없이 그 빵집을 나오셨다.

아버지의 바람대로 그 이야기는 삽시간에 사람들의 입에 오르내렸고, 이제 사람들은 두려운 마음으로 빵집 주인이 어떤 행동을 보일지 기다렸다. 그날 저녁, 빵집 주인은 아버지의 집에 불쑥 찾아와 용서를 구하였다. 그 이후로 그는 아버지의 결정에 따라 카슈루트를 지켰다고 한다.

지혜

본문에서 다음으로 언급하고 있는 기질은 바로 지혜이다.

일부 주석가들은 본문의 지혜가 토라의 지혜를 의미한다고 해석한다. 즉 지혜는 토라를 그 자체를 위하여 배우는 자에게 가르치기 좋은 것이기 때문에 '세상'에도 유익이 된다는 것이다.

그러나 그 지식을 '땅을 파는 삽으로', 즉 자기 자신의 유익을 위하여 사용하는 사람에게 지혜는 오히려 독약이 된다(타니트[Taanis] 7a). 곧 힐렐이 '왕관을 이용하는 사람은 사라져 없어질 것이다'(4:7)라고 가르친 것과 같다(미드라쉬 슈무엘[Midrash Shmuel]).

그러나 다른 주석가들은 본문에서 언급하고 있는 다른 기질들이 이 세상의 것들이라는 이유로 본문의 '지혜'가 토라의 지혜라는 주장에 반대하고 있다. 오히려 본문을 세상의 지혜가 사람에게, 또 이 세상에게 축복을 가져다주는 힘이라는 가르침으로 해석한다. 그리고 매일의 삶 구석구석에 모두 영향을 미치고 있는 토라의 지혜가 바로 이런 지혜의 가장 위대한 모형이라는 것이다.

예를 들어 요셉은 자신의 지혜를 활용하여 파라오의 꿈을 해몽하고 그에게 기근을 대비할 수 있도록 조언했다. 이로 인해 파라오는 요셉을 총리로 세웠으며, 요셉의 지혜는 마침내 자신의 가족들뿐만 아니라 온 나라를 기근에서 구하는 도구로 활용되었다.

현자들은 눈의 아들 여호수아 역시 '지혜의 영으로 충만'한 사람으로 보고 있다(신 34:9). 그는 지혜로 인해 이스라엘 민족의 지도자가 되었으며 실제로 백성들을 이스라엘 땅으로 무사히 이끌었다. 여호수아는 자신을 내세우지 않았으며 오히려 스승 모세 덕분에 지혜를 얻었다고 말했다. 현자들은 이를 온 도시에 물을 공급하므로 시민들에게 칭찬을 받는 수로에 비유했다. 그러나 실상을 아는 사람들은 "수로보다는 수로에 물을 대는 샘물을 찬양해야 할 것이다"라고 말할 것이다. 마찬가지로, 이스라엘 사람들이 자신들에게 지혜를 공급해준 여호수아를 찬양하자, 여호수아는 "저보다는 모세를 찬양하십시오"라고 말했다. 그러므로 모세의 지혜는 그 자신뿐만 아니라 온 세상에 유익을 가져다 준 것이다(탄쿠마[Tanchuma], 미쉬파팀[Mishpatim] 8).

솔로몬 역시 지혜의 힘으로 선한 일을 하였으며 온 민족을 황금기로 이끌었다. 또 후에 다니엘과 그의 친구들은 자신들의 지혜를 바빌론에 거주하던 이스라엘 백성들을 위해 사용했다. "왕이 그들에게 모든 일을 묻는 중에 그 지혜와 총명이 온 나라 박수와 술객보다 십 배나 나은 줄을 아니라"(단 1:20).

반면 지혜가 잘못된 곳에 사용되면 오히려 안 좋은 영향을 끼칠 수 있는 법이다. 현자들은 특별히 발람을 예로 들고 있는데, 그는 자신의 지혜로 다른 사람들을 해치고 부귀영화를 거머쥐려 했다. 결국 "(이스라엘 백성들이)브올의 아들 발람을 칼로 죽였더라"(민 31:8). 넘치는 교만으로 점철

된 그의 지혜는 결국 본인뿐만 아니라 미디안 사람들까지 죽음으로 내몰고 만 것이다.

지혜를 실제로 사용하다

이 땅의 것들에 대한 의인의 지혜는 바로 토라를 배우는 데에 사용된다. 토라는 스스로를 "나 지혜는 명철로 주소를 삼으며 지식과 근신을 찾아 얻나니"(잠 8:12, 직역)라고 말하고 있다. 본 장의 첫 번째 구절에서 말한 것과 같이, 사람은 지략과 조언, 이해, 힘으로 도움을 받는다. 기록된 바 "내게는 계략과 참 지식이 있으며 나는 명철이라 내게 능력이 있으므로"(잠 8:14)라 함과 같다.

또 현자들은 랍비 예후다 벤 베세이라[R' Yehudah ben Beseira]가 자신의 지혜로 다른 사람들을 도운 일들에 대해 말하고 있다. 언젠가 한 이방인이 바빌론에 찾아와 토라에서 이스라엘 백성이 아닌 사람이 유월절 제물을 먹는 것을 엄금하고 있지만, 그는 이방인임에도 성전에서 이스라엘 백성들의 모임에 들어가 유월절에 드려진 제물을 먹었다고 자랑했다.

그러자 랍비 예후다가 그에게 물었다. "제물의 어떤 부위를 먹었습니까?" "가장 좋은 부분이었지요. 갈빗대와 어깻죽지였습니다."

그러자 랍비 예후다는 그에게 답하였다. "아마도 그분들이 당신을 이방인이라고 의심한 듯하군요. 가장 좋은 부위인 기름진 꼬리를 주지 않았으니 말입니다."

그러자 이방인은 모욕감을 느끼고는 내년에는 꼭 기름진 꼬리를 먹겠다고 다짐했다. 이듬해가 되자 그는 사람들을 속이고 다시 성전에 들어왔다. 유월절 제물을 나눌 시간이 되자 그는 기름진 꼬리를 달라고 요구했다.

그러자 모임에 있던 다른 사람들이 깜짝 놀랐다. 이스라엘 사람이라면 어린 아이조차도 꼬리는 제단에서 하나님께 드려진다는 것을 다 알고 있었기 때문이다. "그런 얘기는 어디서 들었습니까?" 사람들이 묻자, 그는 "랍비 예후다 벤 베세이라가 말했습니다"라고 답하였다.

그제야 사람들은 무언가 잘못되었다는 것을 깨달았다. 그 때 진실을 보는 눈이 밝혀졌으므로 그 무리에 있던 사람들은 그가 이방인인 것을 깨닫게 되었다. 그 후 예루살렘의 현자들이 랍비 예후다 벤 베세이라에게 사람을 보내어 이렇게 말했다. "네치빈[Netzivin]에 살면서 예루살렘에까지 그 손을 내민 랍비 예후다 벤 베세이라에게 평강이 있기를 바랍니다"(페사힘[Pesachim] 3b).

이스라엘의 현자들의 지혜가 드러난 또 다른 사례가 있는데, 바로 헤롯이 바바 벤 부타[Bava ben Buta]를 제외한 모든 랍비들을 죽인 후에 일어났다. 헤롯은 바바 벤 부타의 눈을 멀게 하고 그를 강제로 길잡이로 삼은 사람이었다. 어느 날 헤롯이 그의 믿음을 시험하기 위해 다른 사람으로 변장하고 랍비 바바 벤 부타가 왕을 욕하도록 유도하려 하였으나 실패하고 말았다. 결국 헤롯은 모습을 드러내고 "랍비들이 이토록 진중한 사람들인 줄 알았더라면 그들을 죽이지 않았을 것이다"라고 외쳤다고 한다(바바 바스라[Bava Basra] 4).

결국 헤롯은 현자들도 그 아름다움을 칭찬하는 성전을 건축하여 죄책감을 표현했다 한다.

프라하의 총명하고 위대한 랍비 여호사난 에이베슐츠[R' Yehosanan Eibeschutz]의 이야기 역시 전한다. 메츠[Metz]를 다스리던 지도자가 동류들을 꼬드겨 그 도시와 인근의 모든 유대인을 쫓아내는 칙령을 발표하려 했다. 랍비 여호사난은 그 땅을 다스리는 귀족에게 찾아가 말했다. "유대인들을 쫓아낸다고 그 영혼까지 부술 수 있을 것이라고 생각하신다면, 실수하신 것입니다. '이스라엘 민족은 영원히 살리라'고 하였기 때문입니다. 그렇다면 저희 민족에게 불필요한 고통을 주려 하지 마십시오."

그러자 귀족이 물었다. "지금 이 땅에 유대인이 얼마나 살고 있는가?"

"45,760명이 살고 있습니다." 랍비 여호사난이 답하자, 주교가 말하였다.

"좋다, 그렇다면 한 시간을 줄 테니 그 안에 '이스라엘 민족은 영원히 살리라'는 문장을 45,760번을 쓰거라. 성공하면 칙령을 취소하겠다. 그렇지 않으면 바로 칙령을 발표하겠다."

그렇게 한 시간이 채 지나지 않아 랍비 여호사난이 주교의 앞에 다시 돌아왔다. 그의 손에는 단 한 장의 종이가 들려 있었는데, 거기에는 '이스라엘 민족은 영원히 살리라'는 문장이 가로세로 퍼즐처럼 맞춰져 적혀있었다. 어느 방향에서 읽어도 '이스라엘 민족은 영원히 살리라'는 말이 되므로, 서로 다른 방향에서도 똑같은 문장을 45,760번이나 읽을 수 있도록 한 것이다.

지혜를 잘못 사용하다

잘못된 곳에 사용되는 지혜는 오히려 본인뿐만 아니라 세상에 파괴를 가져오는 독이 된다. 고라는 사람들 사이에서 지혜로운 사람으로 알려져 있었다. 그러한 그가 어떻게 모세와 아론을 대적하는 일이 아무런 득이 없는 잘못된 일임을 몰랐던 것일까? "고라는 매우 똑똑한 사람이었다. 그러한 그가 어떻게 이처럼 어리석은 일에 빠져들게 된 것인가?"(바미드바르 라바[Bamidbar Rabbah] 18:7) 바로 그의 큰 지혜가, 그의 미래를 보는 능력이 도리어 그를 잘못된 길로 이끌고 만 것이다. 그는 위대한 선지자 사무엘이 자신에게서 나올 것임을 알고 있었기 때문에, 자신이 모세와 아론보다 더 높은 자리에 있을 수 있다고 확신했던 것이다.

발람 역시도 이방인 중에서도 지혜가 뛰어난 사람이었으나, 그의 지혜가 오히려 그의 뒤통수를 치고 말았다(시프레이[Sifrei], 신명기 마지막 부분). 그가 가지고 있던 "악한 눈, 오만한 영, 절제하지 않는 본성"(5:22)이 그를 잘못된 것들로 향하도록 유도했기 때문이다.

또 아히도벨 역시 당대에 지혜로운 사람이었으나, 악한 본성에 이끌려 다윗 왕에 대항하는 반군에 몸을 담았다. 하나님께서 그의 계략을 무너뜨리지 않으셨더라면 그의 지혜는 오히려 온 나라에 비극적인 결과를 안겨주고 말았을 것이다. 그의 지혜가 오히려 그를 실족하게 했으므로, 결국 그는 이 세상에서도, 장차 올 세상에서도 버림을 받고 말았다.

노년

의인은 이 땅에서의 인생이 사실은 장차 올 세상을 위해 준비하는 기간임을 잘 알고 있다. 이런 사람의 목적은 오로지 하나님의 뜻을 실천하는 것이기 때문에 이 세상에서 무언가를 잃는다고 하여 화내는 법이 없으며, 자신이 원하는 희락을 얻지 못할 것을 알면서도 실망하지 않는다.

이런 점에서 보면 젊은 사람이 노인보다 더 낫다고 말할 수 없을 것이다. 반대로 젊은 사람이 언제나 겪는 근심과 걱정으로부터 노인은 자유롭다. 노인은 더 이상 다른 사람을 부양해야 할 의무도 없으며, 이 세상의 어리석은 것들을 마음껏 피할 수 있고, 온 시간을 하나님을 섬기는 데에 집중할 수도 있다. 젊은 시절의 활력은 찾을 수 없으나, 여전히 살아있는 것에 하나님께 감사하며 시간이 얼마나 소중한 것인지를 깨닫고 이를 누린다. "다가올 세상의 영원한 삶보다 이 세상에서 회개하는 한 시간과 선한 행동이 더 좋다"(4:22)라 하였기 때문이다.

지혜로운 노인은 자기보다 젊은 사람들에게 영향을 주기 때문에 그의 노년은 본인에게 뿐만 아니라 이 세상에도 좋은 것이다. 또 노인의 겉모습은 다른 사람들로 하여금 그를 존경하도록 한다. 곧 하나님께서 아브라함, 사라, 산헤드린의 의원들에게 흰 머리로 축복하셨다고 현자들이 가르치는 것과 같다(바이크라 라바[Vayikra Rabbah] 30:10, 미드라쉬 탄쿠마[Midrash Tanchuma], 하예이 사라[Chayei Sarah] 3).

더 나아가 젊은 사람은 마땅히 노인을 공경하고 그들의 조언을 구해야 한다. 성경에서 "네 아버지에게 물으라 그들이 네게 말하리로다"(신 32:7)라고 한 것과 같다(에이쯔 요세프[Eitz Yosef]).

솔로몬의 아들 르호보암은 장로들의 조언을 듣지 않았기 때문에 이스라엘 통일왕국에 분열이라는 재앙을 일으키고 말았다. 르호보암이 왕이 되자 백성을 대표하는 사람들이 그에게 세금의 부담을 덜어줄 것을 요청했다. 이에 장로들은 왕에게 이를 받아들이기를 조언했으나, 젊은 신하들은 왕권을 강화하기 위해 그 요구를 거부하고, 오히려 세금을 늘려서 사람들에게 왕의 의지를 보이라고 조언했다.

르호보암은 "노인들이 자문하는 것을 버리고."(왕상 12:8) 이로 인해 "온 이스라엘이 자기들의 말을 왕이 듣지 아니함을 보고 왕에게 대답하여 이르되 우리가 다윗과 무슨 관계가 있느냐 이새의 아들에게서 받을 유산이 없도다 이스라엘아 너희의 장막으로 돌아가라 다윗이여 이제 너는 네 집이나 돌아보라 하고 이스라엘이 그 장막으로 돌아가니라'....(중략) 이에 이스라엘이 다윗의 집을 배반하여 오늘까지 이르렀더라"(왕상 12:16-19).

이 이야기를 통해 현자들은 "만일 아이들이 세우라 말하고 노인들이 부수라 한다면, 노인의 말을 듣고 아이들의 말은 듣지 말라. 아이들이 세우는 것은 곧 부수는 것이요, 노인이 부수는 것은 곧 세우는 것이니라"(너다림[Nedarim] 40a)는 가르침을 전했다. 또 현자들은 본인들 역시 노인들에게 의지하여 전통의 여러 문제들을 결정했다. 이런 면에서 우리는 야브네의 현자들의 이야기를 짚고 넘어가야 할 것이다. 어느 날 야브네의 현자들이 자연의 법칙을 초월하여 아주 오래 살았던 랍비 도사 벤 힐카누스[R' Dosa ben Hylkanus]를 찾아가 샴마이 학파와 힐렐 학파가 수년간 논쟁한 문제의 해결책을 얻고자 했다(랍비 도사 벤 힐카누스는 눈이 보이지 않았으므로 학당으로 찾아올 수 없었다). 당대의 위대한 세 현자들인 랍비 여호수아, 랍비 엘아자르 벤 아자리아, 그리고 랍비 아키바 역시 그 자리에 방문하여 수많은 질문을 던졌다. 랍비 도사는 이에 전통은 힐렐 학파의 견해를 따를 것이라고 했는데, 그 근거를 제시하기 위하여 그가 어릴 적 선지자 학개와 이 문제에 대하여 이야기를 나누었으며 같은 결론을 내렸다고 회상했다고 한다(예바모트[Yevamos] 16a).

'나이가 든'이라는 뜻의 히브리어 '자켄'[zaken]은 '제 카나 하카마', 즉 '이 자는 지혜를 얻었다'는 문장을 축약한 것이다. 마할랄은 본문에서 나오는 '노인'과 '흰 머리'는 모두 같은 것을 지칭한다고 해석하고 있다. 흰 머리는 지혜의 축복을 받은 노인에게 걸맞은 축복인 것이다.

현자들은 또 가르치기를 "무지한 자는 나이가 들수록 그 정신이 혼미해진다. 곧 기록된 바 '충성된 사람들의 말을 물리치시며 늙은 자들의 판단을 빼앗으시며'(욥 12:20)라고 한 것과 같다. 그러나 토라 현자들은 나이가 들수록 그 정신이 또렷해진다. 곧 기록된 바 '늙은 자에게는 지혜가 있고 장수하는 자에게는 명철이 있느니라'(욥 12:12)고 한 것과 같다"(키님[Kinim] 3:6).

이 세상에서 받는 다른 축복들과 같이 노년은 어떤 사람에게는 좋은 것이요, 또 어떤 사람에게는 해가 될 수도 있는 것이다. 하나님께서 주신 노년을 선한 일에 사용할지, 악한 일에 사용할지는 순전히 본인의 선택이다.

어린이들

어린이들은 올바른 모범이 되는 부모를 따를 때에는 의인에게도, 이 세상에도 좋은 자녀가 된다. 선한 자녀의 선한 행실은 부모에게 그 기업이 쌓이며, 부모가 죽더라도 그 기업은 계속 쌓이고 또 쌓인다. 이런 의미에서 자녀는 의인에게 좋다고 할 수 있다. 곧 현자들이 "아들은 아버지에게 기업을 가져다준다"(산헤드린[Sanhedrin] 104a)라는 가르침과 같다. 또 자녀는 부모를 모범으로 배우고 자라기 때문에, 자녀 역시 장차 올 세상에서의 하나님의 유업을 얻을 것이다(조하르[Zohar], 미드라쉬 슈무엘[Midrash Shmuel] 인용).

또 자녀들은 토라와 선행으로 이 세상을 밝혀 모든 사람들이 그 선한 영향을 받으므로, 자녀들은 의인에게 뿐만 아니라 이 세상에도 좋다고 할 수 있을 것이다. 반면 자녀들에게 좋은 모범이 되지 못하고 오히려 악한 모습을 보인다면 자녀들로부터 가혹한 고난을 받게 될 것이다. 부모가 자녀에게서 받는 고통을 현자들은 "악한 자녀나 악한 제자를 두면 결국 그 눈이 멀어버린다"(베레이시트 라바[Bereishis Rabbah] 65:10)라는 말로 표현했다. 즉 자녀들의 악행을 아예 보지 못하도록 스스로 자기 눈을 멀게 해달라고 하나님께 기도할 정도라는 것이다.

성경은 다음과 같이 말하고 있다.
"백발은 영화의 면류관이라 공의로운 길에서 얻으리라"(잠 16:31).

일곱 가지의 기질을 나열한 후 랍비 쉬므온 벤 요하이는 이제 이 기질들을 다수의 구절들과 연결시키고 있다. 본문에는 다양한 판본들이 있으므로, 본문에서 인용하는 구절 및 그 배치도 다양하다. 그러므로 주석가들은 일곱 가지 기질들과 일곱 구절들의 연결성에 대한 확장된 해석을 제시하고 있으며, 선한 기질로 잘 알려져 있는 기질들은 따로 말씀을 인용하여 부연 설명할 필요가 없기 때문에 본문의 일곱 구절들이 모두 각각의 기질에 대응하는 것은 아니라는 견해도 있다(티페레트 이스라엘[Tiferes Israel]).

이 책에 기재된 판본에서 제일 먼저 언급하는 구절은 바로 "백발은 영화의 면류관이라, 공의로운 길에서 얻으리라"(잠 16:31)이다. 여기서 화자는 네 가지 대상을 언급하고 있는데, 이는 다음과 같다.

첫째는 '왕관'으로, 부유한 사람들 중 하나인 왕을 상징하는 것이므로 '부유'라는 기질에 대응한다(다른 판본에서는 왕관이 명백히 부를 상징한다는 구절로 "지혜로운 자의 재물은 그의 면류관이요"[잠 14:24]라는 구절을 인용하고 있다). '영화'는 아름다움이라는 기질에 대응하며, '백발'은 '노년'이라는 기질에 대응한다. 즉 본문은 이 구절을 인용하며 왕관, 영화, 백발은 "공의로운 길에서 얻으리라"는 것을 우리에게 가르쳐주고 있는 것이다.

미드라쉬 슈무엘은 또한 "공의로운 길에서 얻으리라"는 구절이 곧 하나님께서 의와 선함을 보시고 본문의 기질들을 선물로 그 머리 위에 내려주신다는 가르침이라고 했다 '의'(righteousness)라는 단어가 '자선'으로 해석될 수도 있기 때문에, 본문은 남을 돕는 자선의 길을 걷는 사람이 흰 머리 위에 영화로운 면류관을 얻는다는 가르침을 전하는 것으로 이해할 수도 있을 것이다(얄쿠트 쉬모니[Yalkut Shimoni], 잠언, 레메즈[remez] 956).

또 본 구절은 사람이 '길'을 걷는 중이라도 어려운 이웃을 돕는 일만을 생각한다면, 본 구절에서 말하는 모든 기질을 받을 만하다는 가르침으로 받아들일 수도 있다.

그리고 성경은 말한다.
"손자는 노인의 면류관이요, 아비는 자식의 영화니라"(잠 17:6).

본문의 두 번째 구절은 "손자는 노인의 면류관이요, 아비는 자식의 영화니라"(잠 17:6)고 가르친다. 손자 역시도 자녀로 여겨지기 때문에(예바모트[Yevamos] 62b), 해당 구절은 본문의 기질들 중 '아이', 즉 자녀에 해당한다고 할 수 있을 것이다. 이어 본문은 '아비는 자식의 영화니라'고 가르치고 있다.

현자들은 이를 해석하여 말하기를 '의인은 손자로 인해 자기의 왕관을 쓰며, 손자는 아버지로 인해 자기의 왕관을 쓴다'(탄쿠마[Tanchuma], 톨도트[Toldos] 4)라고 하였다. 즉 서로가 서로에게 기업이 되는 것이다. 하나님께서는 자녀를 보고 그 부모가 자녀들을 올곧은 길로 인도했는지를 보신다. 반대로 자녀들은 그들을 고난과 역경에서 보호해낸 부모로부터 덕을 입는 것으로 그 복을 받는다.

그리고 성경은 말한다.
"젊은 자의 영화는 그의 힘이요
늙은 자의 아름다움은 백발이니라"(잠 20:29).

본문에서 인용하고 있는 세 번째 구절은 "젊은 자의 영화는 그의 힘이요 늙은 자의 아름다움은 백발이니라"(잠 20:29)는 구절이다. "젊은 자의 영화는 그의 힘이요"라는 말씀은 '힘', 특별히 젊은 사람이 하나님을 섬기기 위해 사용하는 힘과 연결된다.

본문에서는 단순히 '힘'이라고 말하고 있으나, 더욱 자세히는 의인의 힘을 뜻한다고 볼 수 있는데, 이는 영원하지 않은 이 세상에서 영원한 영광은 오직 하나님을 섬기는 일뿐이기 때문이다. 하나님을 섬기는 것 외에는 세상의 그 어떤 힘과 권력도 결국 사라지고 말 것이다(하시드 야베쯔[Chasid Yaavetz]).

'늙은 자의 아름다움'은 곧 '지혜'를 뜻한다. 위에서 말한 것과 같이, '노인'이라는 단어는 지혜, 즉 토라를 얻은 사람을 나타낸다. "토라 외에는 (진정한)지혜가 없다"(탄쿠마[Tanchuma], 바예일레흐[Vayeilech] 2 등).

마하랄은 이전 구절이 '백발'을 '의의 길'과 연결시키고 있는 것과 같이 본 구절에서도 백발을 언급하며 의인에 대해 말하고 있다고 해석했다. 또 미드라쉬 슈무엘은 '늙은 자의 아름다움'이라는 단어가 노인을 공경하는 사람은 스스로도 백발과 장수를 얻을 것이라는 가르침을 나타낸다고 했다.

그리고 성경은 말한다.
"그 때에 달이 수치를 당하고 해가 부끄러워하리니
이는 만군의 여호와께서 시온 산과 예루살렘에서 왕이 되시고
그 장로들 앞에서 영광을 나타내실 것임이라"(사 24:23).

이 구절은 본문에서 네 번째이자 마지막으로 인용하고 있는 구절로, 이사야 24장 23절의 말씀이다. 메시아께서 오실 때에 하나님께서는 홀로 온 세상을 통치하실 것이다. 모든 사람은 주님께서 온 세상의 왕이심을 알 것이며, 우리를 비추는 영광의 빛은 너무나 밝아서 해와 달도 감히 그 빛을 내세우지 못할 것이다. 기록된 바 '다시는 네 해가 지지 아니하며 네 달이 물러가지 아니할 것은 여호와가 네 영원한 빛이 되고 네 슬픔의

날이 끝날 것임이라'(사 60:20) 함과 같다.

또 마땅히 받을 만한 사람들에게 명예와 존경이 돌아갈 것이다. 특히 끝까지 하나님을 붙잡고 살며 주님을 온전히 섬긴 장로들과 의로운 자들은 명예를 얻을 것이다.

랍비 쉬므온 벤 메나시야는 말한다

랍비 쉬므온 벤 메나시아는 랍비 예후다 하나시와 동시대의 사람이었으므로 탄나임의 다섯 번째 세대에 속한다. 본문을 증거로 하여 그의 스승들 중에는 랍비 쉬므온 바르 요하이[R' Shimon bar Yochai]가 있음을 확인할 수 있다(베이차[Beitzah] 26a, 라쉬[Rashi], 아마르 레이 레베[amar lei Rebbe] 참고).

본문에서 랍비 쉬므온의 이름은 단 한 번만 언급되고 있다(하기가[Chagigah] 1:7). 그러나 바라이사트[baraisas]와 게마라[Gemara]에는 그가 다수 언급되고 있다.

그의 동료 랍비 요시 벤 하메슐람[R' Yosi ben Hameshullam]과 함께 랍비 쉬므온은 '거룩한 공동체'로 잘 알려진 사람들의 모임을 이끌었다. 어떤 이들은 이 공동체가 "하루를 세 부분으로 나누어, 하나는 토라를 배우는 데, 하나는 기도에, 또 하나는 일하는 데 들였다고 한다. 또 어떤 이들은 말하기를 그들이 겨울에는 토라를 배우고 여름에는 일을 했다고 한다"(예루샬미[Yerushalmi], 마아셀 셰이니[Maasel Sheini] 2:4, 코헬레트 라바[Koheles Rabbah] 9). 이들은 "토라와 함께 기술을 배우는 제도"(코헬레트 라바[Koheles Rabbah] ibid.)를 지지했으며, 또 "네가 사랑하는 아내와 함께 즐겁게 살지어다"(전 9:9)라는 말씀을 "너의 기술과 함께 토라의 생명을 찾으라"는 가르침으로 해석하는 태도를 지지했다고 한다.

랍비 쉬므온 벤 메나시아는 레베의 학파[academy of Rebbe]를 크게 존중하였기 때문에 레베와 그의 아들들을 본 구절에서 언급하는 기질들의 전형으로 보았다. 그러므로 랍비 쉬므온은 이들을 사람들이 따라야 할 귀감으로 삼아 성전이 파괴된 후 타지로 쫓겨난 사람들도 이처럼 숭고한 성품을 얻을 수 있었음을 보여줌으로써 그의 동시대 사람들에게 토라를 배우고 하나님을 섬길 것을 권면하고 있다.

그러나 랍비 쉬므온 벤 메나시아가 이전 세대의 인물들을 언급했기 때문에, 어떤 이들은 오늘날에는 의인이 없다거나 이런 기질을 가진 사람이 없다고 지레 생각하게 될 수도 있다. 그러나 랍비 쉬므온은 동시대를 예시로 들며 이런 기질들이 우리도 충분히 얻을 수 있는 것들임을 보여주어 우리가 더욱 힘을 내어 하나님을 섬기고 주님께서 주신 토라를 배울 수 있도록 하는 것이다.

현인들이 의로운 자들의 행위라고 생각한 이들 일곱 특성들은

랍비 쉬므온 벤 메나시아는 "현자들이 의로운 자들의 행위라고 생각한 이들 일곱 특성들을 랍비(Rebbe)와 그의 자녀들에게 모두 이해되어졌다"라는 문장으로 본 구절을 끝마치고 있다. 그러나 본문에서 소개하고 있는 기질들은 아름다움, 힘, 부유, 명예, 지혜, 노년, 흰 머리, 그리고 어린이로, 총 일곱 가지가 아닌 여덟 가지이다. 대다수의 주석가들은 이를 두어 노년과 흰 머리가 서로 다른 기질이 아닌 하나의 기질이라고 해석하고 있다.

그러나 일부 주석가들은 이 두 기질을 구분하기도 한다. 이들의 견해에 따르면 '노년'은 장수를 뜻하며 이 세상에서 의인이 더욱 오랫동안 토라를 배우고 계명을 실천할 수 있도록 하는 복인 반면, '흰 머리'는 온 세상이 노인에게 보이는 공경을 뜻한다고 했다. 이와 달리 '노년'은 삶의 지혜를, '흰 머리'는 장수를 의미한다고 해석하는 것도 가능하다.

이런 접근 방식에 따르면, 자녀, 즉 '아이'는 일곱 가지 기질들 중 하나로 치지 않는데, 이는 자녀가 자신의 노력으로 인해 얻어지는 것이 아닌, 하늘나라에서 주는 선물이기 때문이다(라베이누 이삭 벤 랍비 슐로모 [Rabbeinu Yitzchakiben R' Shlomo], 조부를 인용하여).

또 다른 학자들은 '지혜'를 기질로 치지 않는데, 이는 지혜가 토라를 의미하므로 이 세상의 기질로 칠 수 없기 때문이라고 하였다(빌나 가온[Vilna Gaon]). 어떤 해석을 따르든, 본문에서 언급하는 일곱 기질들이 사람에게 주어져 잠재된 재능임은 변하지 않는다. 그러나 이 재능을 배양하고 가장 좋은 일에 사용하는 것은 결국 재능을 가진 본인의 책임이다.

이런 점에서 한 제자의 이야기가 전해져 내려온다. 한 제자가 선생님께 승인장을 써달라고 부탁했다. 이에 선생님은 한 장의 종이를 꺼내어 무언가를 적은 후 말아 학생에게 들려주었다. 밖으로 나가 종이를 풀어본 제자는 당황하고 말았다. 맨 위에는 히브리어 알파벳 멤과 요드가 적혀 있었으며, 맨 아래 역시 멤과 요드가 적혀 있었다. 그리고 그 중간에는 아무런 내용도 적혀 있지 않았다.

학생은 다시 돌아가 스승에게 이렇게 승인장을 적어준 이유를 물었다. 그러자 랍비가 말하였다. "맨 위에 적은 멤과 요드는 '마아세하 이카루하', 즉 '너의 행실이 너를 가까이 데려가리라'라는 뜻이며, 맨 밑에 적은 멤과 요드는 '마아세하 이라카후카', 즉 '너의 행실이 너로부터 멀어질 것이다'(에이두요트[Eiduyos] 5:7)라는 뜻이다. 이 둘 사이는 네가 직접 적는 것이다. 모든 건 네가 하기 나름이다."

랍비와 그의 아들들에게 모두 이해되어졌다

본문을 마치며 랍비 쉬므온 벤 메나시아는 랍비와 그의 아들들이 이 일곱 가지 기질들을 모두 가지고 있었다고 가르친다. 보통 그 어떤 의로운 사람이라도 이 모든 기질들을 다 가질 수는 없다. 이디시어(동유럽 및 중부 유럽에서 사용되는 히브리어 – 역자 주) 속담에서 '알레스 바에이넴 니쉬타 바이케이넴'(하나가 모든 것을 다 가질 수는 없다)이라고 한 것과 같다. 그러나 랍비와 그의 자녀들은 이런 법칙에서 예외였다.

"모세의 때부터 랍비의 때까지 토라와 위대함이 한 데 모두 있는 것을 본 일이 없다"(기틴[Gittin] 59a)라고 현자들은 증언한다. 즉 그 누구도 모세와 같을 수 없듯이, 그 누구도 랍비와 같을 수 없다는 것이다.

랍비는 지혜의 전형이었다. 그의 지혜가 너무 뛰어났기 때문에 현자들은 "꿈속에서 랍비를 본다면 지혜를 얻기를 바라라"(버라호트[Berachos]57b)고 말했다. 동시에 랍비는 후대에까지 널리 알려질 정도로 부를 쌓은 사람이었다. 그의 마부가 왕을 지키는 근위병보다도 부자일 정도였다(바바 메찌아[Bava Metzia] 85a).

"여호와께서 그에게 이르시되 두 국민이 네 태중에 있구나"(창 25:23)라는 구절에서 현자들은 '고임'[goyim]을 '민족'이라고 읽지 않고 '헤임', 즉 '위엄 있는 사람들'로 읽었는데, 이는 랍비와 안토니노스(Antoninos, 랍비를 지지했던 로마의 황제)를 뜻한다고 했으며, 그 해 내내 그들의 상에 진수성찬이 차려져 있다고 했다(아보다 자라[Avodah Zarah] 11a).

랍비는 자신의 뛰어난 지혜를 미쉬나를 편집하는 데에 사용하였고, 자신의 부는 다른 사람들을 돕는 데 사용했다. 그는 현자들과 그 자녀들을 물심양면으로 지원해 주었으며(하기가[Chagigah] 15b), 기근이 일어난 때에는 곳간을 열어 가난한 자들에게 식량을 나누어주었다(바바 바스라

[Bava Basra] 8a).

랍비 예후다 하나시의 자녀들 역시 그의 길을 따랐다. 그의 아들 랍반 가말리엘은 나시(nasi, 대제사장)가 되어 섬기며 하늘나라를 경외한 아버지의 길을 따랐고, 둘째 아들인 쉬므온은 아버지의 지혜를 따랐으며(커투보트[Kesubos] 103b), 그의 아들 야베쯔는 죽음의 시험을 받지 않고 에덴 동산으로 들어간 아홉 사람 중 한 명이었다(마세케스 데레크 에레츠 주타[Maseches Derech Eretz Zuta]).

세상을 받드는 일곱 기둥

아름다움, 부, 명예와 같은 기질은 의인에게 따로 필요한 것이 아니지만, 의인에게 이 기질들이 주어지면 온전히 더 나은 세상을 만들기 위해 이 기질들을 사용하게 된다. 그러므로 랍비 오바디야 스포르노[R' Ovadiah Sforno]는 "의인에게도 좋으며 세상에도 좋게" 사용할 수 있도록 의인이 이 일곱 가지 기질을 받게 해달라고 기도해야 한다고 가르쳤다.

벤 이쉬 하이[Ben Ish Chai]라고도 하는 바그다드의 랍비 요셉 하임[R' Yosef Chaim of Baghdad]은 "지혜가 그의 집을 짓고 일곱 기둥을 다듬고"(잠 9:1)라는 구절에서 이 일곱 가지 기질을 암시한다는 사실을 발견했다. 일곱 가지 기질들은 이 세상의 것들을 나타내므로 이 세상을 받드는 '기둥'이라고 불린다. 그러므로 그 자체를 위하여 배우고 자기 자신의 성품을 바로잡는 사람은 이 '기둥'들로 '제 집을 짓는 것'이라고 할 수 있을 것이다.

משנה ט

אָמַר רַבִּי יוֹסֵי בֶּן קִסְמָא,
פַּעַם אַחַת הָיִיתִי מְהַלֵּךְ בַּדֶּרֶךְ וּפָגַע בִּי אָדָם
אֶחָד, וְנָתַן לִי שָׁלוֹם, וְהֶחֱזַרְתִּי לוֹ שָׁלוֹם,
אָמַר לִי, רַבִּי, מֵאֵיזֶה מָקוֹם אַתָּה,
אָמַרְתִּי לוֹ, מֵעִיר גְּדוֹלָה שֶׁל חֲכָמִים וְשֶׁל סוֹפְרִים אָנִי,
אָמַר לִי, רַבִּי רְצוֹנְךָ שֶׁתָּדוּר עִמָּנוּ בִּמְקוֹמֵנוּ וַאֲנִי אֶתֵּן
לְךָ אֶלֶף אֲלָפִים דִּנְרֵי זָהָב וַאֲבָנִים טוֹבוֹת וּמַרְגָּלִיּוֹת,
אָמַרְתִּי לוֹ אִם אַתָּה נוֹתֵן לִי כָּל כֶּסֶף וְזָהָב וַאֲבָנִים
טוֹבוֹת וּמַרְגָּלִיּוֹת שֶׁבָּעוֹלָם, אֵינִי דָר אֶלָּא בִּמְקוֹם תּוֹרָה,
וְכֵן כָּתוּב בְּסֵפֶר תְּהִלִּים עַל יְדֵי דָוִד מֶלֶךְ יִשְׂרָאֵל
(תהלים קיט:עב), טוֹב לִי תוֹרַת פִּיךָ מֵאַלְפֵי זָהָב וָכָסֶף.
וְלֹא עוֹד, אֶלָּא שֶׁבִּשְׁעַת פְּטִירָתוֹ שֶׁל אָדָם
אֵין מְלַוִּין לוֹ לְאָדָם לֹא כֶסֶף וְלֹא זָהָב וְלֹא אֲבָנִים
טוֹבוֹת וּמַרְגָּלִיּוֹת, אֶלָּא תוֹרָה וּמַעֲשִׂים טוֹבִים בִּלְבָד,
שֶׁנֶּאֱמַר (משלי ו:כב), בְּהִתְהַלֶּכְךָ תַּנְחֶה אוֹתָךְ
בְּשָׁכְבְּךָ תִּשְׁמֹר עָלֶיךָ וַהֲקִיצוֹתָ הִיא תְשִׂיחֶךָ,
בְּהִתְהַלֶּכְךָ תַּנְחֶה אֹתָךְ, בָּעוֹלָם הַזֶּה.
בְּשָׁכְבְּךָ תִּשְׁמֹר עָלֶיךָ, בַּקֶּבֶר.
וַהֲקִיצוֹתָ הִיא תְשִׂיחֶךָ לָעוֹלָם הַבָּא.
וְאוֹמֵר (חגי ב:ח),
לִי הַכֶּסֶף וְלִי הַזָּהָב נְאֻם יְהוָה צְבָאוֹת:

랍비 요세이 벤 키스마는 말했다.
　한 번은 내가 길을 걷고 있을 때, 어떤 사람이 나를 만났다.
그는 나에게 인사를 했고 나는 그의 인사를 받아주었다.
그는 나에게 말했다.
"랍비여 당신은 어느 곳에서 오셨습니까?"
나는 그에게 말했다.
"나는 학자들과 현인들의 위대한 도시에서 왔다."
그는 나에게 말했다.
"랍비여 당신께서 우리의 거처에서
우리와 함께 사시기를 원하십니까?
내가 당신에게 천 천의 금 디나(dinar)와 값진 보석들과 진주들을
드릴 것입니다."
나는 대답했다.
"심지어 네가 나에게
이 세상의 모든 은과 금과 값진 보석들과 진주들을 준다고 해도,
나는 토라의 장소 안에서를 제외한
어느 곳에서도 머물지 않을 것이다."

그리고 또한 이스라엘의 왕 다윗이 쓴 시편에 기록되어 있다.

"주의 입의 법이 내게는 천천 금은보다 좋으니이다"(시 119:72).

게다가 한 남자가 이 세상을 떠날 때,

은도 금도 값진 보석들과 진주들도 아니고

오직 토라 연구와 선한 행실이 그를 호위한다.

성경은 다음과 같이 말하고 있다.

"그것이 네가 다닐 때에 너를 인도하며 네가 잘 때에 너를 보호하며

네가 깰 때에 너와 더불어 말하리니"(잠 6:22).

"네가 다닐 때에 너를 인도하며" – 이 세상에서

"네가 잘 때에 너를 보호하며" – 무덤에서

"네가 깰 때에 너와 더불어 말하리니" – 다가올 세상에서.

그리고 성경은 말한다.

"은도 내 것이요 금도 내 것이니라 만군의 여호와의 말이니라"(학 2:8).

미쉬나 9절

랍비 요세이 벤 키스마는 말했다

랍비 요세이 벤 키스마는 두 번째 성전기 후기부터 그 이후 시대에 살았던 인물이다. 랍비 하나나 벤 트라드욘[R' Chanina ben Teradyon]과의 대화에서 열 명의 순교자 중 한 명의 이름으로 그를 확인할 수 있다(아보다 자라[Avodah Zarah] 28a). 당시 로마에서는 토라를 가르치는 행위를 금지했기 때문에, 랍비 요세이 벤 키스마는 (실패하긴 하였으나)랍비 하나나가 목숨을 걸고 공개적으로 토라를 가르치지 말도록 설득하려 했다(ibid.). 실로 랍비 요시[R" Yosi]가 세상을 떠나고 뭇 사람들로부터 영광을 얻은 후에 랍비 하나나는 토라를 가르쳤다는 죄목으로 로마 군인에게 체포되어 잔인한 방식의 사형을 언도받았다. 그는 토라 두루마리를 두르고 화형을 당했다.

랍비 요세이 벤 키스마의 이름은 미쉬나[Mishnah]와 토세프타[Tosefta]에는 나오지 않으나, 탈무드의 바라이사트[baraisas]를 그의 이름으로 다수 인용하고 있다.

현자들이 전하는 이야기에 의하면, 언젠가 제자들이 랍비 요세이에게 메시아가 언제 오실지를 물었다고 한다. 그러자 그는 답하길 "내가 말해주더라도 내 말에 증표를 요구할까봐 두렵구나"라고 했다.

이에 제자들은 "아닙니다. 저희는 선생님께 그러한 증표를 구하지 않습니다"라고 대답했다.

"이 문이 무너지고 다시 세워졌다가 또 무너지고 또 다시 세워지고, 또 세 번째로 무너진 후, 그 문이 세 번째로 다시 세워지기 전에 다윗의 자손이 오실 것이다." 랍비 요세이가 답하자, 제자들이 간청했다.

"선생님, 저희에게 증표(그 말이 진실인지를)를 보여주십시오!" 그러자 랍비 요세이는,

"아까는 내게 그러한 증표를 구하지 않는다고 하지 않았느냐?"라고 물었다.

"선생님, 그래도…" 제자들이 간청하자, 랍비 요세이는 못이긴 듯 제자들에게 이렇게 대답했다.

"좋다. 만일 내 말이 진실이라면, 파미아스 동굴의 물이 피로 변할 것이다." 그러자 그 곳의 물이 곧 피로 변했다고 한다(산헤드린[Sanhedrin] 98a-b).

랍비 요세이 벤 키스마는 죽기 직전 로마의 멸망뿐만 아니라 페르시아와 메디아의 도래를 예언했으며, 제자들에게는 "내 관을 깊이 묻어라. 바벨에는 야자나무가 없어 페르시아 말들을 묶을 수 없을 것이며, 이스라엘 땅에는 관이 없어 메디아의 말들이 짚을 먹지 못할 것이다." 이 말과 함께 랍비 요세이 벤 키스마는 제자들에게 페르시아와 메디아의 군대가 바벨을 침략할 것이며, 이후 이스라엘 땅을 쳐 정복할 것이라고 전해주었다고 한다(라쉬[Rashi]).

본문에서 우리는 랍비 요세이 벤 키스마가 이 세상 그 무엇도 토라를 배우는 것만큼 중요하지 않다고 할 정도로, 토라를 얼마나 많이 사랑했는지를 엿볼 수 있다.

한 번은 내가 길을 걷고 있을 때

랍비 요세이 벤 키스마는 '한 번은' 자신이 길을 걷던 중이었다고 증언하고 있다. 이 말은 곧 그가 '단 한 번' 길을 걷던 것 외에는 평생을 토라를 배우는 데에 보냈다는 것을 뜻한다(미드라쉬 슈무엘[Midrash Shmuel]).

또 그는 '길을 걷고 있을 때'라고 했는데, 이는 그가 토라를 배우는 데에 온 정신을 쏟느라 발이 제 멋대로 움직이고 있었다는 것을 나타낸다. 후일 랍비 여호수아 벤 레위[R' Yehoshua ben Levi]가 "홀로 길을 걷는 사람은 토라를 배워야 한다"라고 가르친 것과 같으며, 또 성경에 "이는 네 머리의 아름다운 관이요 네 목의 금 사슬이니라"(잠 1:9)고 한 것과 같다(에이루빈[Eiruvin] 54a). 토라의 말씀은 홀로 길을 걷는 자의 동반자가 되어 그를 위험에서 지켜줄 것이다. 더 나아가 길에서 토라를 배우면 도시의 소음과 시끄러운 일들로부터 벗어날 수 있으므로 토라에만 온 정신을 집중하여 발이 제 멋대로 길을 가더라도 괜찮은 것이다(마할랄[Maharal]).

어떤 사람이 나를 만났다

이 사건은 우연이라고 볼 수 없다. 그가 만난 '사람'은 랍비 요세이를 만나기로 예정되어 있던 것이다. 이 남자는 사단, 악한 본성으로 그물을 펴 사람을 낚을 기회를 엿보고만 있다(미드라쉬 슈무엘[Midrash Shmuel]). 때문에 본문이 '만나다'라는 뜻의 히브리어 단어 '파가'를 사용하고 있는 것인데, 이 단어는 '다치게 하다'라는 뜻도 함께 내포하고 있기 때문이다.

이와 달리 마할랄은 본문의 남자를 변모하여 나타난 엘리야로, 랍비 요세이를 시험하여 그가 하늘에서 더 많은 보상을 받도록 했다고 해석한다. 또 다른 학자들인 이 남자가 평범한 사람으로, 본인의 의도는 좋았으나 사단이 그를 자기 멋대로 이용하려 한 것이라고 해석하기도 한다.

그는 나에게 인사를 했고 나는 그의 인사를 받아주었다

이 남자가 자신에게 인사했고, 본인 역시도 그에게 인사를 했다는 것을 말하며 랍비 요세이는 이런 사건이 일생에 단 한 번만 있었던 일임을 뜻하고 있다. 평소에는 토라에서 가르치는 대로, 또 랍반 요하난 벤 자카이에게서 배운 대로 그가 먼저 다른 사람들에게 인사했던 것이다. "시장에서 이방인을 만나더라도 그 누구든지 네게 먼저 인사하지 않도록 하라"(버라호트[Berachos] 17a).

그렇다면 왜 이 경우에만 랍비 요세이가 먼저 인사를 하지 않은 것일까? 바로 그가 토라를 배우는 데에 온 정신을 쏟은 나머지 맞은편에 그 사내가 걸어오고 있는 것도 알아채지 못했기 때문이다. 때문에 그는 '내가 그를 만나서'라거나 '우리가 서로 만나서'라고 표현하기보다는 '한 남자가 날 만나서'라고 표현하고 있는 것이다. 즉 상대방이 먼저 랍비 요세이를 보고 그에게 먼저 인사한 상황이라고 볼 수 있다. 토라를 배우는 데에 너무 집중한 나머지 랍비 요세이는 상대방이 먼저 인사하고 나서야 답례로 인사를 할 수 있었다.

이 '남자'가 사단이나 엘리야 등 지상의 존재가 아니라는 견해에 따르면, 보이지 않는 존재에게 먼저 인사할 수는 없기에 랍비 요세이는 먼저 인사하지 않은 것이 아니라 먼저 인사를 하지 못한 것이라고 주장한다(마할랄[Maharal]).

미드라쉬 슈무엘은 랍비 요세이가 먼저 인사하지 않은 것에 대해 다른 해석을 제시하고 있다. 랍비 요세이가 이방인을 마주칠 때는 인사하기 전에 먼저 그 이방인의 의도가 호의적인지를 먼저 확인해야 한다는 견해를 고수하고 있었다는 것이다. 본문의 남자를 만날 때에는 상대방이 유대인인지 이방인인지 알지 못했기 때문에 그를 '한 남자'라고 표시한 것이며, 그 남자가 자신에게 먼저 인사할 때까지 기다린 후에 의도를 파악하자 그제서야 자신도 인사를 했다는 주장이다.

더 나아가 미드라쉬 슈무엘은 랍비 요세이의 이런 행동이 "모든 사람에게 먼저 인사를 하도록 하라. 그리고 여우의 머리가 되기보다는 사자의 꼬리가 되라"(4:20)는 랍비 마트야 벤 헤레쉬[R' Matya ben Cherash]의 가르침을 더욱 분명히 했다고 주장한다. 그렇다면 랍비 마트야는 왜 인사의 의무와 사자의 꼬리를 서로 연결지어 가르치고 있는가? 바로 랍비 마트야가 자신의 이전 세대인 랍비 요세이 벤 키스마의 가르침에 주석을 단 것이라고 할 수 있다. 그는 이방인에게는 먼저 인사하지 않아도 된다는 랍비 요세이의 견해에 반대했기 때문에, 이방인이나 유대인이나 상관없이 "모든 사람에게 먼저 인사를 하도록 하라"고 가르치고 있는 것이다 (버라호트[Berachos] 17a 참고).

그러나 그는 랍비 요세이의 두 번째 견해, 즉 현자들과 필사자들의 도시에서 사는 것이 그 어느 곳보다 더 낫다는 견해에는 동의하고 있다. 그러므로 그는 "사자의 꼬리가 되어라", 즉 토라 학자들이 없는 도시에서 왕 노릇하는 여우의 머리가 되기보다는 사자의 꼬리가 되더라도 토라가 있는 곳에 남아 있으라고 가르치는 것이다.

그는 나에게 말했다
"랍비여 당신은 어느 곳에서 오셨습니까?" 나는 그에게 말했다
나는 학자들과 현인들의 위대한 도시에서 왔다.

랍비 요세이와 그를 만난 사내의 대화에는 수많은 난해한 요소들이 담겨져 있다. 인사를 나눈 후 사내는 랍비 요세이를 '선생님'(랍비)이라고 불렀는데, 이는 그가 랍비 요세이가 토라 현자라는 것을 이미 알고 있었다는 것을 의미한다. 이는 겉으로도 분명히 드러났을 것인데, 그 이유는 첫째, 랍비 요세이는 길에서 토라를 공부하는 데에 푹 빠져 있었으며, 둘째, 랍비 요세이는 분명히 현자들이 입는 복장을 입고 있었을 것이기 때문이다. 그러나 이 남자는 랍비 요세이에게 이름을 먼저 묻지 않고 도리어 그가 어디서 왔는지를 물었다.

랍비 요세이의 답 역시 놀랄 만한 것이다. 보통 이런 질문에는 도시의 이름을 알려주기 마련이나, 그는 "나는 학자들과 현인들의 위대한 도시에서 왔다"라고 답하고 있다. 랍비 요세이는 왜 특정 도시를 말하지 않은 것인가?

이후 랍비 요세이가 누군지도, 도시의 이름도 모르는 이 사내는 그에게 갑자기 백만 데나리온을 줄 테니 자기가 있는 도시로 가자고 말한다. 이것은 매우 충동적인 발언임에 틀림없다. 어쩌면 랍비 요세이는 토라의 빛을 전하기 위하여 기꺼이 아무런 대가 없이 그 도시에 갈 수도 있었을 것이며, 받더라도 이처럼 무지막지한 대가는 받지 않았을 것이다. 그렇다면 이 남자는 백만 데나리온을 말하기 전에 랍비 요세이가 그런 사람이라는 것을 몰랐던 것인가?

이에 대한 랍비 요세이의 답 역시 매우 난해하다. 그는 사내의 제안을 거부하면서 그 이유를 다음과 같이 말한다. "나는 토라가 있는 곳에서만 살겠소." 즉, 랍비 요세이는 그 사내의 도시에 토라가 없다는 것을 이미 알고 있었다는 것이다. 어떻게 이를 알고 있었는가? 미드라쉬 슈무엘의 설명에 따르면, 당시 사내는 자기 앞에 있는 사람이 진정으로 뛰어난 토라 학자인지를 확인하고자 했기에, 랍비 요세이에게 어디서 왔는지 물었다. 즉 사내의 관심은 랍비 요세이가 사는 도시의 이름이 아닌, 그의 뛰어난 능력이었던 것이다. 또 랍비 요세이가 자신이 학자들과 현인들의 위대한 도시에서 왔다고 답하지 않았다면 사내는 랍비 요세이의 뛰어난 능력을 알 수 없었을 것이다.

의도를 알아챈 랍비 요세이는 그에게 "내가 학자들과 현인들의 위대한 도시에서 오는 길이오"라고 답해 주었다. "학자들과 현인들의 도시"라고 말해도 충분했을 것이나, 그는 앞에 "내가"라는 말을 붙임으로 자신 역시 토라 학자임을 나타낸 것이다.

마할랄은 이 대화를 다른 각도에서 해석하고 있다. 토라를 깊이 배우고 있는 랍비 요세이를 보자 사내는 토라의 현자가 자신의 앞에 서있음을 보고, 즉시 토라를 알지 못하는 사람들이 가득한 자신의 도시로 그를 데려오기를 원했다. 그러나 무엇으로 랍비 요세이의 흥미를 끌 수 있겠는가? 만일 랍비 요세이가 사는 곳에 이미 토라를 모르는 사람들이 가득하다면 따로 큰 보상을 약속할 필요가 없을 것이다. 그러나 랍비 요세이가 토라가 있는 곳에 산다면 감히 그 곳을 떠나지 않으려 할 것이기 때문에 그보다 더 큰 것을 보상으로 약속해야만 할 것이다.

랍비 요세이는 "어느 곳에서 오셨습니까?"라는 사내의 질문이 어떤 의도인지를 알아차리고 "학자들과 현인들의 위대한 도시에서 오는 길이오"라고 답함으로써 자신이 사는 곳을 떠날 생각이 없음을 나타낸 것이다.

이제 사내도 자기 앞에 선 사람, 랍비 요세이가 토라가 있는 곳에서 사는 학자들 중 한 명임을 알게 되었고, 또 그가 자신이 있는 곳에서 떠나려 하지 않는다는 것도 알게 되었다. 때문에 그는 어떻게든 랍비 요세이를 자신의 도시로 데려오려 그토록 큰 보상을 제시하고 있는 것이다.

실제로 사내는 랍비 요세이에게 세 가지 큰 보상을 약속했다.

첫째, 함께 사는 것이다. 즉 토라를 모르는 사람들과 함께 살며 그들에게 지혜를 가르쳐 하늘나라에서 큰 기업을 얻을 수 있게 된다는 것이다.

둘째, 사내가 있는 곳에서 산다는 것이다. 그곳은 안전하며 분란과 소란도 없는 곳으로, 랍비 요세이가 그 곳에 간다면 평안한 곳에서 편안한 마음으로 토라를 배울 수 있을 것이었다. 여기서 사내는 자신이 사는 곳이 괜찮은 곳임을 강조하고자 한다.

셋째, '수백만 디나르의 금화, 보석들과 진주'로, 랍비 요세이가 이를 받는다면 공동체나 기부에 자신의 수입을 의지하지 않아도 될 것이었다 (아바바넬[Abarbanel], 미드라쉬 슈무엘[Midrash Shmuel] 인용). 이런 것들이 약속되어 있음에도 불구하고 랍비 요세이는 토라가 있는 곳을 떠나려 하지 않았다.

나는 대답했다
"심지어 네가 나에게 이 세상의 모든 은과 금과
값진 보석들과 진주들을 준다고 하여도,
나는 토라의 장소 안에서를 제외한 어느 곳에서도 머물지 않을 것이다".

하페쯔 하임[Chafetz Chaim]이라고도 하는 랍비 이스라엘 메이어 카간[R' Israel Meir Kagan]은 랍비 요세이와 이 사내의 대화를 다음과 같이 해석했다.

랍비 요세이 벤 키스마의 얼굴은 독특하게 생겼기 때문에 누구든지 그가 랍비임을 알 수 있었다. 그러나 그가 길을 갈 때에는 다른 사람과 함께 있지 않았기에 그를 본 사내는 "이 랍비는 대체 어느 도시에서 오는 길인가? 그 도시의 사람들은 랍비가 홀로 길을 가게 내버려두는가? 또 이런 사람이 학당을 나와 길을 걸어야 한다는 것은, 곧 생계를 꾸리기 위해 일하러 가는 것이 아니겠는가? 그 도시의 사람들은 랍비를 돕지 않는구나"라고 생각했다는 것이다.

즉 사내는 랍비 요세이의 이름이 무엇인지, 그가 어디에 사는지에는 관심이 없었다. "선생님, 어느 곳에서 오시는 길이십니까?"라는 사내의 질문은 실제로는 어떤 사람들과 함께 사는지를 묻는 것이었다. 이에 랍비 요세이는 "내가 토라의 현자를 존경하지 않는 곳에서 온 것이라고 생각할지도 모르나, 오히려 나는 학자들과 현인들의 위대한 도시에서 오는 길이오. 내가 그들보다 특별히 뛰어난 것이 아니므로 큰 존경을 받을 필요가 없는 것이오"라고 답하고 있다는 것이다.

이에 대한 사내의 대답은 "선생님은 그런 도시에 살기에 적합하신 분이 아닙니다. 저희와 함께 하십시오. 올바른 존경이 무엇인지 보여드리겠습니다. 이처럼 많은 것을 드리는 것도 현자에 대한 존경의 뜻입니다"라는 의미이다.

그러나 사내의 말을 통해 그 도시에 토라 현자들이 부족하다는 것을 안 랍비 요세이는 그 제의를 거절했다. 그렇다면 랍비 요세이는 왜 토라를 가르치기 위하여 그 도시로 가지 않겠는가?

하페쯔 하임은 그 사내가 랍비 요세이에게 토라를 가르쳐 달라고 요청한 것이 아니기 때문에 랍비 요세이가 이를 따르지 않았다고 설명한다. 즉 토라를 가르쳐 달라는 요청이 아니라, 사람들에게 존경의 대상이 되어달라고 요청한 것이다. 이에 랍비 요세이는 그가 부와 명예에는 관심이 없으며, 오로지 토라만을 생각한다는 답으로 응수했다.

만일 남자가 자신의 도시에 사는 사람들이 토라에 목말라 있으며 자신들을 가르칠 선생님이 필요하다고 말했다면, 그 곳에 학당을 세워 자녀들을 가르쳐 랍비 요세이가 사는 곳과 같이 자신들의 도시를 토라가 있는 곳으로 만들고 싶다고 말했더라면, 랍비 요세이가 기꺼이 그 사내의 요청에 응하였을 것이다. 그러나 사내의 요청은 그것이 아니었다. 그는 영성과 토라가 아닌, 돈을 말할 뿐이었다.

마할랄은 이런 해석에서 한 걸음 더 나아가고 있다. "랍비여 당신께서 우리의 거처에서 우리와 함께 사시기를 원하십니까?"라는 사내의 초대는 곧 그가 랍비 요세이에게 자신들 중 한 명과 같이 되자는 의미를 포함하고 있으며, 랍비 요세이는 그 질문을 듣고 그 사람들이 교사가 필요한 것이 아니라, 흥미로운 재담과 약간의 조언을 필요로 한다는 것을 깨달았던 것이다.

질문에서 사내는 "랍비여 당신께서 우리의 거처에서 우리와 함께 사시기를 원하십니까?"라고 물었는데, '우리와 함께'라는 말은 곧 랍비 요세이가 자신들의 삶의 행태를 받아들이기를 원한다는 것을 의미한다. 즉 사내의 도시에 있는 사람들은 랍비 요세이가 토라를 가르치든 말든 자신의 삶을 바꾸지 않을 것이지만, 랍비 요세이에게 돈을 주고 자신들을 대신하여 토라를 배움으로써 자기들도 보상을 얻고자 했던 것이다. 그러나 랍비 요세이는 토라를 배워야 하는 책임은 돈을 주고 대신할 수 없다는 것을 가르쳐주고자 사내의 제안을 거절했다.

랍비 요세이 벤 키스마와 발람의 차이는 무엇인가

발락의 사신들이 도움을 청할 때 발람은 처음에는 "발락이 그 집에 가득한 은금을 내게 줄지라도 내가 능히 여호와 내 하나님의 말씀을 어겨

덜하거나 더하지 못하겠노라"(민 22:18)고 거절하였다. 현자들은 이 대답에서 발람이 속으로는 금은보화를 탐했다는 것을 발견했다. 하지만 랍비 요세이 역시 발람과 비슷한 대답을 했는데, 그렇다면 우리도 랍비 요세이가 속으로는 금은보화를 탐했다고 할 것인가?

필자의 장인인 랍비 이삭 여디디아 프렌켈[R' Yitzchak Yedidiah Frenkel]은 이에 대해 대상이 말하는 것에만 초점을 맞추어서는 안 된다고 했다. 상대방이 의도한 진짜 의미를 알기 위해서는 말 뿐만 아니라 말을 하는 화자의 성품에 대해서도 알고 있어야 한다는 것이다. 랍비 요세이는 이미 평생을 바쳐 은과 금을 탐할 사람이 아님을 증명했다. 그러나 발람은 평생을 자신의 동물적인 욕망을 충족시키기 위해 살아온 사람이다. 토라 학자가 돈에 대해 말하는 것과 발람과 같은 사람이 돈에 대해 말하는 것에는 아주 큰 차이가 있는 것이다. 발람은 스스로 자기가 돈, 그것도 아주 많은 돈을 원한다는 것을 내비쳤다. 반면 랍비 요세이는 돈이 자신에게는 아무런 의미가 없음을 밝혔다.

둘째, 제안을 거절한 이유에서 차이가 있다. 랍비 요세이는 "나는 토라가 있는 곳에서만 살겠소"라고 답한 반면, 발람은 "하나님의 명을 어길 수 없습니다"라고 대답했다. 즉 하나님께서 간섭하지 않으시면, 충분히 발락의 제안을 받아들일 수 있다는 말이었다.

셋째, 랍비 요세이에게는 상대방이 먼저 돈을 이야기했으나, 발람은 자신이 먼저 돈을 이야기했다.

넷째, 금액에서 차이가 난다. 발람은 (많기는 하지만) '그의 궁궐에 가득한 금과 은'이라는 한정된 분량의 돈을 말했다. 그러므로 그가 말 그대로 이 정도의 금액을 대가로 요구한다는 것을 알 수 있다. 그러나 랍비 요세이는 과장법을 사용한 '이 세상의 모든 은과 금, 값진 보석과 진주들'이라는 표현을 자신의 주장의 근거로 사용하였을 뿐이다(마지막 두 해석은 바루크 셰아마르[Baruch She'amar]).

토라와 하늘의 재산

본문에서 사내는 랍비 요세이가 토라를 배우는 데에 푹 빠진 것을 보았으면서도 왜 랍비 요세이가 금전성 대가를 포함한 자신의 요구에 순순히 응할 것이라고 생각한 것인가?

이에 대해 미드라쉬 슈무엘은 사내가 랍비 요세이를 능히 자신의 큰 재산을 영적인 일을 위해 쓸 수 있는 사람으로 알았기 때문에 그가 자신의 제안을 받아들이기를 바랐다고 설명했다. 그러나 랍비 요세이는 (랍비 요세이가 인용한 구절에서 가르치듯)토라를 배우는 것이 선행보다 더 크기에 그 제안을 기꺼이 포기했다.

현자들은 잠언의 두 말씀이 서로 모순되는 점을 발견했다(모에드 카탄[Moed Katan] 9b). 한 구절은 토라를 두고 "지혜는 진주보다 귀하니 네가 사모하는 모든 것으로도 이에 비교할 수 없도다"(잠 3:15)라고 했다. 이는 "네가 가진 재산(즉 이 땅의 것들)을 토라와 하늘의 것들(계명)과 비교할 수 없다"라는 가르침을 나타낸다. 그러나 다른 구절에서는 "모든 것을 이에 비교할 수 없음이니라"(잠 8:11)고 말하며 계명마저도 토라에 비할 수 없다고 말하고 있다.

현자들은 다른 사람이 실천할 수 있는 계명이라면, 토라를 배우는 것을 멈추면서까지 굳이 그 계명을 실천하려 하지는 말라고 가르침으로써 이런 모순을 해소하고 있다. 이 경우 계명을 실천함으로 얻는 하늘나라의 재산도 토라에 비할 수 없다. 그러나 그 계명이 본인 외에는 누구도 실천할 수 없는 것이라면, 마땅히 토라를 배우는 것을 잠시 멈추어서라도 그 계명을 실천해야 한다. 이 경우 토라를 배우는 것은 이 땅의 것들보다는 크지만, 하늘나라의 재산보다 큰 것은 아니다.

그러므로 랍비 요세이는 자신이 토라를 배워야 한다고 대답했던 것이다. 만일 사내의 제안이 랍비 요세이로 하여금 많은 재산을 가지고 고귀한 일들을 행하도록 하기 위한 것이었더라면, 그 의도는 숭고한 것이라고 할 수 있을 것이다. 그러나 사내가 사는 도시의 사람들은 굳이 랍비 요세이를 통하지 않더라도 그 백만 데나리온을 어려운 사람들에게 나누어 줄 수 있었다. 즉 랍비 요세이 본인만이 할 수 있는 일이 아니었기에, 토라를 배우는 일을 멈추면서까지 사내의 제안을 받아들이지는 않았던 것이다.

이는 발람의 대답과 랍비 요세이의 대답이 어떤 차이가 있는지를 드러내주는 다섯 번째 답을 제시한다. 랍비 요세이는 실천하는 것에 대해서만 돈을 생각했다. 즉 자신이 재산을 얻더라도 이를 스스로를 위해서도, (자신 외에도 다른 사람들이 마땅히 할 수 있는)선행을 위해서도 쓰지 않으며, 오직 토라를 배우는 데에만 쓰려 했다는 것이다.

**게다가 한 남자가 이 세상을 떠날 때,
은도 금도 값진 보석들과 진주들도 아니고
오직 토라 연구와 선한 행실이 그를 호위한다.
성경은 다음과 같이 말하고 있다.
"그것이 네가 다닐 때에 너를 인도하며 네가 잘 때에 너를 보호하며
네가 깰 때에 너와 더불어 말하리니"(잠 6:22).**

토라를 배우는 것보다 더 귀한 것은 없다는 자신의 주장을 지지하기 위해 랍비 요세이는 "그것이 네가 다닐 때에 너를 인도하며…"(잠 6:22)라는 구절을 인용하고 있다. 토라를 배우는 것뿐만 아니라 다른 계명들 역

시 세상을 떠날 때 손에 들고 갈 수 있을 것이다. 곧 랍비 요세이가 스스로 "이 세상을 떠날 때 은도 금도 값진 보석과 진주들도 아니고 오직 토라 연구와 선한 행실이 그를 호위한다"라고 말한 것과 같다. 그러나 토라를 배우는 것은 다른 계명들보다 그 상이 크다. 또 선한 행실은 그 어느 곳에서든 실천할 수 있지만 토라를 배우는 것은 아무 곳에서나 하기는 힘든 법이다(마할랄[Maharal]).

그리하여 현자들은 토라를 배우는 것이 선한 행동을 실천하는 것보다 더 우선하는 것과 같이, 사람이 심판을 받을 때도 그가 배운 토라로 먼저 판단을 받고 그 후에 선한 행실로 판단을 받는다고 했다. 또 보상 역시 토라를 배운 것으로 먼저 보상을 받고 그 후에 선행으로 보상을 받는다고 가르쳤다(키두쉰[Kiddushin] 40b). 그러므로 랍비 요세이는 "이 세상을 떠날 때 은도 금도 값진 보석과 진주들도 아니고 오직 토라 연구와 선한 행실이 그를 호위한다"라고 말할 때 토라 연구를 먼저 언급하고 그 뒤에 선행을 말하고 있는 것이다.

"네가 다닐 때에 너를 인도하며" – 이 세상에서
"네가 잘 때에 너를 보호하며" – 무덤에서
"네가 깰 때에 너와 더불어 말하리니" – 다가올 세상에서

토라의 유익은 주로 이 세상에서 많이 찾을 수 있다. 즉 이 세상에서 "네가 다닐 때에 그것이(토라가) 너를 인도하여 줄 것이다." 그 후에 "네가 잘 때에 (토라가)너를 보호해 줄 것이다." 즉 무덤에서 토라는 그 몸을 지켜줄 것이다. 또 토라는 네가 깰 때에 너와 더불어 말할 것이다." 즉 몸이 부활하여 감추어졌던 것들이 모두 밝히 드러날 때에 토라가 그를 대신하

여 증언해 줄 것이다.

하페쯔 하임은 이에 대해 한 비유를 전하고 있다. 한 유대인이 왕 앞에 불려와 심판을 받기 직전에 있었을 때, 왕에게 세 부류의 사람을 증인으로 부를 수 있도록 해달라고 요청했다. 바로 친한 친구들, 지인들, 그리고 가끔 얼굴만 보는 사람들이었다.

먼저 그는 가장 친한 친구들에게 찾아가 증인이 되어달라고 부탁하였지만, 정작 친구들은 그 요구를 거절했다. 지인들은 그와 함께 재판에 가 주겠다고는 했지만, 문 앞까지만 바래다주겠다고 할 뿐이었다. 마지막으로 그는 가끔 얼굴만 보는 사람들에게 찾아갔는데, 그들은 흔쾌히 그와 함께 재판에 나아가 증인이 되어주기로 했다.

이 비유에서 친한 친구들은 곧 사람의 일과 재산을 상징한다. 사람은 대부분의 시간을 일하는 데에 보내며 일과 가장 친하게 지낸다. 그러나 정작 사람이 세상을 떠날 때에 돈과 일은 하늘나라의 심판대까지 함께 하지 못한다. 두 번째 부류, 즉 지인들은 인생의 대부분을 차지하는 가족을 뜻한다. 가족과 행복한 관계를 이루는 것은 분명 좋은 일임에 분명하지만, 가족들은 무덤까지밖에 배웅해주지 못하며, 하늘나라의 법정에는 아무리 사랑하는 가족들이더라도 함께 갈 수 없는 법이다. 조문을 낭독하고 눈물의 장례식이 끝나면 아무리 친하고 사랑하는 가족들, 친척들이라도 하늘나라를 향하는 그의 여정을 함께할 수 없다. 세 번째 부류는 바로 이 세상에서 배우는 토라와 이 세상에서 실천하는 선행을 뜻한다. 보통 배움과 선행은 기꺼이 나서서 하지 않고, 상황에 따라, 혹은 남이 시켜서 하기 마련이다. 그러나 하늘나라의 심판대에 올라가면 오직 토라와 계명만이 그를 변호해 줄 수 있을 것이다(피르케이 아보트에서, 하페쯔 하임 [Chafetz Chaim]).

탈무드(바바 바스라[Bava Basra] 11a)는 두 번째 성전기에 이스라엘을 디스

렸던 몬바츠 왕에 대한 이야기를 전해주고 있다. 기근이 찾아오자 왕은 자신의 곳간을 열어 가난한 사람들을 도와주었다. 이에 그의 친척들과 형제들이 찾아와 "당신의 선조들이 이 모든 부를 쌓았는데, 이제 와서 그걸 다 망치다니요!"라며 항의했다.

그러자 몬바츠는 이렇게 답했다고 한다. "내 선조들은 아래에 쌓았으나 나는 위에 쌓는 것이오. 내 선조들은 사람들이 침범할 수 있는 곳에 쌓았으나 나는 그 누구도 손댈 수 없는 곳에 쌓는 것이오. 내 선조들은 상을 얻을 수 없는 부를 쌓았으나 나는 상을 얻을 수 있는 무언가를 쌓는 것이오. 내 선조들은 다른 사람들로부터 받아 부를 쌓았으나 나는 내 스스로 쌓는 것이오. 내 선조들은 이 세상에 쌓았으나 나는 이제 올 세상에 쌓는 것이오."

그리고 또한 이스라엘의 왕 다윗이 쓴 시편에 기록되어 있다. "주의 입의 법이 내게는 천천 금은보다 좋으니이다"(시 119:72).

랍비 요세이는 토라의 소중함에 대해 말하는 가르침에서 돈에 대해 말하는 구절을 두 번째로 인용하고 있는 것인가? 또 랍비 요세이는 왜 시편의 저자가 이스라엘 통일왕국의 왕 다윗임을 밝히며 본 구절을 소개하고 있는 것인가?

그 답은 바로 "주의 입의 법이 내게는 천천 금은보다 좋으니이다"라는 말을 한 사람이 바로 이 세상을 지배한 군주이자 영적인 거장이었다는 점을 밝힘으로써 자신의 재산을 선한 곳에 사용할 수 있었음에도 능히 토라를 배우는 길을 선택했다는 점을 강조하고 있기 때문이라고 할 수 있다.

그리고 성경은 말한다.
"은도 내 것이요 금도 내 것이라 만군의 여호와의 말이니라"(학 2:8).

두 번째 구절을 인용하며 랍비 요세이는 사내의 약속에 다시 한 번 응수하고 있다. "당신은 내게 돈을 약속하고 있으나, 그 돈이 당신의 것이라고 할 수 있는가? 당신이 가진 모든 것은 하나님께서 잠시 당신에게 빌려준 것이다. 곧 '은도 내 것이요, 금도 내 것이라. 만군의 여호와의 말이니라'(학 2:8)라고 하심과 같다."

더 나아가 랍비 요세이는 이 구절을 인용하며 "만일 내가 부자가 되는 것이 하나님의 뜻이었다면 굳이 내가 토라를 배우는 것을 멈추지 않더라도 이미 날 부유하게 하셨을 것이다"라는 의미로 응수한 것이다.

또 실제로 랍비 요세이는 부유한 사람이었던 것으로 보이는데, 이는 현자들이 그가 세상을 떠날 때 그 장례식에 이방인 명사들도 참석하였다는 이야기를 남긴 것으로 미루어 짐작할 수 있다(아보다 자라[Avodah Zarah] 18a).

토라가 있는 곳에서만 살 수 있는가?

랍비 요세이는 "나는 토라가 있는 곳에서만 살겠소"라고 고백하고 있다. 반면 힐렐은 "사람이 없는 곳에서는 사람이 되도록 노력하라"(2:6)고 가르치고 있다. 또 후일 라브[Rav]는 레베[Rebbe]와 랍비 히야[R' Chiya]가 있는 학당을 떠나 영적으로 불모의 땅인 바벨론으로 떠나 그곳에서 학당의 체계를 세웠으며, 마침내 그가 세운 수라의 학당[Yeshivah of Sura]이 토라의 중심지 중 하나가 되기까지 하였다(기틴[Gittin] 6a, 훌린[Chullin] 110a).

그렇다면 랍비 요세이 벤 키스마는 왜 사내의 제안을 과감히 거절한 것인가?

바로 토라가 있는 곳을 떠나는 여부는 자신의 능력을 고려하여 결정해야 하기 때문이다. 랍비 요세이 벤 키스마는 자신이 주위에 영향을 주기보다 자신이 주위로부터 영향을 받게 되는 것은 아닐지 걱정했다. 본문에서 랍비 요세이의 말은 전통을 세우거나 권면을 하는 것이 아닌, 순전히 자신의 개인적인 결정을 담담하게 말하고 있는 것임에 주목해야 한다.

유대 민족을 위하여

나의 장인 랍비 이삭 여디디아 프렌켈[R' Yitzchak Yedidiah Frenkel]은 평생을 다른 이들을 돕는 일로 보냈으며, 다른 이들을 돕기 위해 언제, 얼마나 자신의 영적 성장의 기회를 희생해야 하는지를 고민하는 분이었다. 때로 장인은 이 구절을 인용하며 어느 정도까지 자신의 영적 성장의 기회를 제쳐놓고서라도 다른 이들을 도와야 하는지에 대해 말씀하셨다. 이와 함께 그분은 바빌론의 한 도시 펌베디타[Pumbedisa]에서 유대인들을 공격한 강도 무리에 대한 탈무드 이야기를 함께 말씀하시곤 하셨다. 두 명의 위대한 현자 라바[Rabbah]와 랍비 요셉[R' Yosef]이 펌베디타에서 학살을 피하여 도망쳤는데, 여정 도중 동료인 랍비 제이라[R' Zeira]가 그들을 만나 간의 질병에 대한 '별 상관없는' 전통을 그들에게 말해 주었다고 한다(훌린[Chullin] 46a). 장인은 두 현자의 도망과 간의 질병에 관한 전통이 어떤 연관이 있는지에 대해 다음과 같이 교훈적으로 설명하셨다.

랍비 제이라는 간이 상한 동물은 부정한 것이기는 하지만, 여기에도 올리브 정도의 크기보다도 더 작은 아주 약간의 쓸 수 있는 부위가 남아 있다는 가르침을 전했다. 아직 건강한 부분이 약간이나마 남아있다면, 그 동물은 그 아주 작은 부위만으로도 죽지 않고 살 수 있으며 여전히 정하다고 한 것이다. 그러나 이 법은 건강한 부분이 히브리어로 '마라', 즉

비장의 근처에 있을 때에만 적용된다고 했다.

랍비 프렝켈은 이 이야기에서 랍비 제이라의 의도에 대해 설명했다. '마라'는 단어는 쓴 맛을 뜻하기도 하므로, 이는 펌베디타에서 핍박을 받아 황폐해진 유대인 공동체를 뜻한다고 했다. 그러나 아직 그들 중에도 살아남은 사람들이 있다는 것이다. 만일 (살아남아 도망친 두 명의 현자를 뜻하는)간이 '마라'의 곁에 있다면 고통을 받을지라도 완전히 죽는 것은 아니며, 여전히 생명을 유지할 수 있다는 가르침이었다. 즉 랍비 제이라는 핍박을 피해 도망친 두 현자에게 다시 교우들에게 돌아가 공동체에 새 생명을 불어넣어주는 일을 하도록 권면했다는 것이다.

유대인에게는 영적인 지도자가 필요했다. 라바와 랍비 요셉은 상한 간에서 아직 건강한 아주 작은 크기의 부위를 상징한다(간은 히브리어로 '카베드'인데, 이는 의인에게 주어지는 명예를 뜻하는 히브리어 '카보드'와 연관된 단어이다). 만일 이 사람들이 도망친다면 남은 유대인들은 그 누가 도울 수 있을 것인가? 그러므로 랍비 제이라는 라바와 랍비 요셉에게 "당신들의 자리를 떠나지 마십시오. 쓰라린 상처를 안고 사는 사람들 곁이 바로 명예로운 현자들의 자리입니다"라고 가르치고 있는 것이다.

이런 점에서 하존 이쉬[Chazon Ish]라고도 하는 랍비 아브라함 예사야 카렐리츠[Y' Avraham Yeshayah Karelitz]의 이야기를 짚고 넘어가야 할 것이다.

홀로코스트 당시 소수의 리투아니아인 유대인 학생들이 살아남았는데, 이 학생들 중 두 명이 바로 우리에게 가르침을 전해준 랍비이자 교사인 랍비 노아 쉬마노비츠[R' Noach Shimanowitz]와 랍비 모세 슈무엘 샤피라[R' Moshe Shmuel Shapira]였다. 그들은 거룩한 이스라엘 땅으로 돌아와 그 곳에서 함께 학당을 세우기로 결심했는데, 먼저 하존 이쉬에게 찾아가 그에게 조언과 축복을 구하고자 했다. 그러나 이들의 성품과 능력을 알아본 하존 이쉬는 그들에게 "이스라엘 땅은 여러분 한 명 한 명을 원하고 있소. 둘이 함께 일한다면 오히려 당신들의 재원을 낭비하는 일일 것이오. "퍼져 나갈지니"(창 28:14) 여러분 중 한 명은 남쪽으로, 또 한 명은 북쪽으로 가서 각각 학당을 세우십시오."

그리하여 랍비 쉬마노비츠는 북쪽 지크론 야아코브[Zichron Yaakov]에 학당을 세웠는데, 당시 그곳은 영적인 삶이라고는 기대할 수 없는 고립된 공동체였다(필자 본인이 그곳에서 토라를 배웠다). 후일 그 학당은 케파르 하시딤[Kefar Chasidim]으로 이사하여 지금까지 그곳에 남아 있다.

또 랍비 모세 슈무엘 샤피라는 남쪽 베엘 야아코브[Be'er Yaakov]로 가 그곳에서 토라 교육기관의 네트워크를 세웠는데, 지금까지 그 역할을 다하고 있다. 랍비 제이라는 랍비와 랍비 요셉에게 자신들의 공동체에 남으라고 한 반면, 하존 이쉬는 두 랍비에게 서로 떨어져 다른 곳에서 공동체를 세우라고 하였다. 그러나 랍비 제이라와 하존 이쉬 모두 그 동기는 같았으니, 바로 토라의 지도자가 이스라엘 공동체를 이끌도록 하는 것이었다.

משנה י

חֲמִשָּׁה קִנְיָנִים קָנָה לוֹ הַקָּדוֹשׁ בָּרוּךְ הוּא בְּעוֹלָמוֹ, וְאֵלּוּ הֵן,
תּוֹרָה קִנְיָן אֶחָד, שָׁמַיִם וָאָרֶץ קִנְיָן אֶחָד,
אַבְרָהָם קִנְיָן אֶחָד, יִשְׂרָאֵל קִנְיָן אֶחָד,
בֵּית הַמִּקְדָּשׁ קִנְיָן אֶחָד.
תּוֹרָה מִנַּיִן, דִּכְתִיב (משלי ח:כב),
יהוה קָנָנִי רֵאשִׁית דַּרְכּוֹ קֶדֶם מִפְעָלָיו מֵאָז.
שָׁמַיִם וָאָרֶץ מִנַּיִן, דִּכְתִיב (ישעיה סו:א),
כֹּה אָמַר יהוה הַשָּׁמַיִם כִּסְאִי וְהָאָרֶץ הֲדֹם רַגְלָי
אֵי זֶה בַיִת אֲשֶׁר תִּבְנוּ לִי וְאֵי זֶה מָקוֹם מְנוּחָתִי.
וְאוֹמֵר (תהלים קד:כד), מָה רַבּוּ מַעֲשֶׂיךָ יהוה
כֻּלָּם בְּחָכְמָה עָשִׂיתָ מָלְאָה הָאָרֶץ קִנְיָנֶךָ.
אַבְרָהָם מִנַּיִן, דִּכְתִיב (בראשית יד:יט),
וַיְבָרְכֵהוּ וַיֹּאמַר בָּרוּךְ אַבְרָם לְאֵל עֶלְיוֹן
קוֹנֵה שָׁמַיִם וָאָרֶץ.
יִשְׂרָאֵל מִנַּיִן, דִּכְתִיב (שמות טו:טז),
עַד יַעֲבֹר עַמְּךָ יהוה עַד יַעֲבֹר עַם זוּ קָנִיתָ,
וְאוֹמֵר (תהלים טז:ג),
לִקְדוֹשִׁים אֲשֶׁר בָּאָרֶץ הֵמָּה וְאַדִּירֵי כָּל חֶפְצִי בָם.
בֵּית הַמִּקְדָּשׁ מִנַּיִן, דִּכְתִיב (שמות טו:יז),
מָכוֹן לְשִׁבְתְּךָ פָּעַלְתָּ יהוה מִקְּדָשׁ אֲדֹנָי כּוֹנְנוּ יָדֶיךָ.

וְאוֹמֵר (תהלים עח:נד),
וַיְבִיאֵם אֶל גְּבוּל קָדְשׁוֹ הַר זֶה קָנְתָה יְמִינוֹ:

복 받으실 거룩하신 분께서

그의 세상에서 그 자신을 위하여 다섯 개의 소유물을 얻으셨다.

그것은 다음과 같다.

    토라, 한 소유물.

    하늘과 땅, 한 소유물.

    아브라함, 한 소유물.

    이스라엘, 한 소유물.

    성전, 한 소유물.

어디로부터 우리는 토라에 대하여 이런 것을 알 수 있는가?

성경에 이와 같이 기록되어 있다.

    "여호와께서 그 조화의 시작 곧 태초에 일하시기 전에 나를 가지셨으며"(잠 8:22).

어디로부터 우리는 하늘과 땅에 대하여 이런 것을 알 수 있는가?

성경에 이와 같이 기록되어 있다.

    "여호와께서 이와 같이 말씀하시되 하늘은 나의 보좌요

    땅은 나의 발판이니 너희가 나를 위하여 무슨 집을 지으랴

    내가 안식할 처소가 어디랴"(사 66:1).

그리고 성경은 말한다.

    "여호와여 주께서 하신 일이 어찌 그리 많은지요

주께서 지혜로 그들을 다 지으셨으니 주께서 지으신 것들이

땅에 가득하니이다"(시 104:24).

어디로부터 우리는 아브라함에 대하여 이런 것을 알 수 있는가?

성경에 이와 같이 기록되어 있다.

"그가 아브람에게 축복하여 이르되

천지의 주재이시오 지극히 높으신 하나님이여

아브람에게 복을 주옵소서"(창 14:19).

어디로부터 우리는 이스라엘 사람들에 대하여 이런 것을 알 수 있는가?

성경에 이와 같이 기록되어 있다.

"놀람과 두려움이 그들에게 임하매 주의 팔이 크므로

그들이 돌 같이 침묵하였사오니 여호와여 주의 백성이 통과하기까지

곧 주께서 사신 백성이 통과하기까지였나이다"(출 15:16).

그리고 성경은 말한다.

"땅에 있는 성도들은 존귀한 자들이니

나의 모든 즐거움이 그들에게 있도다"(시 16:3).

어디로부터 우리는 성전에 대하여 이런 것을 알 수 있는가?

성경에 이와 같이 기록되어 있다.

"주께서 백성을 인도하사 그들을 주의 기업의 산에 심으시리이다

여호와여 이는 주의 처소를 삼으시려고 예비하신 것이라

주여 이것이 주의 손으로 세우신 성소로소이다"(출 15:17).

그리고 성경은 말한다.

"그들을 그의 성소의 영역 곧 그의 오른손으로

만드신 산으로 인도하시고"(시 78:54).

미쉬나 10절

**복 받으실 거룩하신 분께서
그의 세상에서 그 자신을 위하여 다섯 개의 소유물을 얻으셨다.**

하나님께서는 모든 것의 주인이시므로 따로 무언가를 '얻으실' 필요가 없으시다. 그러나 우리는 주님께서 무언가를 창조하셨다는 의미에서 이를 '얻으셨다'고 표현하는 것일 뿐이다. 그러므로 하나님께서는 모든 것을 창조하셨다는 의미에서 "천지의 주재"(창 14:19)라고 불리시는 것이다.

하나님께서는 모든 것을 창조하신 분이신데, 왜 이 구절은 특별히 다섯 가지를 두고 하나님께서 '얻으신 것'이라고 표현하고 있는가? 바로 이 다섯 가지가 창조의 핵심으로, (본문에서 말하는 것과 같이)이 세상에서 하나님의 영광을 밝히 드러내는 것들이기 때문이다.

'얻다'라는 개념은 하나님께서도 이 다섯 가지를 중요하게 생각하신다는 것을 나타낸다. 사람 역시 자신에게 의미 있는 것을 따로 '얻는 것'과 같다. 이런 의미에서 라쉬는 "주께서 사신 백성"(출 15:16)이라는 구절에 대해 "많은 돈을 주고 산 것과 같이 매우 소중히 여기는 것"이라는 의미라고 했다.

'얻다'라는 개념에 함축된 또 다른 의미를 발견할 수 있다. 바로 자신이 얻은 것에는 그만큼 애착을 가진다는 점이다. 더 나아가 자신의 개성을 드러내는 것에는 자신의 이름을 붙이기도 한다(얄쿠트 쉬모니[Yalkut Shimoni], 레흐 레하 레메즈 74 참고). 뿐만 아니라 '얻다'(원문은 '취득하다')라는 단어는 보통 저명한 사람이 얻은 중요한 물건에 대하여 사용되는 표현이다. 마지막으로 얻은 물건은 이를 팔지 않는 한 얻은 사람의 소유로 남는다. 하나님께서도 이 다섯 가지를 얻으셔서 영원히 주님을 섬기도록 하신 것이다(마할랄[Maharal]과 하시드 야베쯔[Chasid Yaavetz]).

**그것은 다음과 같다.
토라 한 소유물, 하늘과 땅 한 소유물,
아브라함 한 소유물, 이스라엘 한 소유물,
성전 한 소유물,**

본문은 '그 중 하나'라고 부르는 다섯 가지를 언급하고 있는데, 이를 통해 본문이 중요성에 따라 다섯 가지의 것들을 상승식, 하강식 배치를 한 것이 아니라 모두가 똑같이 중요한 것임을 나타내고 있다. 각각의 것들이 서로의 역할이 있고 또 각자 그 나름대로 중요성이 있으나, 이들은 서로 함께 일하며 하나님의 영광을 나타낸다(미드라쉬 슈무엘[Midrash Shmuel]과 마할랄[Maharal]).

그러나 다른 주석가들은 이런 주장에 동의하지 않으며 본 목록이 하나님께서 좋아하시는 순서대로 배치되었다고 주장하기도 한다. 그러므로 티페레트 이스라엘은 (비록 토라를 주제로 하는 장에서 본 구절을 배치하는 이유를 설명하며 부수적으로 설명한 것이기는 하지만)하나님께서 하늘과 땅을 창조하실 때에 사용하신 토라를 가장 사랑하시기 때문에 제일 먼저 언급되고 있다고 주장했다. 또 마지막 세 가지인 아브라함, 이스라엘, 그리고 성전의 목적은 토라와 계명의 현현을 위한 도구로 섬기는 것이라고 했다.

반면 하시드 야베쯔는 창조의 목적이 바로 이스라엘 백성들을 통해 이 세상에 하나님의 영광을 밝히 드러내는 것이라는 점에서 이스라엘을 하나님의 소유 중 가장 큰 것으로 보았으며, 다른 것들은 이스라엘 백성들이 그 목적을 이루기 위해 돕는 도구라고 주장했다. 그러므로 하시드 야베쯔는 "토라의 목적은 곧 이스라엘 백성들이 이루는 것으로, 그러할 때 하나님께서 이 땅에 임하실 것이다."라고 했다. 하늘과 땅에 대하여는 이스라엘 백성들이 활동할 영역 이상의 의미는 없다고 했으며, 아브라함은 이 세상에 하나님의 영광을 최초로 드러낸 사람이므로 하나님의 것들 중 하나라고 했다. 또 성전 역시 하나님의 영광을 나타내는 도구라고 말했다.

그러므로 본문은 이 세상에서 주님의 궁극적인 목적을 얼마나 나타내느냐의 순서에 따라 다섯 가지의 것들을 배치하고 있다는 것이다. 주님의 영광을 나타내기 위하여 하나님께서는 이 다섯 가지의 것들을 차례로 얻으신 것이다.

얼마나 많이 얻으셨는가?

다른 탄나임들은 이런 주제에 대해 확연히 다른 견해를 보였으며 '얻은 것'에 대해 위의 주석가들과는 다른 해석을 제시했다. 페사힘[Pesachim] 87b[23]에서는 하나님께서 얻으신 네 가지의 것을 나열하고 있다.

토라는 하나님께서 얻으신 소유물 중 하나이다. 기록된 바 "여호와께

---

[23] 부분적으로는 아브라함을 언급하지 않고 있는 이 가르침 때문에 빌나 가온은 본문에서도 아브라함을 제외했다. 그러나 빌나 가온이 아브라함을 본문의 목록에서 제외한 이유가 이것 뿐만은 아닌데, 이는 뒤에 짧게 후술한다.

서 그 조화의 시작 곧 태초에 일하시기 전에 나를 가지셨으며 만세 전부터, 태초부터, 땅이 생기기 전부터 내가 세움을 받았나니"(히브리어 성경 잠 8:22, 한글 성경 잠 8:22-23)라고 한 것과 같다.

하늘과 땅은 하나님께서 얻으신 소유물 중 하나이다. 기록된 바 "그가 (멜기세덱은) 아브람에게 축복하여 이르되 '천지의 주재이시오 지극히 높으신 하나님이여 아브람에게 복을 주옵소서'"(창 14:19)라고 한 것과 같다.

성전은 하나님께서 얻으신 소유물 중 하나이다. 기록된 바 "그들을 그의 성소의 영역 곧 그의 오른손으로 만드신 산으로 인도하시고"(시 78:54)라고 하신 것과 같다.

이스라엘은 하나님께서 얻으신 소유물 중 하나이다. 기록된 바 "여호와여 주의 백성이 통과하기까지 곧 주께서 사신 백성이 통과하기까지였나이다"(출 15:16)라고 한 것과 같다.

얄쿠트 쉬모니[Yalkut Shimoni], 레흐 레하[Lech Lecha], 레메즈[remez] 74)에서는 하나님께서 토라, 하늘과 땅, 그리고 이스라엘 세 가지를 얻으셨다고 말하고 있으며, 또 다른 곳에서는 토라, 하늘과 땅, 이스라엘, 아브라함, 성전 다섯 가지를 얻으셨다고 말하고 있다.

메힐타[Mechilta]는 이스라엘, 성전, 토라, 이스라엘 땅(출 15:16)을 하나님께서 얻으셨다고 주장한다.

마지막으로 시프레이[Sifrei]는 하나님께서 토라, 이스라엘, 성전 세 가지만 얻으셨다고 주장하고 있다(신명기, 아아지누[Ha'azinu] 309).

> **어디로부터 우리는 토라에 대하여 이런 것을 알 수 있는가?**
> **성경에 이와 같이 기록되어 있다.**
> **"여호와께서 그 조화의 시작**
> **곧 태초에 일하시기 전에 나를 가지셨으며"**(잠 8:22).

창조의 목적은 무엇인가? 우주의 아름다움에 보내는 찬가인 시편 105편의 마지막 다음의 구절로 끝나고 있다. "이는 그들이 그의 율례를 지키고 그의 율법을 따르게 하려 하심이로다"(시 105:45). 이것이 바로 이 세상의 목적인 것이다.

토라는 모든 것의 근원이며, 하나님께서 이 세상 모든 것을 창조하실 때 사용하신 지혜이다. 하나님께서 온 세상의 주인이심을 온 세상이 인정할 때, 이 뿌리는 온전히 세상에 드러날 것이며 사람들은 주님의 법에 자연스럽게 순종하게 될 것이다.

따라서 창조의 목적이 토라라는 개념과 목적이 하나님의 영광을 드러내기 위한 것이라는 다음 구절의 말씀은 모순되지 않는다. 토라에 충성하는 것이 곧 하나님의 영광이기 때문에, 이 두 개념은 모두 같은 것을 나타내고 있다는 것이다.

하나님께서 토라를 제일 먼저 얻으신 이유가 바로 이와 같다. 또 하나님께서 "여호와께서 이와 같이 말씀하시니라 내가 주야와 맺은 언약이 없다든지 천지의 법칙을 내가 정하지 아니하였다면"(렘33:25)이라고 말씀하고 계시는 이유가 이와 같다.

> **어디로부터 우리는 하늘과 땅에 대하여 이런 것을 알 수 있는가?
> 성경에 이와 같이 기록되어 있다.
> "여호와께서 이와 같이 말씀하시되 하늘은 나의 보좌요
> 땅은 나의 발판이니 너희가 나를 위하여 무슨 집을 지으랴
> 내가 안식할 처소가 어디랴"(사 66:1).
> 그리고 성경은 말한다.
> "여호와여 주께서 하신 일이 어찌 그리 많은지요
> 주께서 지혜로 그들을 다 지으셨으니 주께서 지으신 것들이
> 땅에 가득하나이다"(시 104:24).

본문은 하늘과 땅을 각각 하나님의 보좌이자 발판으로 표현하고 있는 구절을 인용한다. 하나님의 '보좌'는 곧 하나님 나라를 뜻하는 반면, 하나님의 '발판'은 이 땅에서 드러나지 않게 행하시는 하나님의 역사를 나타낸다. 또 하나님 나라를 영으로, 하늘과 땅을 온 우주의 몸체로 볼 수도 있을 것이다.

본문의 처음 부분에서는 하늘과 땅을 하나로 표현하였으므로, 왕좌와 발판이 하나로 기능한다고 할 수 있을 것이다(마할랄[Maharal]). 그러나 본문에서는 하늘과 땅을 하나님께서 '얻으신 것'이라고 하고 있지는 않으므로, "주께서 지으신 것들이 땅에 가득하니이다"(시 104:24)라는 말씀을 인용하여 하늘과 땅도 하나님의 얻으신 것이라고 말하고 있다. 하나님의 '발판'인 땅이 하나님의 '얻으신 것'이라면, 하나님의 '보좌'인 하늘 역시도 하나님께서 얻으신 것임을 쉽게 유추할 수 있다.

**어디로부터 우리는 아브라함에 대하여 이런 것을 알 수 있는가?
성경에 이와 같이 기록되어 있다.
"그가 아브람에게 축복하여 이르되 천지의 주재이시오
지극히 높으신 하나님이여 아브람에게 복을 주옵소서"(창 14:19).**

본문은 토라와 토라의 경계로 기능하는 하늘과 땅에 대해 위에서 언급했다. 역사의 초기에 땅은 하나님의 발판의 역할을 하지 않았으나, 시내산을 통해 이 세상에서 하나님의 뜻이 드러나기 전부터 하나님의 뜻을 발견하고 이를 실천하는 데에 자신의 뜻을 둔 사람 아브라함이 등장한 후에는 다시 그 역할을 회복하여 하나님의 발판으로 섬기게 되었다(키두쉰[Kiddushin] 82a).

본문에서는 하나님께서 아브라함을 자신의 것으로 얻으셨다는 근거로 "천지의 주재이시오 지극히 높으신 하나님이여 아브람에게 복을 주옵소서"라는 구절을 인용하고 있다. 그러나 이 구절은 난해한 것으로 보이는데, 이는 이 구절에서는 하나님을 '아브라함의 주인'이 아닌 '하늘과 땅의 주인'이라고 말하고 있기 때문이다.

주석가들은 이 의문을 다음과 같이 해결하고 있다. 이 구절은 멜기세덱이 아브라함을 찬양하기 위해 한 말이라는 것이다. 분명히 다음 구절에서 하나님을 찬양하고 있기에, 멜기세덱은 본문에서는 아브라함만을 찬양해도 충분했다. 그러나 본문에서 굳이 하나님을 찬양하는 구(천지의 주재이신...)를 끼워 넣은 이유는 무엇인가?

바로 멜기세덱이 말하는 '천지의 주재'가 하나님을 뜻하는 것이 아닌, 아브라함을 뜻하는 것이라고 주석가들은 설명하고 있다. 즉 멜기세덱은 본문에서 "아브람에게 복을 주옵소서"라고 말하며 하나님의 축복이 아브라함에게 임했음을 선포한 후, 하늘과 땅이 오직 그를 위하여 존재한다는 것을 선포하고 있는 것이다. 그러므로 이를 축약하여 말하면 아브라함이 하늘과 땅을 소유한 주인이라고 선포하고 있다고도 할 수 있을 것이다.

뿐만 아니라 미드라쉬 슈무엘은 이 세상은 처음 창조될 때부터 아브라함을 위하여 창조된 것이라고 말하였다. 그러므로 아브라함은 처음부터 하늘과 땅의 주인으로 여겨졌다는 것이다. 이런 맥락에서 현자들은 "이것이 천지가 창조될 때에 하늘과 땅의 내력이니 여호와 하나님이 땅과 하늘을 만드신 날에"(창 2:4)라는 구절에 주석을 남기기를 '베히바람'(그들이 창조될 때에)이라는 단어는 아브라함이라는 이름의 '아나그램'이므로, 하늘과 땅의 세대는 아브라함의 덕으로 창조되었다고 했다(버레이시스 라바 [Bereishis Rabbah] 12:9).[24]

---

[24] 다른 주석가들은 본 구절의 이런 해석을 받아들이지 않을 뿐만 아니라 이런 해석이 아브라함이 하나님께서 얻으신 것들 중 하나가 된 이유를 설명하지 못한다고 주장하고 있다. "이스라엘" 역시 주님께서 얻으신 것이라는 점으로 미루어볼 때 이스라엘의 조상 아브라함 역시 하나님께서 얻으신 것으로 포함하는 것은 불필요하다는 것이다. 이에 이런 해석을 받아들이지 않는 주석가들은 본 구절에서 아브라함을 포함하지 않았다(라쉬[Rashi], 빌나 가온[Vilna Gaon]).

어디로부터 우리는 이스라엘 사람들에 대하여
이런 것을 알 수 있는가?
성경에 이와 같이 기록되어 있다.
"놀람과 두려움이 그들에게 임하매 주의 팔이 크므로
그들이 돌 같이 침묵하였사오니 여호와여 주의 백성이 통과하기까지
곧 주께서 사신 백성이 통과하기까지였나이다"(출 15:16).
그리고 성경은 말한다.
"땅에 있는 성도들은 존귀한 자들이니
나의 모든 즐거움이 그들에게 있도다"(시 16:3).

이제 본문은 두 개의 성경 구절을 인용하여 이스라엘이 하나님께서 얻으신 소유임을 나타내고 있다. 바로 "주께서 사신 백성이 통과하기까지였나이다"(출 15:16)라는 구절과 "땅에 있는 성도들은 존귀한 자들이니 나의 모든 즐거움이 그들에게 있도다"(시 16:3)라는 구절이다.

그러나 두 번째 구절이 인용되어야 하는 이유는 무엇인가? 또 왜 본문은 특별히 이스라엘을 하나님의 소유라고 말하고 있지 않은 본 구절을 인용하고 있는 것인가? 이에 대해 미드라쉬 슈무엘은 첫 번째 구절이 이집트를 탈출한 이스라엘 백성들의 노래이며, 이 노래에서 '주님의 백성'은 이스라엘 백성 스스로를 말하고 있음을 지적하고 있다. 즉 '주께서 사신 백성'이란 당시 그 세대를 뜻한다는 것이다. 그러므로 두 번째 구절이 삽입되어 그 당시 이스라엘 백성들뿐 아니라 온 시대의 모든 이스라엘 백성들이 다 하나님께서 얻으신 소유임을 나타내는 것이다. '이 땅'에 묻힌 "거룩한" 선조들의 덕으로, 또 살아남은 이스라엘 백성들의 '힘'으로, '원하는 모든 것이 그들로 인해 이루어질 것'(하나님께서 끊임없이 이스라엘 민족을 원하실 것)이다.

하시드 야베쯔는 다른 해석을 제시하고 있다. 곧 첫 번째 구절에서 '주께서 사신 백성'은 이스라엘 백성 전체를 뜻하는 말씀인 반면, 두 번째 구절은 특별히 더 높은 곳에 선 일부 유대인들을 뜻하는 말이라는 것이다. 그들은 '이 땅에 사는 (거룩한)성도'이며, '(하나님께서)원하시는 모든 것'을 모을 것이다.

**어디로부터 우리는 성전에 대하여 이런 것을 알 수 있는가?
성경에 이와 같이 기록되어 있다.
"주께서 백성을 인도하사 그들을 주의 기업의 산에 심으시리이다.
여호와여 이는 주의 처소를 삼으시려고 예비하신 것이라.
주여 이것이 주의 손으로 세우신 성소로소이다"(출 15:17).
그리고 성경은 말한다.
"그들을 그의 성소의 영역 곧 그의 오른손으로 만드신
산으로 인도하시고"(시 78:54).**

온 세상에 토라가 퍼지게 된 것도 성전에서 시작했으므로, 하나님의 왕권은 성전을 통해 드러난다고 감히 말할 수 있을 것이다. "율법이 시온에서부터 나올 것이요 여호와의 말씀이 예루살렘에서부터 나올 것임이라"(미 4:2).

성전이 하나님께서 얻으신 소유물임을 나타내기 위해 인용된 첫 번째 구절은 바로 홍해에서의 노래에서 인용되었다. "주의 손으로 세우신 성소로소이다"(출 15:17) 그렇다면 이 구절은 어떻게 성전이 하나님의 얻으신 '소유물'임을 증거하고 있는가?

성전은 비록 이스라엘 백성들의 손으로 지어진 것이긴 하나, 이를 준비하신 분은 하나님이시다. 하나님께서는 주님의 '손으로' 직접 성전을 준비하셨다. 현자들은 "과연 내 손이 땅의 기초를 정하였고 내 오른손이 하늘을 폈나니 내가 그들을 부르면 그것들이 일제히 서느니라(사 48:13)고 했다"는 주장의 근거로 이 구절을 인용했다. 말 그대로, 하나님께서는 한 손으로 하늘과 땅을 창조하신 것이다. "그러나 의인의 손으로 하는 행실, 성전을 건축한 일에 대하여, 성경은 하나님께서 두 손으로 하셨다고 증거하고 있으니, '주님께서 손수(문자 그대로는 '손들로' – 역자 주) 준비하신 성소입니다'라고 하였다"(커투보트[Kesubos] 5a).

하나님께서 한 손으로 하늘과 땅을 만드셨다면, 주님께서 두 손으로 직접 만드신 성전은 얼마나 더 진실되고 얼마나 더 하나님께 소중한 것인지 우리는 이 구절을 통해 지레 짐작할 수 있을 것이다.

이 첫 번째 구절만으로도 성전이 하나님의 '소유'라는 것을 증거하기에는 충분하다. 그러나 본문은 두 번째 구절 "그들을 그의 성소의 영역 곧 그의 오른손으로 만드신 산으로 인도하시고"(시 78:54)를 추가로 인용하고 있다.

이 두 번째 구절은 첫 번째 구절에서 얻지 못한 가르침, 즉 그 산 위에 성전이 서 있지 않더라도 괜찮다는 가르침을 전하고 있다. 또 현자들은 "너희의 성소들을 황량하게 할 것이요"(레 26:31)라는 구절에서도 이런 가르침을 얻었다. 즉 성전의 건물은 파괴될지언정 그곳은 여전히 '성소'로 남을 것이라는 말이다(메길라[Megillah] 28a).

하시드 야베쯔는 두 번째 구절이 인용된 또 다른 이유를 제시하고 있다. 바로 첫 번째 구절은 이스라엘 백성들이 광야에서 살았으므로 성전이 아직 지어지지 않은 때를 말하고 있다는 것이다. '주님께서 손수 준비하신 성소'가 성전이 될 것을 아시고 주님의 사랑을 나타내신 것이다. 그러나 첫 번째 구절에서는 아직 성전이 세워지지 않았을 때로 첫 번째 구절에서는 이것이 주님께서 얻으신 소유라고 직접적으로 말하고 있지는 않다.

　반면 두 번째 구절은 '거룩한 경계로 이끄시고'라는 구절로 보아 이스라엘 백성들이 이미 거룩한 땅에 들어온 이후에 대해 말하고 있는 것으로, '그 오른손으로 취하신 이 산으로' 이끄셔서 그 곳에 성전을 세우도록 하신 것이다. 이제 성전은 이전보다 더 큰 중요성을 띠게 되었다. 바로 하나님의 영원한 '소유물'로서의 성전이 된 것이다.

משנה יא   미쉬나 11절

כָּל מַה שֶּׁבָּרָא הַקָּדוֹשׁ בָּרוּךְ הוּא בְּעוֹלָמוֹ,
לֹא בְרָאוֹ אֶלָּא לִכְבוֹדוֹ,
שֶׁנֶּאֱמַר (ישעיה מג:ז), כֹּל הַנִּקְרָא בִשְׁמִי
וְלִכְבוֹדִי בְּרָאתִיו יְצַרְתִּיו אַף עֲשִׂיתִיו.
וְאוֹמֵר (שמות טו:יח), יְהוָה יִמְלֹךְ לְעֹלָם וָעֶד:

복 받으실 거룩하신 분이 그의 세상에서 창조하신 모든 것은

그분이 홀로 그의 영광을 위해서 창조하셨다.

성경은 다음과 같이 말하고 있다.

"내 이름으로 불려지는 모든 자 곧 내가 내 영광을 위하여

창조한 자를 오게 하라 그를 내가 지었고 그를 내가 만들었느니라"

(사 43:7).

그리고 성경은 말한다.

"여호와께서 영원무궁 하도록 다스리시도다 하였더라"(출 15:18).

미쉬나 11절

**복 받으실 거룩하신 분이 그의 세상에서 창조하신 모든 것은
그분이 홀로 그의 영광을 위해서 창조하셨다.**

무생물은 식물을 섬기고, 식물은 동물을 섬긴다. 또한 랍비 쉬므온 벤 엘아자르[R' Shimon ben Elazar]가 말한 것과 같이, 모든 동물은 사람을 위하여 창조된 것이며, 사람은 그를 만드신 분을 섬기기 위하여 창조된 것이다(키두쉰[Kiddushin] 82b). 그러므로 이 세상 모든 피조물은 이 세계를 온전한 상태로 만드는 사역에 참여하고 있는 것이다.

그러나 사람은 다른 피조물들과는 다른 특별한 존재로, 이는 사람이 가장 마지막에 창조된 것을 통해 드러난다. "나중에 창조된 것이 먼저 창조된 것보다 더 낫다"(버레쉬트 라바[Bereishis Rabbah] 19:4). 하나님의 형상으로 창조된 사람은 선과 악을 분별할 줄 알며 그 중에서 하나를 택해야 하는 책임을 지고 있는 존재인 것이다.

그러므로 현자들은 다음과 같이 가르쳤다. "찬양받아 마땅하신 거룩하신 주님께서 아담을 창조하실 때에 아담을 에덴 동산의 모든 나무로 이끄시며 '내가 만든 것들이 얼마나 아름답고 찬란한지 보아라. 내가 창조한 이 모든 것들은 다 너를 위해 창조한 것이다. 나의 세상을 훼손하고 부수지 않도록 조심하라. 만일 나의 세상을 상하게 하면 네 이후로 그 누구도 이를 다시 회복시킬 수 없을 것이다'라고 말씀하셨다"(코헬레트 라바[Koheles Rabbah] 7:13).

사람의 모든 것

그렇다면 이 세상의 목적을 이루기 위해서 사람은 무엇을 해야 하는가?

"일의 결국을 다 들었으니 하나님을 경외하고 그의 명령들을 지킬지어다 이것이 모든 사람의 본분이니라"(전 12:13). 전도서 전체 내용을 한 마디로 말해주는 이 마무리 구절과 같이, 피르케이 아보트의 마지막 구절은 피르케이 아보트 전체의 내용을 한 마디로 요약해주고 있다. 동시에 본문은 토라를 그 자체를 위하여 배워야 한다는 이 장의 첫 번째 구절과도 연결되어 있다.

힐렐 학파와 샴마이 학파의 논쟁도 이런 점에서 서로 조화를 이룰 수 있을 것이다(에이루빈[Eiruvin] 13b). "2년 반 동안 샴마이 학파와 힐렐 학파가 서로 논쟁을 했는데, 샴마이 학파는 사람이 창조되지 않았으면 더 좋았을 것이라고 주장한 반면, 힐렐 학파는 사람이 창조되는 것이 더 좋았다고 했다. 결국 결론은 사람이 창조되지 않았으면 더 좋았을 것이나, 이제 창조되었으니 이제 행실을 분별하도록 하자는 것이었다. 혹자는 말하기를 자기 행실을 분석하도록 하자고도 했다."

사람은 인생을 살며 잘못된 길을 택할 수 있기 때문에, 차라리 창조되지 않았으면 더 좋았으리라는 것이다. 그러나 이제 창조된 이상, 어떤 행실이 선한 것이고 또 어떤 행실이 죄인지를 구별해야 한다는 점에서 '행실을 분별하도록' 하자고 한 것이었다. 또 혹자는 말하기를 자기 행실을

'분석하도록' 하자고 했는데, 이는 선행도 어떻게 실천해야 하나님의 계명을 더욱 잘 실천할 수 있을지 고민해 보아야 한다는 의미이다.

실제로 분별과 분석 모두 사람이 마땅히 해야 할 의무이다. 먼저 사람은 선행과 악행을 분별해야 하며, 그 후에 선행을 어떻게 실천할지 분석해야 한다.

성경은 다음과 같이 말하고 있다.
"내 이름으로 불려지는 모든 자
곧 내가 내 영광을 위하여 창조한 자를 오게 하라
그를 내가 지었고 그를 내가 만들었느니라"(사 43:7).

거룩한 삶을 위해 살아갈 때 사람은 이 세상에서 하나님의 이름을 받드는 것이라고 할 수 있다. 바로 현자들이 "족장들은 하나님의 전차였다"(버레이시스 라바[Bereishis Rabbah] 47:6)라고 가르친 이유가 이것이다. 또 현자들은 "후에 한 의인이 '나의 이름으로 불리는 자는 누구든지…'[25] 이라는 말씀대로 찬양받아 마땅하신 거룩하신 주님의 이름으로 불릴 것이다"(바바 바스라[Bava Basra] 75b)라고 가르쳤다.

또 현자들은 다음과 같은 해석을 제시했다. "사람은 하나님을 닮아가기에 하나님의 이름으로 불린다. (성경에 '여호와는 은혜로우시며 긍휼이 많으시며…'[시 145:8]라고 한 대로)하나님께서 자비로우심과 같이 사람도 자비로워야 하며 거저 주어야 할 것이다. (성경에 '여호와께서는 그 모든 행위에 의로우시며…'[시 145:17]라고 한 대로)하나님께서 의로우심과 같이 사람도 의

---

[25] 본문에서 인용하고 있는 이 구절의 다른 해석에서는 "나의 이름으로 불리는 모든 것"이라고 기록하고 있다.

로워야 한다. 또 (성경에 '그 모든 일에 은혜로우시도다.'[ibid.]라 한 대로)하나님께서 경건하심과 같이 사람도 경건해야 한다. 바로 나의 이름으로 불리는 자는 누구든지…"라는 구절이 기록된 이유가 이와 같다(세상에 하나님의 영광을 나타냈기 때문이다) (바바 바스라[Bava Basra] ibid.).

아브라함은 이런 의인의 전형이었다. 성경 말씀은 아브라함이 "거기서 영원하신 여호와의 이름을 불렀으며"(창 21:33)라고 하고 있다. 그러나 현자들은 이 구절을 해석하기를 본문의 '불리다'라는 뜻의 '바이크라'[vayikra]를 '바이크라'로 읽지 말고 '바야크리'([vayakri], 부르게 하다)로 읽어야 한다고 했다. 즉 아브라함은 다른 사람들로 하여금 하나님을 부르고 주님이 하신 모든 일에 감사하도록 이끌었다는 것이다.

네 개의 세상

본문은 이 세상에 창조된 모든 피조물이 하나님의 영광을 드러내기 위하여 창조되었다고 가르친다.

이를 지지하기 위하여 본문은 다음과 같은 이사야의 말씀을 인용한다. "내 이름으로 불려지는 모든 자 곧 내가 내 영광을 위하여 창조한 자를 오게 하라 그를 내가 지었고 그를 내가 만들었느니라"(사 43:7). 주석가들은 이 구절에서 분명하게 드러나는 반복적 표현이 곧 우주를 구성하는 네 개의 영적 실재, 즉 아칠루스[Atzilus], 베리아[Beriah], 예치라[Yetzirah], 아샤[Asiah]를 다음과 같이 암시하고 있다고 해석하고 있다.

하나님 본인께서는 너무나 높은 곳에 계시므로 아무리 영적으로 가장 높은 천사들이라도 감히 그분을 완전히 알 수 없다. 본문에서 나오는 주님의 '이름'은 사람이나 어떤 대상의 이름처럼 무언가를 지칭하는 것 이상의 의미를 지닌다. 즉 주님의 '이름'이란 곧 주님께서 다른 존재들이 주님을 알 수 있도록 스스로를 나타내시는 것, 즉 '현현'하시는 것(말 그대로 드러내시는 것)이다. 주님께서 자비를 베푸실 때에 우리는 주님을 자비의 하나님으로 보게 된다. 또 주님께서 심판하실 때에는 우리는 주님을 엘로힘, 공의의 하나님으로 보게 되는 것이다. 자비의 하나님, 공의의 하나님, 모두 한 분 하나님을 나타내는 이름이지만, 우리는 정확히 이름 뒤에 계신 주님의 본질을 알 수 없으므로, 주님께서 스스로를 나타내주시는 것만을 보고 주님을 알 수밖에 없는 것이다.

때문에 하나님께서 "나의 이름으로 불리는 모든 것, 나에게 영광을…"이라고 말씀하신 의미는 곧 가장 높은 영적 실재, 즉 아칠루스(방사)의 세계를 뜻한다. 이 영적으로 가장 높은 세계에서 모든 것은 하나님의 영광을 찬양한다. 그러나 아칠루스의 세계는 너무나 높은 곳에 있어 영적으로 가장 높은 천사들이라도 감히 이를 이해할 수 없으므로, "주님의 영광이 있을 자리는 어디인가?"라고 묻는다. 이 천사들의 질문은 무사프(추가로 드리는 예배 – 역자 주)에서 드리는 절기의 거룩함(케두샤[Kedushah])의 기도문과 안식일에 드리는 거룩함의 기도에서도 나타나고 있다.

'창조한 것'과 '내가 빚은 것'은 각각 베리아(창조)의 세계와 예치라(형성)의 세계를 나타낸다.[26] 베리아의 세계와 예치라의 세계는 천사들과 다른 영적 존재들이 거하는 세계이다. 마지막으로 '실로 내가 만든 것'은 아샤(만듦)의 세계를 나타낸다. 바로 이 땅이며, 물질의 세계를 뜻하는 것이다.

그러므로 이 구절에서 하나님께서는 영적으로 가장 높고 고결한 실재(아칠루스)부터 주님의 거룩함이 방사될 수 있는 영역인 베리아와 예치라를 거쳐, 가장 낮은 단계인 아샤의 세계까지 하강식 순서로 말씀하고 계신다는 것이다.

---

26 창조를 뜻하는 히브리어 '베리아'는 하나님께서 우주를 창조하신 것과 같이 무에서 무언가 새로운 것을 만든다는 개념을 뜻한다. 반면 '빚다'(형성하다)를 뜻하는 '예치라'는 이미 존재하고 있는 물질로 새로운 형태를 구성하는 것을 뜻한다.

하나님의 영광이란?

본문은 하나님께서 모든 것을 주님의 영광을 위하여 창조하셨다고 가르친다. 이는 무슨 의미인가? 분명히 하나님께서 교만하시다거나, 인간의 아첨을 필요로 하시는 분은 아니실텐데 말이다.

람밤은 '영광'이라는 단어가 하나님의 의지를 나타낸다는 문맥에서 이런 의문에 대해 답을 제시한다. 곧 사람도 자기가 원하는 것이 이루어질 때에 '영광을' 얻는 것과 같이, 온 세상도 창조되는 것이 바로 하나님의 뜻이므로 이 세상이 하나님께 영광을 돌린다는 것이다. 또 우리가 하나님을 이해할 수 없는 것처럼, 하나님의 '영광'도 이해할 수 없다. 주님께서는 이 세상을 창조하기를 원하셨지만, 우리는 정작 이 세상이 주님을 섬기는 목적을 이해할 수는 없는 것이다(모레 느부킴[Moreh Nevuchim] 3:13).

그러나 마할랄은 수많은 성경 구절들과 현자들의 말씀에서 하나님의 영광을 말하고 있다는 점을 들어 우리가 하나님의 '영광'이라는 개념을 이해할 수 없다는 람밤의 주장을 반박하고 있다. 마하랄의 주장에 따르면 하나님께서는 분명히 영광을 필요로 하지도 않으시고, 인간의 노력을 필요로 하지도 않으신다. 하지만 토라에서 말하는 주님의 영광이란 영광에 대한 '인간의 개념', 즉 이 세상에서 통용되는 '영광'이라는 개념을 뜻한다는 것이다. 하나님께서는 우리의 마음으로 영광을 받으시고, 우리가 주님의 뜻을 실천할 때에 힘을 얻으신다. 이는 분명 완전하신 하나님께 아무런 영향도 끼치지 않지만, 이스라엘 백성들이 하나님의 뜻을 실천할 때에는 곧 인간의 인식의 영역에 잠자고 있던 영광을 하나님의 위대하심에 대한 실제적인 인정의 영역으로 끌어올린다는 것이다. 그러므로 하나님의 뜻을 실천하는 사람은 하나님의 영광을 완전히 표현하는 하나님의 친구가 된다고 할 수 있다.

그러나 사람이 하나님의 영광을 발견하지도 못하고, 표현하지도 못한다 하더라도 하나님의 영광은 반드시 드러나게 되어 있다. 바로 징벌을 통해서 말이다. 그러므로 선지자는 "내가 나의 삶을 두고 맹세하노니 내가 능한 손과 편 팔로 분노를 쏟아 너희를 반드시 다스릴지라… 내가 애굽 땅 광야에서 너희 조상들을 심판한 것 같이… 너희 가운데에서 반역하는 자와 내게 범죄하는 자를 모두 제하여 버릴지라… 내 거룩함을 여러 나라의 목전에서 나타낼 것이며"(겔 20:33-41)라고 예언한 것과 같다.

영광의 왕

토라에서는 사람을 소개할 때에 먼저 그 사람의 이름을 말하고 그 직업을 소개한다. 예를 들면 "아벨은 양치기였으며, 가인은 밭을 경작하는 사람이었다" 등과 같은데, 이는 사람은 언제나 자기 자신을 위해 노력하기 때문이다. 무언가 노력할 때에 인간은 항상 자기가 중심이 되고, 온전히 자신의 목적을 위해 행동한다.

그러나 토라는 하나님에 대해 말할 때마다 먼저 하나님의 역사를 말하고 그 다음 (말 그대로)주님의 이름을 말한다. "태초에(먼저 존재가 시작되었다. 그럼 누가 이를 시작되게 하였는가?) 하나님이 창조하시니라"(마하람 쉬크[Maharam Schick], 피르케이 아보트 주석). 이것은 하나님께서는 오로지 다른 존재들을 돕기 위해 행동하시기 때문이다. "태초에('처음'이라 불리는 이스라엘을 위하여)하나님이 창조하시니라"고도 해석할 수 있는 이유가 바로 이와 같다(버레이시트 라바[Bereishis Rabbah] 1:1).

이와 같이 주님은 주님의 영광을 모든 인간들에게 나누어주시는 분이시기 때문에, 하나님은 '영광의 왕'으로 불리신다. "이 세상의 모든 것은 찬양받아 마땅하신 거룩하신 주님께서 창조하신 것이며" 이는 주님의 선하심을 우리와 나누기 위함이다. 주님께서는 피르케이 아보트의 매 장 마지막에 첨부된 말씀이 증거하는 것과 같이 '이스라엘에게 기업을 주기를' 원하시는 분이시므로 주님의 영광을 온 세상에 나타내시는 것이다.

그리고 성경은 말한다.
"여호와께서 영원무궁 하도록 다스리시도다 하였더라"(출 15:18).

본문은 이제 모든 피조물이 하나님의 왕 되심을 알도록 하여 하늘나라의 영광을 높여드린다는 목적을 가르침으로써 피르케이 아보트의 마지막을 장식하고 있다.

그러나 미드라쉬 슈무엘은 하나님께서 모든 것을 주님의 영광을 위하여 창조하셨다는 가르침은 성전이 파괴되고 유대 민족이 핍박을 받아 세상에 얼마 남지 않은 현실과 모순된다는 점을 지적했다. 이처럼 비참한 현실도 하나님의 영광의 표현이라고 받아들일 수 있는가? 이 세상은 진정으로 하나님의 '발판'이라는 것인가? 이 의문에 대한 답으로 본문은 우리에게 '주님께서 영원무궁토록 왕'이시라는 사실을 다시 한 번 상기시키고 있다. 아직은 주님의 왕 되심이 밝히 드러나지 않더라도, 언젠가 그 날은 올 것이며, 왕이신 주님의 영광이 높이 올려지면 올려질수록, 그 사역에 참여한 모든 사람들 역시 영적으로 풍성하여질 것이다. "왕이신 주님의 영광의 이름이 영원토록 복될지어다" 끊임없이, 영원히.

에필로그　　　　　　　לאחר הלימוד

다음은 피르케이 아보트의 각 장을 마치고 낭독한다.

(마코트 3:16)

רַבִּי חֲנַנְיָא בֶּן עֲקַשְׁיָא אוֹמֵר:
רָצָה הַקָּדוֹשׁ בָּרוּךְ הוּא
לְזַכּוֹת אֶת יִשְׂרָאֵל,
לְפִיכָךְ הִרְבָּה לָהֶם תּוֹרָה וּמִצְוֹת,
שֶׁנֶּאֱמַר:
יְיָ חָפֵץ לְמַעַן צִדְקוֹ, יַגְדִּיל תּוֹרָה וְיַאְדִּיר.

랍비 하나니아 벤 아카시아가 이르기를:
거룩하시고 복되신 하나님은 이스라엘에 가치 있는 것을
베푸시기를 원하셨다.
그래서 백성들에게 토라와 풍성한 계명을 주신 것이다.
성경에 기록된 바와 같이
"여호와께서 그[이스라엘]의 의로 말미암아
기쁨으로 교훈을 크게 하며 존귀하게 하려 하셨으나"(사 42:21).